Reinhard Pohanka
Kein Denkmal für Maria Theresia

Reinhard Pohanka

Kein Denkmal für Maria Theresia

Eine alternative Geschichte Österreichs

Leykam

Inhaltsverzeichnis

Kontrafaktische Geschichte – Eine Einführung

Dies ist ein Buch über mögliche alternative Geschichtsverläufe Österreichs. Es beruht auf der Frage: „Was wäre gewesen, wenn bestimmte historische Ereignisse nicht oder anders eingetreten wären?" Als Resultat dieser Überlegungen werden alternative Zeitlinien zur Geschichte Österreichs entworfen. Eigentlich ist „alternativ" nicht das richtige Wort, in der Wissenschaft spricht man von „kontrafaktischer" Geschichte, in der ein einziges Ereignis geändert wird, woraus sich eine Wendung in der Geschichte ergibt und diese einen neuen Verlauf, eine neue „Zeitlinie", nimmt.

Jeder Mensch hat Erfahrungen mit kontrafaktischer Geschichte, die aus persönlichen Erlebnissen resultieren. Man stellt sich dabei die Frage, was geschehen wäre, wenn ich diese bestimmte Entscheidung in meinem Leben nicht oder anders als in der Realität getroffen hätte. Als ich etwa am 6. Jänner 1975 meine Frau kennen gelernt habe, war dies reiner Zufall, ein Freund hatte mich überredet, mit ihm auszugehen. Wäre ich an diesem bestimmten Abend nicht zu einer bestimmten Zeit an einem bestimmten Ort gewesen, hätte ich meine spätere Frau niemals kennen gelernt, und mein Leben wäre anders verlaufen. Meine Kinder wären nicht geboren worden, die im Laufe ihres Lebens wieder andere Menschen beeinflussen und deren Nachfahren vielleicht in Hunderten von Jahren Handlungen setzen werden, die im Guten oder im Schlechten wieder die Leben anderer Menschen beeinflussen. Ich hätte vielleicht andere Kinder mit einer anderen Frau bekommen, aber meine persönliche Zeitlinie hätte sich geändert. Natürlich wäre mir das nicht bewusst geworden, wie bei vielen Ereignissen in meinem Leben, aber in der Retrospektive ist es mir möglich, über eine alternative Zeitlinie in meinem Leben zu spekulieren.

Kontrafaktische Geschichte ist eine virtuelle Geschichte, die versucht, historische Ereignisse innerhalb einer Zeitlinie durch das

Mittel der Extrapolation, das ist die Bestimmung und Beschreibung eines Verhaltens oder von Geschehnissen über das gesicherte Wissen hinaus, unter der Annahme, dass bestimmte Ereignisse nicht oder nicht so passiert sind wie in unserer Realität, zu erforschen. Dazu ist es notwendig, Ereignisse oder Personen zu identifizieren, von denen man annehmen kann, dass deren Existenz, Nichtexistenz, Handeln oder Nichthandeln die Geschichte Österreichs oder die Weltgeschichte entscheidend beeinflusst haben. Nicht alle Handlungen oder Lebensumstände dieser Personen erfüllen die Vorgabe, dass sie die Geschichte ändern können. Stellen wir die kontrafaktische Frage: „Was wäre gewesen, wenn Kronprinz Rudolf in der Nacht seines Selbstmordes statt Champagner Wein getrunken hätte?", so ist anzunehmen, dass die Zeitlinie dieselbe geblieben wäre, Rudolf hätte mit höchster Wahrscheinlichkeit dennoch Selbstmord begangen.

Stellen wir aber die Frage: „Was wäre gewesen, wenn Mary Vetsera plötzlich nicht mehr bereit gewesen wäre, mit Rudolf Selbstmord zu begehen, sondern ihn davon abgehalten hätte und er in der Nacht zum 30. Jänner 1889 in Mayerling nicht gestorben wäre?", dann eröffnen sich zahlreiche Möglichkeiten zur Spekulation, wie es mit Rudolf, der k. k. Monarchie und vielleicht auch der Welt anders weitergegangen wäre.

In diesem Sinne ist kontrafaktische Geschichte ein Weg aus der Entpersönlichung der modernen Geschichtsschreibung, die das Entstehen von Entscheidungen mehr in der Sozial- und Wirtschaftsgeschichte als in der Event- und Persönlichkeitsgeschichte sieht.

Kontrafaktische Geschichte muss aber unterschieden werden von revisionistischer Geschichtsschreibung und von den literarischen Genres der Alternativweltgeschichten und der Science-Fiction. Erstere ist zumeist politisch beeinflusst, die anderen entwerfen literarische oder politische Visionen einer völlig veränderten Welt über lange Zeitläufe und fügen besondere Ereignisse und Menschen und ihre imaginären Schicksale mit ein.

Besonders im angelsächsischen Raum hat die Beschäftigung mit kontrafaktischer Geschichte eine lange Tradition, schon Winston Churchill hat in einem Aufsatz kontrafaktische Fragen behandelt. Kontrafaktische Geschichte wird dort auch an Universitäten gelehrt, ihr Wert wird in dem Umstand gesehen, dass man beim Entwerfen kontrafaktischer Geschichte zahlreiche Faktoren einberechnen muss. Das heißt, ein sich veränderndes Ereignis hat nicht nur Auswirkungen auf ganz bestimmte Gegebenheiten, sondern muss in einem Gesamtkontext gesehen und verstanden werden. Es müssen die Reaktionen zahlreicher Menschen, Staaten, der Wirtschaft, des Klimas usw. einbezogen werden. Daher wird kontrafaktische Geschichte dazu verwendet, Analysten für die Extrapolation politischer Entscheidungen im Staatswesen auszubilden, welche politische Zukunftsszenarien entwerfen, die auf reellen Gegebenheiten basieren. Wenn ein Staat eine bestimmte Maßnahme setzt, wenn er etwa beschließt, Soldaten in ein anderes Land zu entsenden, um dort einen Diktator zu beseitigen, dann versucht man mittels kontrafaktischer Prozesse im Vorhinein zu analysieren, wie sich dies auf die Zukunft beider Staaten oder die Weltpolitik auswirken könnte. Manchmal gelingt dies, manchmal werden dabei Faktoren übersehen oder zu wenig berücksichtigt. Kontrafaktisches Denken soll dabei helfen, politische Prozesse vorherzusagen.

Kontrafaktische Verläufe in der Geschichte zu berechnen ist nicht leicht. Ich möchte es so vergleichen: Wenn man einen Stein in einen Wald wirft, dann fliegt dieser zunächst gerade, dann prallt er vielleicht ein- oder zweimal von Bäumen ab, er verändert dabei seine Richtung, bis er zu Boden fällt und liegen bleibt. Er hat eine Linie mit einigen Abweichungen von der Geraden beschrieben. Sein Weg entspricht damit einer einzigen Zeitlinie und unserem Bild der realen Geschichte.

Werfe ich aber eine ganze Handvoll Steine in den Wald, so werden einige davon geradeaus fliegen, viele werden, nachdem sie meine Hand verlassen haben, nach links und rechts und oben und unten abweichen. Manche fallen früh zu Boden, einige werden unkontrolliert von Bäumen abprallen, bis sie liegen bleiben. Es gibt also eine Unzahl möglicher Kurven und Wege, die nur schwer zu berechnen oder vorherzusagen sind. Der Weg dieser Steine entspricht den verschiedenen möglichen Zeitlinien und damit etwa der kontrafaktischen Geschichte.

Man hat versucht, Regeln für die Erarbeitung kontrafaktischer Geschichte aufzustellen. Erste Regel ist, dass es sich beim Ausgangspunkt um ein klar definiertes, singuläres Ereignis handeln sollte. Beispiel: Die verhinderte Ermordung von Kaiser Franz Joseph im Jahr 1853. Hier lässt sich exakt der Zeitpunkt bestimmen, an dem sich die Geschichte hätte ändern können. Schwieriger zu extrapolieren ist eine Änderung im Charakter von Kronprinz Rudolf, die dazu führt, dass er sich nicht umbringt, sondern abwartet und einmal selbst Kaiser wird. Hier müsste die kontrafaktische Änderung auf vielen Faktoren beruhen, die über lange Zeit wirken müssen, eine andere Erziehung in der Kindheit, ein stärkeres Engagement der Eltern, mehr Verständnis für seine politischen Anliegen bei seinem Vater Kaiser Franz Joseph. Diese vielen kontrafaktischen Änderungen machen eine Extrapolation für die Zukunft Rudolfs extrem schwierig.

Die zweite Regel ist, dass eine Extrapolation auf den Mitteln und Personen der Zeit beruhen muss. Es gibt also keinen „deus ex machina". Wenn Österreich in einem kontrafaktischen Szenario die Schlacht bei Königgrätz gewinnen wollte, dann deshalb, weil man mehr Soldaten angeworben, ein zu der Zeit bereits vorhandenes Hinterladergewehr oder bessere Diplomatie eingesetzt hätte. Man kann zur kontrafaktischen Änderung nicht plötzlich und unmotiviert ein funktionierendes Maschinengewehr erfinden und in die Geschichte einführen, mit dem Österreich die Preußen schlägt und so den Krieg mit allen historischen Konsequenzen gewinnt.

Die dritte Regel ist, dass man nicht versuchen sollte, zu weit in die Zukunft zu sehen. Je näher man die Geschichte zum Eventzeitpunkt berechnet, umso wahrscheinlicher kann sie sein, je weiter sie sich entfernt, desto mehr Faktoren kommen dazu, die nicht bekannt oder

10

berechenbar sind. Nehmen wir an, Kaiser Franz Joseph stirbt 1853 durch den Attentäter János Libényi. Es ist vorhersehbar, dass ihm sein Bruder Maximilian auf den Thron nachfolgt. Man kennt den Charakter, die Vorlieben und politischen Meinungen Maximilians und kann daraus Schlüsse ziehen. Wie alt wäre aber Maximilian als österreichischer Kaiser geworden? In der Realität starb er 1867 in Mexiko, als Kaiser in Österreich hätte er mit hoher Wahrscheinlichkeit länger gelebt. Für diese Extrapolation müsste man etwa die mittlere Lebenserwartung begüterter Personen in der zweiten Hälfte des 19. Jahrhunderts einsetzen, aber hier werden die Unsicherheiten schon beträchtlich.

Die Chaos-Theorie hat wichtige Hinweise zur Schaffung kontrafaktischer Welten geliefert, weil sie besagt, dass diese immer auf der persönlichen Meinung des Historikers beruhen müssen und eigentlich nicht berechenbar sind. Man geht hier vom „Schmetterlings-Effekt" aus, der besagt, dass sich auch durch eine ganz geringfügige Verschiebung eines Ereignisses über längere Zeit die Zeitlinie völlig ändern kann. Man zitiert dabei immer das Beispiel des Schmetterlings am Amazonas, dessen Flügelschlag sechs Monate später einen Hurrikan in der Karibik auslöst.

Nehmen wir an, dass ein General Migräne hat und eine Schlacht um einen einzigen Tag verschiebt. Dadurch überlebt ein bestimmter junger Soldat, der über seine späteren Kinder und Enkel die Geschichte beeinflusst. Nach 300 Jahren sind die Nachfahren dieses Soldaten Staatsmänner, Helden, Feiglinge oder Verbrecher und verändern die Welt. Alles hat damit begonnen, dass an einem weit in der Vergangenheit liegenden Tag ein General sich nicht wohl gefühlt hat.

Auch die Theologie hat sich mit dem Problem der kontrafaktischen Welten beschäftigt. Der Theologe und Jesuit Luis de Molina hat im 16. Jahrhundert die Frage aufgeworfen, ob, wenn Gott allmächtig und allwissend ist, er die Möglichkeit hat, alle möglichen Welten, die aus dem Handeln einer Person resultieren, vorherzusehen und eine davon auszuwählen und existieren zu lassen.

Molina nimmt drei Arten von Gottes Wissen an. Das erste Wissen besteht aus Fakten, die nicht Gottes Willen unterworfen sind und dennoch nicht falsch sein können, wie die Aussage, dass zwei Dinge nicht zur selben Zeit am selben Ort existieren können. Das dritte Wissen umfasst Wahrheiten, die auf Gott selbst beruhen, wie die Aussage, dass Gott Himmel und Erde geschaffen hat. Das zweite oder „mittlere Wissen" betrifft Aussagen, die wahr sind, aber nicht auf Gottes Willen, sondern auf dem Willen der Menschen beruhen. Als Gott die Bewohner von Sodom auffordert, ihr unmoralisches Leben aufzugeben oder unterzugehen, lässt er ihnen die Wahl zwischen zwei Zeitlinien, einer mit der Existenz der Stadt Sodom und einer ohne.

In der Anschauung der Molinisten benutzt Gott sein „mittleres Wissen" und seine Fähigkeit zur Vorausschau, um alle möglichen Welten zu untersuchen und sich für eine zu entscheiden, er macht damit nichts anderes als der Historiker, wenn dieser eine virtuelle kontrafaktische Welt und Geschichte entwirft. Die Theologie kann damit Gottes Allmächtigkeit, aber auch den freien Willen des Menschen zur Unterscheidung von Gut und Böse erklären.

Natürlich gibt es auch wissenschaftliche Kritik an dem Versuch, Geschichte mittels kontrafaktischer Aussagen zu beschreiben, da diese nicht allein auf Fakten beruht, sondern spekulativer Natur sein muss. Die Verteidiger der kontrafaktischen Methode kontern damit, dass auch die Geschichtsschreibung kontrafaktische Aussagen heranzieht. Die Feststellung, dass eine bestimmte Entscheidung einem Land geholfen hat, eine Schlacht zu gewinnen, impliziert die Aussage, dass, wenn diese Entscheidung so nicht getroffen worden wäre, die Schlacht und damit der Krieg hätten anders ausgehen können. Kontrafaktische Aussagen sind damit auch Teil des historischen Diskurses und können, bei Beachtung der Regeln für kontrafaktische Geschichtsextrapolation, zur Bewertung von realen Ereignissen herangezogen werden. Sie können den Entscheidungsspielraum von historischen Personen widerspiegeln und damit deren Entscheidungen besser begründbar machen.

Zusammenfassend lässt sich sagen, dass der Entwurf kontrafaktischer Welten mehr ist als reine Spekulation, da sie auf bestimmten Regeln und Vorgaben beruht. Natürlich ist es aufgrund der Chaos-Theorie, zu der sich in Zukunft noch die Quantentheorie als Vorhersagemodell von Ereignissen gesellen wird, kaum möglich, alle virtuellen Zeitlinien zu untersuchen und die einzig wahrscheinliche zu bestimmen. Man kann aber als Historiker versuchen, wenigstens einige Zeitlinien als mögliche Alternativen zu identifizieren und zu beschreiben. Die dazu herangezogenen oder vernachlässigten Faktoren bestimmt dabei der jeweilige beschreibende Historiker.

Ich habe in diesem Buch versucht, bei der Beschreibung kontrafaktischer Zeitlinien der österreichischen Geschichte möglichst wahrscheinlich zu bleiben. Es ist mir aber bewusst, dass zu jedem der hier behandelten Ereignisse jeder andere Historiker zu einem anderen Ergebnis kommen wird. Der Wirtschaftshistoriker wird mehr die ökonomischen Faktoren bewerten, der Militärhistoriker mehr die militärischen und so fort.

Daher sind die hier behandelten Szenarien nur Vorschläge, und jeder Leser kann sich selbst seine Meinung bilden oder seine kontrafaktische Welt erschaffen. Als Autor erhebe ich keinen Anspruch darauf, dass die Geschichte so verlaufen wäre, wie ich sie beschrieben habe, aber es hätte so möglich sein können. Ich habe versucht, alle Faktoren, von denen ich annehme, dass sie zum jeweiligen Event gehören und dessen Wirkung beeinflussen, zu bestimmen und möglichst umfassend in die Beschreibung einer kontrafaktischen Welt einzubeziehen. Die Frage: „Was wäre gewesen, wenn …" wird aber für immer, wie es schon in der Natur der Frage liegt, niemals endgültig und eindeutig zu beantworten sein.

11. Juni 172

Das Regenwunder findet nicht statt – Marc Aurel unterliegt den Germanen

Um eine Kultur aufzubauen, die sich über Jahrhunderte auf das Leben, Denken und Fühlen der Menschen auswirkt, braucht es eine Vielzahl von Dingen. Militär, Organisatoren und Verwaltungsbeamte, eine Religion, aber auch Ingenieure, Philosophen, Händler, Handwerker und Bauern. Man braucht Straßen, Dörfer, Städte, die richtigen Werkzeuge und Gerätschaften. Auf all dem, was wir dann als Zivilisation bezeichnen, baut die nächste Kultur auf. Manchmal kann es aber auch sein, dass eine „hochstehende" Kultur zugrunde geht und von einer in unserem zivilisatorischen Hochmut als „niedere" Kultur bezeichneten ersetzt wird.

Als die Römer um Christi Geburt die Alpenländer eroberten und sich hier einrichteten und die Provinzen Rätien, Noricum und Pannonien gründeten, fanden sie die Menschen der keltischen und germanischen Kultur vor. Diesen wurde die römische Kultur übergestülpt, welche die Menschen oft annahmen, der sie sich aber auch bis ins 3. Jahrhundert oft konsequent verweigerten.

Die Römer hatten alles mitgebracht, um die Alpenländer zu einem aus römischer Sicht zivilisierten Teil ihres Reiches zu machen. Am 11. Juni 172, nach anderen wissenschaftlichen Meinungen könnte es auch 173 oder 174 gewesen sein, nutzte ihnen all ihr zivilisatorischer Tand nichts mehr. An diesem Tag konnte sie nur mehr ein Wunder retten, das ihnen, ob vom christlichen Gott, dem römischen Jupiter oder von einem obskuren ägyptischen Zauberer gespendet, tatsächlich half, ihre Herrschaft auch nach langen Kriegsjahren zu erhalten. Wäre das Wunder ausgeblieben, dann hätte es sein können, dass sich nicht nur die Geschichte des römischen Österreichs, sondern die Geschichte des gesamten Römischen Reiches geändert hätte.

Die Zeit

Die Römer hatten den Alpenbogen und die Donaugrenze im Verlauf von etwa vier Jahrzehnten von 20 vor bis 20 nach Christus erobert. Während im Westen die Räter in zähen Kleinkriegen unterworfen werden mussten und die Römer in Pannonien auch nach der Eroberung mit Aufständen zu kämpfen hatten, ging die Übernahme Noricums friedlich vor sich, da die Römer hier jahrzehntelange diplomatische Beziehungen und Handelskontakte ausgenutzt hatten.

Die Römer teilten das eroberte Gebiet in drei Provinzen, richteten eine geordnete Verwaltung ein, stationierten Militär und begannen, eine römische Zivilisation aufzubauen. Dazu gehörte der Bau von Straßen, Militärlagern, Bauernhöfen, Orten und Städten. Römische Kolonisten kamen ins Land, mischten sich mit der einheimischen Bevölkerung, wurden mit den ausgemusterten Soldaten hier ansässig. Sie brachten den römischen Luxus mit, wie wassergespülte Latrinen, Badeanstalten, Wein, Olivenöl, Keramik und Glas, bis hin zu Feinschmeckereien, die ihren geschmackvollsten Ausdruck in einer Paste aus vergorenen Fischabfällen fanden.

Bis zur Mitte des 2. Jahrhunderts war das Land oberflächlich romanisiert, die Donaugrenze war durch Verträge mit den nördlich der Donau siedelnden germanischen Nachbarn, mit denen man intensiven Handel trieb, abgesichert.

Das Römische Reich war in der ersten Hälfte des 2. Jahrhunderts n. Chr. auf dem Höhepunkt seiner Macht. Unter Kaiser Trajan hatte es seine größte territoriale Ausdehnung erreicht, Hadrian hatte das Reich zusammenhalten können, und nur Antoninus Pius musste im Norden Englands gegen die Scoten einige Meilen zurückweichen.

Seit Jahrzehnten herrschte trügerischer Friede an den Grenzen des Reiches. Im Osten wie im Norden sammelten sich fremde Völker, um sich ihren Anteil an römischem Gold und Silber, aber auch an Land zu holen.

Antoninus Pius starb in der Nacht vom 6. zum 7. März 161, sein Nachfolger war der von ihm adoptierte Marc Aurel, der seinen „Adoptivbruder" Lucius Verus zum Mitregenten ernannte.

Der 121 in Rom geborene Marc Aurel brachte reichhaltige Regierungserfahrung mit, seit 23 Jahren hatte er in der Verwaltung des Reiches gearbeitet. Er hatte alle wichtigen Ämter durchlaufen und sich als stoischer Philosoph einen Namen gemacht. Und doch musste sich dieser menschlichste aller römischen Kaiser, der „Philosoph auf dem Kaiserthron", vom ersten Tag seiner Regierungszeit an mit Krieg und Not beschäftigen.

Im Osten nutzten die Parther den Machtwechsel im Reich aus, um einzufallen. Sie mussten mühsam vom römischen General Avidius Cassius zurückgeschlagen und besiegt werden. Die siegreichen Truppen brachten aus dem Osten die Pest nach Rom, wo an manchen Tagen bis zu 2000 Menschen starben. Auch die Donauprovinzen waren betroffen, die Truppen, Milizen und die Bevölkerung wurden dezimiert.

166 n. Chr. wurden die germanischen Völker entlang der vom Militär entblößten Nordgrenze aktiv. Ein erster Vorstoß über die Donau konnte noch abgewehrt werden, dann bildeten die Könige der Markomannen und Quaden, die nördlich von Pannonien siedelten, eine Allianz, überrannten im September 166 Noricum und Pannonien und marschierten in einem Raubzug bis nach Oberitalien. Aquileia, die wichtigste oberitalische Stadt, wurde belagert und konnte sich nur mit Mühe halten, bis Marc Aurel und Lucius Verus mit Truppen eintrafen. Marc Aurel hatte allen kaiserlichen Besitz, vom Tafelsilber bis zur Gemmensammlung, verkaufen müssen, um die neuen Legionen finanzieren zu können. Gemeinsam zwangen sie die germanischen Plünderer zum Rückzug. Dann brach auch in Aquileia die Pest aus, und Lucius Verus starb 169 auf der Flucht vor ihr auf dem Weg nach Rom an einem Schlaganfall.

Marc Aurel war nun alleiniger Kaiser und ging in die Offensive, mit 120.000 Soldaten zog er nach Norden. Er überschritt die Donau und griff die Markomannen und Quaden in ihren Siedlungsgebieten an.

Die ersten Offensiven scheiterten, 20.000 römische Soldaten fielen. Auch an der unteren Donau griffen nun Germanen an und überrannten die römischen Provinzen Dakien und Obermoesien, die gesamte römische Donaufront geriet ins Wanken.

Der entscheidende Moment – Die Realität

Bis 172 konnte Marc Aurel mühsam die Grenzen halten, indem er die germanischen Stämme geschickt gegeneinander ausspielte. Am 11. Juni 172, nach anderen Quellen könnte es auch 173 oder 174 gewesen sein, kam es aber zu einer absolut kritischen Situation für seine Armee und seine Herrschaft.

Auf einer baumlosen Ebene weit nördlich der Donau waren die Legionen Marc Aurels, der selbst in Carnuntum zurückgeblieben war, aufgestellt. Ihnen gegenüber stand das Heer der Quaden, die den Römern den Rückzug verlegten. Es war ein heißer Sommertag, die römischen Truppen waren erschöpft. Seit Wochen waren sie auf dem Marsch durch Wälder, Sümpfe und über Heideböden, nun hatten sie sich in eine Lage manövrieren lassen, in der sie von der Wasserversorgung abgeschnitten waren. Auf der Marcussäule in Rom, deren Reliefs von den Feldzügen berichten, sieht man, dass bereits Tiere auf der Erde liegen und vor Durst verenden. Die Situation war kritisch, die Römer konnten nicht vor oder zurück. Viele Männer in ihren eisernen oder ledernen Rüstungen traf der Hitzschlag, manche Einheiten gerieten in Gefahr sich aufzulösen, nur die eingelernte Disziplin und die Erfahrung von 200 Jahren imperialem Militärdienst hielten die Truppe noch zusammen.

Da erhob sich ein Gewittersturm, er durchnässte die Römer und brachte ihnen Wasser. Blitzschläge trafen das Heer der Quaden und Hagel peitschte sie. Die Römer sahen dies als göttliches Zeichen zu ihren Gunsten, griffen an und siegten, die römische Armee war gerettet.

Die Christen im Heer Marc Aurels, die in der bedrängten Lage zu Gott gebetet hatten, reklamierten das Wunder für sich. Die Anhänger der im Römischen Reich verbreiteten Religionen machten ihre jeweiligen Götter verantwortlich, die meisten glaubten, dass der ägyptische Magier Arnuphis das Wunder vollbracht hatte. Wie auch immer, die Quaden waren besiegt, ihr König Hariogais wurde nach Ägypten verbannt, der Feldzug ging für die Römer weiter. Er sollte noch viele Jahre dauern und verlustreich sein, der Tag des Regenwunders aber war die göttliche Bestätigung für die Rechtmäßigkeit des römischen Handelns. Mit dieser Legitimation und psychologischen Unterstützung konnte der Krieg noch über Jahre erfolgreich geführt werden.

Der entscheidende Moment – Die Fiktion

Es gibt ein gutes Beispiel dafür, was mit einer römischen Armee geschieht, wenn sie im Feindesland von einem übermächtigen germanischen Gegner besiegt wird. Im Herbst des Jahres 9 n. Chr. verlor der römische Feldherr Publius Quinctilius Varus in der Schlacht im Teutoburger Wald, die heute bei Kalkriese im Osnabrücker Land angesiedelt wird, drei Legionen, eine Provinz und sein Leben. Die Konsequenz aus seiner Niederlage war der Rückzug der Römer aus den rechtsrheinischen Gebieten. Die geplante römische Provinz Germania wurde aufgegeben und die Römer zogen sich hinter den Rhein zurück.

Die Germanen hatten Varus in ein unwegsames Gebiet gelockt. Auf dem Weg zu einer vermeintlichen Revolte wurden die Römer von heimlich zusammengerufenen Kriegern der Cherusker, Brukterer, Marser und Chatten unter Führung des Arminius angegriffen. In einer für das römische Militär ungünstigen topographischen Lage mussten die Soldaten nicht nur gegen die germanischen Krieger, sondern auch gegen abtrünnige germanische Hilfstruppen im eigenen Heer kämpfen. Im Verlauf einer sich über mehrere Tage hinziehenden Schlacht verschanzten sich die Römer in der ersten Nacht noch in einem Lager, in der zweiten Nacht gelang dies nur noch wenigen. Am dritten Tag der Schlacht wurde das römische

Heer aufgerieben, nur wenigen Soldaten gelang die Flucht, einige gerieten in Gefangenschaft. Varus stürzte sich angesichts der ausweglosen Situation in sein Schwert. Die Germanen töteten nach römischen Berichten, die nicht gesichert sind und wahrscheinlich die Wahrheit zugunsten der Propaganda stark verfälschten, auf äußerst barbarische Weise die gefangenen Offiziere, der Leiche des Varus schnitten sie den Kopf ab.

Ähnliches steht auch dem Heer des Marc Aurel im Quadenland bevor. Die Hitze ist mörderisch, ganze Reihen von Männern sinken ermattet zu Boden, es gibt kein Wasser und keine Verpflegung mehr. Als die germanischen Hilfstruppen der Römer die hoffnungslose Lage erkennen, laufen sie zu den Quaden über. Als diese am Nachmittag dieses Tages angreifen, treffen sie zwar noch immer auf den Widerstand einiger Truppenteile, die Mehrzahl der Zenturien und Manipel wird aber überrannt, die Soldaten werden getötet oder in die Sklaverei geführt, nur wenigen gelingt die Flucht.

Zahlreiche Offiziere, jedenfalls die Gebildeten, die bei Sueton und Tacitus den Schlachtbericht über die Varusniederlage im Teutoburger Wald gelesen haben, glauben zu wissen, dass ihnen bei Gefangennahme eine grausame Opferung bevorsteht, und stürzen sich in ihre Schwerter, darunter auch die beiden Feldherren Claudius Pompeianus und Publius Helvius Pertinax. Die einfachen Soldaten und der Tross werden niedergemacht oder als Sklaven verschleppt. Das Römische Reich hat seine größte, kampfesstärkste und wichtigste Armee verloren. Und es war die letzte an der Donaufront, schon diese hatte Marc Aurel auf ungewöhnliche Weise rekrutiert, indem er auch Gladiatoren und Sklaven hatte einziehen lassen. Die Ressourcen des Römischen Reiches sind erschöpft. Der Kaiser, der magenleidend in Carnuntum zurückgeblieben ist, hat nun schwere Entscheidungen zu treffen.

Konsequenzen und Bedeutung

Nach der Niederlage der Römer in der Schlacht im Quadenland wankt das römische Imperium. Nach einigen Tagen erst hat die Nachricht vom Verlust seiner Armee Marc Aurel in seinem Hauptquartier in Carnuntum erreicht. Genauso schnell aber haben die Quaden den Bericht ihres Sieges unter den germanischen Stämmen verbreitet. Von den Sarmaten im Osten bis zu den Hermunoduren im Westen wissen die Germanen nun, dass es keine römischen Truppen mehr zwischen ihnen und dem Mittelmeer gibt. Schon bald machen sich erste Stämme auf, um nach Süden zu ziehen.

Marc Aurel hat inzwischen auch mit innenpolitischen Problemen zu kämpfen. Er ist gesundheitlich schwer angeschlagen und im Reich kursieren Gerüchte, er habe bei der Schlacht im Quadenland den Tod gefunden.

Dies führt dazu, dass sich 173 der syrische Statthalter Avidius Cassius, ein erfahrener und grausamer römischer Feldherr, der die Parther vernichtend geschlagen hatte, von seinen Truppen zum Kaiser ausrufen lässt. Der römische Schriftsteller Cassius Dio meint später, er habe dies unter dem Einfluss der Faustina, der Gattin des Marc Aurel, getan, mit der er ein Verhältnis gehabt haben soll. Wenn ihn wirklich Faustina dazu angestiftet hat, dann vielleicht weil sie Angst um das Fortbestehen der Dynastie der Antinoinen hat, da Commodus, der einzige Sohn Marc Aurels, noch zu jung zur Regentschaft ist.

Avidius Cassius findet unter den orientalischen Truppen raschen Zulauf und weigert sich, Einheiten an die Donaugrenze abzugeben. Er wartet ab, was die Ereignisse bringen werden, erst dann wird er den Kampf mit Marc Aurel um den Kaiserthron aufnehmen.

Marc Aurel hat inzwischen Vehilius Gratius Julianus, einen der wenigen fähigen Feldherren, die ihm geblieben sind, an die Donau gerufen. Doch beide müssen erkennen, dass die Donaugrenze in Rätien, Noricum und Pannonien mit den wenigen restlichen Truppen nicht zu halten ist. Sie geben die Provinzen auf, brennen beim

Rückzug die römischen Orte, Städte und Bauernhöfe nieder und ziehen sich auf eine neue Grenze, die im Westen über den Rhein bis zu den Alpen, über den Alpenhauptkamm bis zur Mur-Drau-Linie und dann über die Donau zum Schwarzen Meer verläuft, zurück. Auch Dakien wird geräumt und aufgegeben, die römischen Siedler ziehen in langen Trecks zurück ins Römische Reich. Die Rheingrenze bleibt stabil, allerdings muss Marc Aurel die römischen Truppen aus Britannien zurückrufen, das der römischen Herrschaft verloren geht.

In die geräumten Gebiete ziehen Germanen nach. Es sind nicht mehr Raubzüge, sondern ganze Stämme machen sich mit ihrem Hab und Gut auf, um nach Süden zu ziehen, die Völkerwanderung beginnt. Sarmaten und Vandalen ziehen nach Dakien, in Pannonien siedeln sich Markomannen und Quaden an, die Naristen übernehmen Noricum bis zum Alpenhauptkamm, und die Räter und Alemannen besetzen das Gebiet zwischen Rhein und Alpen.

Marc Aurel muss tatenlos zusehen, mit seinen Truppen kann er keinen Zweifrontenkrieg gegen Avidius Cassius und die Germanen führen. Er sichert die neue Grenze, besetzt die Alpenpässe und baut einen provisorischen Limes entlang von Mur, Drau und Donau auf. Dann wendet er sich mit den ihm verbliebenen Kohorten nach Osten, um Avidius Cassius im Kampf um die Herrschaft entgegenzutreten. Allerdings sind die Reste seiner Donaulegionen zu schwach, um sich gegen die orientalischen Truppen zu behaupten. Als es 175 im kleinen Ort Hadrianopolis in Thrakien zur Schlacht kommt, wird Marc Aurel geschlagen und muss fliehen. Er versucht, sich nach Dalmatien durchzuschlagen, das er mit wenigen Getreuen am Beginn des Jahres 176 erreicht und wo er in Sirmium an Erschöpfung stirbt.

Avidius Cassius beseitigt in der Folge Marc Aurels Sohn Commodus und Faustina und gründet die neue römische Kaiserdynastie der Cassii. Erst 180 hat er seine Herrschaft im Römischen Reich so gefestigt, dass er sich wieder dem germanischen Problem widmen kann. Es ist aber schon zu spät, die germanischen Stämme haben sich in ihrer neuen Heimat eingerichtet, und von Norden her ziehen weitere Stämme nach. Goten, Burgunder, Langobarden, Semnonen und Hermunoduren besetzen die alten Siedlungsgebiete der ins Reich eingedrungenen Quaden und Markomannen. Diesem Druck haben die Römer nichts entgegenzusetzen. Zwar können sie sich für ein weiteres Jahrhundert mit Gold und Verträgen Frieden mit den Germanen erkaufen, die aber um 300 die exponierte Stelle an Mur und Drau durchbrechen, nach Italien eindringen, es erobern und dem Römischen Reich im Westen ein Ende bereiten. Nur im Osten können sich die Römer aufgrund ihrer Ressourcen an Menschen und Material weiter halten, neue Hauptstadt des Reiches wird Nova Roma am Bosporus, in der Folge als Herculanopel bezeichnet.

Die Konsequenzen für die ehemals römischen Gebiete des heutigen Österreichs sind für die 100 Jahre nach Marc Aurel wenig gravierend. Zwar werden die großen römischen Städte wie Vindobona, Carnuntum, Lauriacum oder Ovilava, welche die Römer am Rückzug niedergebrannt haben, nicht mehr aufgebaut. Man gibt die Siedlungsform der römischen Stadt vorläufig auf, da die germanische Wirtschaftsstruktur der römischen nicht entspricht und die Städte nicht weiter versorgt werden könnten. Am Land ändert sich aber wenig. Die römischen Bauernhöfe und Gutsbetriebe werden von den Neusiedlern übernommen und wieder aufgebaut, die zurückgebliebenen Romanen ziehen sich entweder in schlechter nutzbare landwirtschaftliche Gebiete in den Alpen zurück oder werden zu abhängigen Sklaven oder Unfreien gemacht.

Die Neuankömmlinge sind aber keine Barbaren und erkennen schnell den Wert der Annehmlichkeiten, die ihnen die Römer hinterlassen haben. Das gut ausgebaute römische Straßennetz hält, selbst wenn es nicht mehr regelmäßig gewartet wird, noch für viele Jahre, und Wasserleitungen und Bäder wissen auch die Germanen zu schätzen. Sie sehen die Schöpfungen der römischen Kunst und können aus dieser Kenntnis, der eigenen künstlerischen Tradition und dem Wissen und Können römischer Handwerker eigenständige Kunstwerke schaffen. Der Handel mit den Römern wird wieder aufgenommen, auch die Germanen schätzen Glas, hochwertige Stoffe und Keramik aus dem Römischen Reich, ebenso wie die römischen Matronen den Bernstein von der Ostsee lieben. Die germanischen Adeligen schicken ihre Kinder zur Erziehung nach Rom, wo diese die römische Zivilisation kennen lernen und zurück in ihre Heimat bringen. Mit der Zeit entsteht in Rätien, Noricum und Pannonien, nun von den Römern als „Germania Nova", „Neu-Germanien", bezeichnet, eine germanisch-römische Mischkultur, die bald daran interessiert ist, sich von den „unzivilisierten" germanischen Nachbarn im Norden abzugrenzen und damit auch Rom zu schützen. Die Länder des ehemals römischen Österreichs erleben in der ersten Hälfte des 3. Jahrhunderts eine Blütezeit, die erst im 4. Jahrhundert mit einer neuen Welle der Völkerwanderung durch Goten und Hunnen zugrunde geht. Aber dann sind Markomannen und Quaden längst nach Italien gezogen und gründen das Markomannenreich in Oberitalien, dessen Herrscher unter der Eisernen Krone bis zum Beginn des Mittelalters regieren werden.

Ein wesentliches Element der spätantiken Zivilisation verschiebt sich zeitlich, die Christianisierung der Alpenländer. Am Ende des 2. Jahrhunderts lassen sich erste Christengemeinden in unserem Gebiet nachweisen, die durch die Niederlage Marc Aurels im Quadenland und den Rückzug der Römer hinter Mur, Drau und Donau wieder verschwinden. Die Germanen bringen ihre eigene Götterwelt mit, das Christentum kann im 3. und 4. Jahrhundert in den Alpenländern nicht Fuß fassen und wird erst wesentlich später, nachdem sich um 700 die germanischen Staaten auf dem Gebiet des ehemaligen westlichen Römischen Reiches konsolidiert haben, von Osten her in der Form des Arianismus eingeführt und von griechischen Missionaren neu verkündet. Der Arianismus wird die vorherrschende christliche Glaubensrichtung, nachdem die germanischen Stämme um 300 Rom erobert und den Papst vertrieben haben, der nun in Carthago in Nordafrika residiert. Unbestrittener Führer der Christenheit wird der Patriarch von Nova Roma, der Katholizimus wird als „Westkirche" zur christlichen Sekte.

Realgeschichte

In der Realität gewannen die römischen Truppen dank des Regenwunders die Schlacht im Quadenland. Die Römer blieben weiter am Vormarsch, und der erste Markomannenkrieg endete 175 in einem Waffenstillstand. Die Markomannen und Quaden lieferten ihre römischen Gefangenen aus, angeblich waren dies 100.000 Menschen, und stellten 8000 Mann an Hilfstruppen, von denen die Mehrzahl nach Britannien gesandt wurden, um die Inseln für die Römer zu sichern. Der Quadenkönig Hariogais wurde gefangen genommen und nach Ägypten verbannt.

In der „Historia Augusta" wird erwähnt, dass Marc Aurel geplant hatte, jenseits der Donau zwei neue römische Provinzen, „Marcomannia" und „Sarmatia", einzurichten. Diesen Plänen machte aber der Aufstand des Avidius Cassius im Jahr 175 ein rasches Ende. Marc Aurel musste Truppen nach Osten abziehen und war gezwungen, Frieden mit den Germanen zu schließen. Im Osten aber wollten ihm die orientalischen Legionen des Avidius Cassius nicht entgegentreten, die Soldaten ermordeten Avidius Cassius und präsentierten seinen Kopf dem Kaiser.

Die Abwesenheit Marc Aurels nutzten 178 die Markomannen zu einem abermaligen Aufstand. Marc Aurel begab sich wieder an die Donaugrenze, wo er am 17. März 180 starb, manche nennen Vindobona, andere Sirmium seinen Sterbeort. Sein Sohn und Nachfolger Commodus schloss Frieden mit den Germanen. In den nächsten 60 Jahren erlebten die Donauprovinzen unter den severischen Kaisern einen wirtschaftlichen und kulturellen Aufschwung, der erst gegen Ende des 3. Jahrhunderts zu Ende ging, als germanische Stämme, von den Hunnen aus Asien bedrängt, immer wieder in die Provinzen einfielen. Um 400 wurde Pannonien von Goten und Hunnen erobert, Noricum konnte sich 80 Jahre länger halten, ehe die Romanen zurück nach Italien zogen. Die Donauprovinzen waren bis dahin weitgehend christianisiert, und die durchziehenden germanischen Völker der Langobarden, Ubier, Sueben und Hermunoduren wurden hier beeinflusst, den christlichen Glauben anzunehmen.

Die Schlacht im Quadenland und das Regenwunder brachten vielleicht die Entscheidung im Krieg und sicherten den Fortbestand der römischen Herrschaft auf dem Gebiet des römischen Österreichs für weitere zwei Jahrhunderte. Eine Niederlage Roms hätte bei der angespannten Lage, bei der Knappheit der Römer an Soldaten, Kapital und Material nach den langen Kriegsjahren und der antoninianischen Pest dazu führen können, dass die Kraft Roms nicht mehr ausgereicht hätte, die Grenze zu sichern. Wäre dann noch der Aufstand des Avidius Cassius hinzugekommen, hätte die Macht Roms an der Donaugrenze kollabieren und zum Verlust der Alpen- und Donauprovinzen führen können. In der Realität konnten erst die Soldatenkaiser der Severer im 3. Jahrhundert die germanischen Stämme effektiv abwehren, ob dies einer Familie der Cassii gelungen wäre, kann nicht gesagt werden.

Wir nehmen hier an, dass Avidius Cassius versucht hätte, Kaiser über das gesamte Römische Reich zu werden. Was aber, wenn es ihm genügt hätte, ein erstes oströmisches Reich zu gründen, hätte ein geteiltes Römisches Reich noch einmal die Kraft aufgebracht, die Donau- und Alpenprovinzen zurückzuerobern?

Das hier entwickelte Szenario lässt vermuten, dass die Völkerwanderung, die in der Realität erst ab der ersten Hälfte des 4. Jahrhunderts mit voller Wucht einsetzte, vielleicht schon um 200 in Gang gekommen wäre. Es hat sich in der realen Geschichte gezeigt, dass diese Wanderungsbewegung, die von vielen Ursachen wie veränderten wirtschaftlichen und klimatischen Verhältnissen, Bevölkerungsdruck und Bedrängnis durch andere Völker ausgelöst wurde, nachdem sie einmal begonnen hatte, nicht mehr anzuhalten war. Was mit geringen Wanderbewegungen und der Verschiebung von Siedlungsgrenzen anfing, wuchs sich in einem Dominoeffekt zur Lawine aus und brachte das Weströmische Reich bis 476 zu Fall. Wenngleich der Begriff „Ende" ein willkürlicher ist, da die neuen Herren der römischen Provinzen sich in rechtlicher und kultureller

Weise als Nachfolger der Römer betrachteten. Eine römische Niederlage in der Schlacht im Quadenland hätte die Geschichte des dann ehemals römischen Österreichs nicht völlig verändert, sondern nur um vielleicht zwei Jahrhunderte beschleunigt und andere Völker mit ins Spiel gebracht. Das Ergebnis, die Ablöse der römischen durch eine germanische Herrschaft und die Veränderung in der Bevölkerungsstruktur, wäre etwa dasselbe gewesen. Ein wesentliches Element gilt es noch zu untersuchen: die Rolle des Christentums. Es wurde bereits gesagt, dass sich das Christentum in den Donau- und Alpenprovinzen erst im 3. und 4. Jahrhundert entwickeln konnte. Bischöfe aus Noricum waren 343 am Konzil von Serdica anwesend, die ältesten bekannten und archäologisch nachgewiesenen Kirchen in Österreich stehen in Aguntum, Teurnia und Lavant und stammen aus dem 4. und 5. Jahrhundert. Eine germanische Besiedlung am Ende des 2. Jahrhunderts und ein eventueller Niedergang eines westlichen römischen Reiches um 300 hätte diese Entwicklung unterbrochen. Das römische Christentum hätten im 3. Jahrhundert kaum Einfluss auf die Germanenstämme gehabt. Die Mehrzahl der germanischen Völker kam zuerst mit dem Arianismus in Berührung, bevor sie zur Kirche von Rom übertraten. Die Goten lernten den Arianismus, der zum Unterschied vom katholischen Glauben die Dreifaltigkeitslehre ablehnt, im 4. Jahrhundert an den Ufern des Schwarzen Meeres kennen. Mit ihnen und anderen Völkern, wie den Vandalen und Burgundern, kam der Arianismus nach Westen. Dort kannten fast alle Germanenstämme nur diese Form des Christentums, bis die Franken bei der Taufe Chlodwigs im Jahr 496 zum Katholizismus übertraten. Ohne Westrom kein Katholizismus, die Übermacht des oströmischen Christentums hätte vermutlich dazu geführt, dass der Arianismus bei den Germanen und deren Nachfolgern die einzige herrschende christliche Lehre geworden wäre.

Ein weiteres Szenario wäre, dass Marc Aurel zwar die Reichsgrenze an Mur, Drau und Donau zurücknehmen hätte müssen, Avidius Cassius aber besiegt und in Commodus seinen Nachfolger gefunden hätte. Commodus wurde 192 in Rom ermordet, den darauf folgenden tatkräftigen severischen Kaisern wäre es durchaus zuzutrauen gewesen, dass sie die Kraft aufgebracht hätten, nochmals die Grenzen des Römischen Reiches bis an die Donau vorzuschieben. Wieweit aber die vorausgegangene Episode mit einer stärkeren interkulturellen Verflechtung von Römern und Germanen die antike Welt verändert hätte, ist kaum zu sagen.

Natürlich kann es auch sein, dass es Marc Aurel trotz einer verlorenen Schlacht im Quadenland gelungen wäre, die Donaugrenze zu halten, eventuell hätte er auch noch Avidius Cassius besiegt. Auf alle Fälle hätten aber das Ausbleiben des Regenwunders und eine Niederlage der Römer den Krieg gegen die Germanen weiter verlängert und verkompliziert. Welcher Gott oder Zauberer auch immer es zuwege gebracht hat, dass sich die römischen Legionen am 11. Juni 172 abkühlen konnten, Blitze auf ihre Gegner niederfahren sahen und so neuen Mut schöpften, er hat vielleicht ein Reich gerettet.

11. Dezember 1241

Großkhan Ögödei überlebt ein Trinkgelage –
Die Mongolen brechen in Europa ein

Es müssen nicht immer entscheidende Schlachten oder Verträge sein, welche die Weltgeschichte verändern, nur zu oft ist es der Tod, der eine Person plötzlich aus dem Leben reißt, die noch große Pläne gehabt hatte. Der plötzliche und unvorhergesehene Tod einer historisch relevanten Person hat das größte Potenzial, die Geschichte abrupt zu verändern. Manche Herrschaften und Reiche können sich nur über die Existenz einer einzigen Person definieren und halten. Stirbt diese Person, bricht das gesamte System schnell zusammen, wenn es nicht rechtzeitig gelungen ist, einen Nachfolger zu finden oder ein Gremium einzusetzen, das am Machterhalt interessiert ist und daher für nachhaltige Stabilität sorgt.

Stammesgesellschaften und autoritäre Regime mit einem ausgeprägten Führerprinzip sind daher durch ihre Struktur besonders gefährdet und erfordern von ihren Anführern in der Beobachtung der Vorgänge besondere Aufmerksamkeit. Um seine Rechte durchzusetzen, muss man aber auch vor Ort sein. Dies alles verhinderte 1242 eine gewaltige Katastrophe für Europa, bei der der Babenbergerherzog Friedrich II. an vorderster Front gestanden wäre.

Die Zeit

Die erste Hälfte des 13. Jahrhunderts brachte in Europa und im ferneren Osten zwei starke Herrscher an die Macht. In Europa war dies Kaiser Friedrich II., 1194 in Jesi bei Ancona geboren, der sich mühsam den Weg zur Macht erkämpfen musste und 1220 in Rom zum Kaiser gekrönt wurde. Er war der „stupor mundi", das Wunder der Welt. Er sprach neun Sprachen und konnte sieben davon schreiben. Er reiste mit einer Garde aus Sarazenen, einer Musiktruppe aus

Afrikanern, einem Zoo mit Elefant und Giraffe und einem Harem samt Eunuchen. Seltsam genug für seine Zeit, pflegte er täglich zu baden, schrieb Bücher und galt dem Papst als der größte Feind der Christenheit, obwohl er Kaiser des Heiligen Römischen Reiches und König von Jerusalem war.

Am anderen Ende der Welt herrschte zu dieser Zeit der Mongole Dschingis Khan über das größte Reich, das diese Welt je gesehen hat. Er wurde um 1165 in der Mongolei geboren und einigte die Stämme der zentralen und nördlichen Mongolei. Nach der Ernennung zum Großkhan aller Mongolen begann er mit der Eroberung Asiens im Osten bis an das Japanische Meer und im Westen bis zum Kaspischen Meer. Um dieses Reich zu verwalten, ließ er eine eigene Schrift entwickeln und für alle verbindliche Gesetze einführen und niederschreiben.

Nach seinem Tod 1227 wurde das Reich unter seinen Söhnen aufgeteilt, wobei ein Teil an die Nachfolger seines Sohnes Jochi ging, der sechs Monate vor seinem Vater gestorben war. Jochis Land wurde zwischen dessen Söhnen Batu und dessen älterem Bruder Orda aufgeteilt, wobei Batus „Goldene Horde" alles Land westlich der Wolga zugesprochen bekam, das er sich aber zum Großteil erst erobern musste.

In Österreich und der Steiermark herrschte zur selben Zeit Herzog Friedrich II. aus der Familie der Babenberger, genannt der Streitbare. 1211 in Wiener Neustadt geboren, war er der Sohn von Herzog Leopold VI. und der aus Byzanz stammenden Prinzessin Theodora Angeloi. Friedrich hatte durch Eroberungen und Heiraten das Gebiet der Babenberger stark vergrößert. In erster Ehe hatte er eine finanzkräftige byzantinische Prinzessin geheiratet, die zweite Ehe mit Agnes von Meranien, von der er sich 1243 wegen Kinderlosigkeit scheiden ließ, hatte ihm reiche Güter in Krain, der Windischen Mark und am unteren Inn eingebracht.

Friedrich II. folgte 1230 seinem Vater in Österreich und der Steiermark als Herzog nach, er galt als rücksichtslos und ohne Hemmungen. Er war politisch und strategisch begabt, aber maßlos in seinen territorialen Ambitionen, und so geriet er von Anfang an mit seiner engeren und weiteren Umgebung in Streit. Gleich zu seinem Regierungsbeginn entstanden Unruhen in Österreich, als die Kuenringer, ein Geschlecht von Ministerialen, unfreie Hausbeamte aus dem Ritterstand, sich gegen Friedrich empörten und einen Aufstand versuchten, den Wenzel I. von Böhmen zum Einfall in Österreich nutzte.

Nach Wiederherstellung der inneren Ordnung nannte sich Friedrich ab 1232 auch Markgraf von Krain, wozu er sich durch seine zweite Frau berechtigt glaubte. Infolge der Beschwerden seiner Gegner in Böhmen, Bayern und Brandenburg, der Bischöfe von Bamberg und Passau und wegen seiner Nichtteilnahme an den Reichstagen verhängte Kaiser Friedrich II. 1235 die Reichsacht über den Herzog. Kaiser Friedrich schickte ein Reichsheer und einen kaiserlichen Statthalter nach Österreich, die Herzog Friedrich Wien und den Großteil seiner Länder abnahmen und als reichsfrei, also direkt dem Kaiser unterstellt, erklärten. In Wien regierte ein kaiserlicher Statthalter, während sich Herzog Friedrich nach Wiener Neustadt zurückzog und von dort aus die Kaiserlichen bekämpfte. 1237 musste sich Herzog Friedrich dem Kaiser unterwerfen, der Österreich nun völlig erobert hatte. Er erhielt seine Lehen zurück, blieb von da an eine treue kaiserliche Stütze und wurde daher 1240 vom Papst gebannt und sein Land dem Kirchenbann unterworfen. Herzog Friedrich II. hatte aber noch große Pläne und wollte beim Kaiser die Erhöhung seines Herzogtums Österreich zum Königreich durchsetzen.

Östlich von Österreich und der Steiermark herrschte in Ungarn König Béla IV. Der 1206 geborene König aus dem Geschlecht der Arpaden war seit 1235 König von Ungarn und Kroatien. Sein Königreich war im Jahr 1000 von Stefan I. gegründet worden, der das Christentum angenommen und einen Staat nach karolingischem Muster aufgebaut hatte. Die Ungarn kamen aus dem Osten und hatten bis 955, als sie in der Schlacht auf dem Lechfeld von Kaiser

Otto I. vernichtend geschlagen wurden, für fast 100 Jahre lang Europa in Raubzügen geplündert.

Die Monarchie in Ungarn war schwach, der König gegenüber den Magnaten, adeligen Großgrundbesitzern, die sich in der Goldenen Bulle von 1222 zahlreiche Freiheiten gesichert hatten und mehr ihren direkten Untertanen als ihrem König verpflichtet waren, machtlos. Béla war weniger ein König, sondern eher der Erste unter den Fürsten. 1235 begann Batu Khan sein Reich nach Westen auszuweiten. Von seiner Hauptstadt Alt-Sarai an der unteren Wolga aus eroberte er die Krim und sammelte dann ein Heer von 130.000 Mann unter dem genialen General Subutai, um in Europa einzufallen. 1236 wurden Wolgabulgaren, Alenen und das Turkvolk der Kyptschacken unterworfen. Die Kumanen, ein Stamm der Kyptschacken, flohen mit 40.000 Familien unter Kuthan Khan 1239 nach Ungarn, wo sie von Béla IV. als Söldner angeworben wurden.

Im November 1237 sandte Batu Khan Botschafter in die russischen Fürstentümer und verlangte ihre Unterwerfung, die ihm von allen Städten bis auf Smolensk und Nowgorod, die sich unterwarfen und freikaufen konnten, verweigert wurde. Bis zum Sommer 1238 hatte Batu die Mehrzahl der Städte erobert und niedergebrannt, die Bevölkerung ermordet oder zu Sklaven gemacht. 1240 wurden Kiew und Susdal-Wladimir erobert und die russischen Staaten, die sich unter Alexander Newskij sammelten, zu Vasallen gemacht.

Nachdem er ein russisches Imperium aufgebaut hatte, das bis Moldawien an der unteren Donau reichte, soll Batu nach einer mongolischen Weissagung beschlossen haben, den Atlantik, das „letzte Meer", zu erreichen, von wo es kein Weiterkommen mehr geben würde. Ob dies der Wahrheit entspricht oder ob er mit einem Vorstoß nach Westen nur sein Vorfeld sichern wollte, ist unklar. Bekannt aber ist sein Kriegsgrund, die Kumanen, die nach Ungarn geflohen waren und dort um Asyl und Land gebeten hatten, das ihnen Béla IV. gewährt hatte. Da die Mongolen die Kumanen als ihre unrechtmäßig geflohenen Untertanen ansahen, verlangten sie von Béla deren Auslieferung, die er verweigerte. Ab dem Winter 1240/41 war es absehbar, dass die Mongolen in Ungarn einfallen würden, die ungarische Tiefebene schien ihnen als das ideale Gebiet, um eine mongolische Herrschaft einzurichten, von wo aus sie nach Westeuropa vorstoßen konnten.

Béla war dies bewusst, und er ersuchte den Kaiser, dessen Untertan er war, um Hilfe. Friedrich II. war zu dieser Zeit in eine Auseinandersetzung mit Papst Gregor IX. verstrickt. Alles, was die beiden Herrscher taten, war, dass Gregor gegen die „Tartaren" zu einem Kreuzzug aufrief und dass Friedrich seine Fürsten aufforderte, den Ungarn zu Hilfe zu kommen. Niemand in Europa nahm die Mongolen ernst, man hatte zwar von ihnen und auch von ihren Eroberungen gehört, sah sie aber im direkten Kampf gegen die gepanzerten schweren Ritter Europas als keine Bedrohung an.

Der erste Angriff der Mongolen erfolgte im Osten Europas. Im Winter 1240 eroberten sie Sandomir und Krakau, dann teilten sie ihr Heer, General Paidar Khan zog nach Westen, Batu Khan mit der Hauptmacht nach Süden.

Am 9. April 1241 versuchte ein christliches Heer aus Templern, polnischen und deutschen Rittern und Deutschordensrittern unter dem schlesischen Herzog Heinrich dem Frommen die Mongolen in Westschlesien bei Liegnitz aufzuhalten. Zu ihrer Hilfe war der böhmische König Wenzel I. unterwegs, traf aber nicht rechtzeitig auf dem Schlachtfeld ein. Der Kampf wurde für die christlichen Ritter zum Desaster, es soll 30.000 Tote gegeben haben, der Kopf Heinrichs wurde auf einer mongolischen Lanze aufgespießt den Bewohnern von Liegnitz präsentiert.

Nachdem sie die Nordflanke der Christenheit besiegt hatten und daher dem Heer Batu Khans in Ungarn keine Gefahr von dieser Seite drohte, rückten die Mongolen unter Paidar Khan nach Süden vor. Auf ihrem Marsch verwüsteten sie Böhmen, ehe sie zum Hauptheer Batu Khans in Ungarn stießen.

Dieser hatte zwei Tage nach der Schlacht von Liegnitz, am 11. April 1241, in der Schlacht von Muhi, einem kleinen Ort am Sajo-Fluss wenige Kilometer südlich von Miskolc, die Ungarn vernichtend geschlagen.

Béla hatte bereits zu Beginn des Jahres 1241 begonnen, Truppen zu sammeln, und hatte auch Verstärkung aus Österreich bekommen, von wo ihm Herzog Friedrich II. mit einem kleinen Ritterheer zu Hilfe kam. Was dann geschah, ist nicht ganz gesichert, aber es scheint, dass Friedrich die Ungarn gegen die heidnischen Kumanen aufstachelte, was zu Unruhen führte, wobei ihr Führer Kuthen Khan ermordet wurde und die Kumanen zu den Mongolen überliefen. Am 15. März erreichte ein Erkundungstrupp mongolischer Truppen die Stadt Pest und wurde hier von Herzog Friedrich II. angegriffen und geschlagen, worauf sich dieser, Ruhm hatte er ja nun erworben, nach Österreich zurückzog, Béla hatte die weiteren Kämpfe alleine auszufechten. Zwar waren die Ungarn in der Schlacht bei Muhi den Mongolen zahlenmäßig überlegen, schlechte Koordination und Streitigkeiten unter den Magnaten brachten aber Unordnung in das Heer, das fast völlig vernichtet wurde. Béla konnte mit Mühe fliehen, die Mongolen machten sich daran, Ungarn zu unterwerfen.

Im Sommer und Herbst 1241 kämpften die Ungarn in kleinen Gruppen als Partisanen gegen die Mongolen und konnten ihnen den Übergang über die Donau verwehren. Als diese im Winter 1241/42 zufror, wurden die Verteidiger an der Westseite der Donau überrannt, und die Mongolen stießen in Richtung Westen und Österreich vor. Béla floh mit Kronschatz und Familie nach Österreich, um bei Herzog Friedrich Schutz zu suchen. Den bekam er aber erst, nachdem er gefangen gesetzt und seines Schatzes beraubt worden war und an Friedrich die Grafschaften Ödenburg, Wieselburg und Lutzmannsburg abgetreten hatte. Friedrich erschien Béla als ein unsicherer Verbündeter, er floh aus Österreich und verschanzte sich auf der Insel Trogir vor der dalmatinischen Küste. Von hier aus flehte er die christlichen Fürsten des Westens an, ihm zu Hilfe zu kommen. Er blieb aber ungehört, noch immer nahm niemand in Europa die mongolische Gefahr ernst. Bis Ende 1241 hatten die Mongolen Ungarn bis auf 80 befestigte Plätze besetzt, ihre Vorhut erreichte die Umgebung von Wiener Neustadt, wo die Mongolen überwinterten. Das Jahr 1242 würde die Entscheidung bringen. Wenn es den Mongolen gelang, Ungarn völlig zu erobern, dann würden sie sich die Gelegenheit nicht entgehen lassen, weiter nach Westen vorzustoßen, Österreich und die Steiermark lagen damit genau auf ihrem Weg.

Der entscheidende Moment – Die Realität

Die Entscheidung für einen Angriff auf Europa fiel nicht im verschneiten Österreich des Winters 1241/42, obwohl die Mongolen von ihrem Lager bei Wiener Neustadt aus immer öfter Wien bedrängten. Sie fiel tausende Meilen weiter ostwärts. Hier starb am 11. Dezember 1241 in Karakorum, der Hauptstadt des mongolischen Großreiches, Ögödei Khan, der Großkhan der Mongolen. Er war der dritte Sohn Dschingis Khans gewesen und ihm als Großkhan nachgefolgt. Er hatte China endgültig unterworfen, Korea erobert, Persien nach Vernichtung des Choresmischen Reiches unter seine Kontrolle gebracht und den Auftrag zur Eroberung Europas gegeben. Er war 55 Jahre alt, und sein Tod kam überraschend, angeblich starb er bei einem Wetttrinken an einem Schlaganfall.

Batu Khan als Prinz von königlichem Blut wurde über das gut ausgebaute Postwesen der Mongolen schnell vom Tod seines Onkels unterrichtet und reiste im Frühjahr 1242 nach Karakorum zum Kuriltai, der Wahlversammlung der Mongolen, ab. Seine Truppen in Ungarn, die er vielleicht zur Durchsetzung seiner Ansprüche brauchen konnte, folgten ihm. Er ließ ein verwüstetes Ungarn zurück, in dem etwa ein Viertel der Bevölkerung durch die Mongolen den Tod gefunden hatte oder versklavt worden war, und ein Europa, das noch gar nicht bemerkt hatte, in welcher Gefahr es gewesen war und sich wieder den Streitigkeiten zwischen Kaiser Friedrich II. und dem neuen Papst Innozenz IV. widmen konnte.

Der entscheidende Moment – Die Fiktion

Ögödei war erst 55 Jahre alt, als er starb. Im Mittelalter galt dies zwar schon als höheres Alter, und der Grßkhan hatte sicherlich das beschwerliche und körperlich fordernde Leben eines Kriegers geführt, er fand sein Ende aber nicht im Kampf, sondern bei einem Wetttrinken, das er zwar gewann, aber nicht überlebte.

Gehen wir zurück zu jenem Dezembertag in Karakorum, der Hauptstadt der Mongolen. Man trinkt Airaq, vergorene Stutenmilch. Ögödei ist ein geübter Trinker, es passt zur Philosophie der Mongolen, nach der Kämpfen, Reiten, Trinken und mit den Frauen der besiegten Feinde zu schlafen das Leben eines mongolischen Kriegers ausmachen sollten. Ögödei trinkt an diesem Abend zu viel und fällt irgendwann betrunken um, aber er überlebt. Er wacht zwar am nächsten Morgen mit einem Brummschädel und einem Kater auf, doch bleibt er am Leben und weiter der machtvolle und energische mongolische Großkhan.

Konsequenzen und Bedeutung

Ögödei ist zwar kein militärisches Genie wie sein Vater Dschingis Khan, aber er hat in Karakorum ausgezeichnete militärische Berater, und er möchte seinen Neffen Batu Khan gerne beschäftigt sehen, um ihn von der mongolischen Innenpolitik fern zu halten, also hat er nichts dagegen, wenn dieser sich weiter in Europa aufhält. Batu Khan ist sich inzwischen nicht ganz schlüssig, was er tun soll. Er hat Ungarn noch nicht völlig unter seiner Kontrolle, er weiß aber inzwischen, dass hinter dem Wienerwald und dem Alpenostrand eine reiche Zivilisation mit mächtigen Burgen, reichen Klöstern und blühenden Städten auf ihn wartet. Er leidet keinen Mangel an Männern, immer wieder stoßen aus dem mongolischen Imperium, das seit kurzem auch Persien umfasst, neue Truppen zu ihm. Er hat in zwei Schlachten gesehen, dass die christlichen Ritter zwar ernste Gegner, jedoch nicht unüberwindlich sind. Was soll ihn also daran hindern, weiter nach Westen zu reiten, um die Schätze zu suchen, die er zur Bezahlung seiner Truppen braucht, und um den Widerstand der Ungarn zu brechen, die noch immer verzweifelt auf Hilfe aus dem Reich und vom Papst warten? Zunächst muss er sich zwei vorgeschobene Stützpunkte sichern, und dazu erobert er im Frühjahr 1242 Wiener Neustadt und Wien. Beide Orte sind von Ringmauern geschützt, welche die Babenberger 50 Jahre zuvor aus dem Lösegeld für Richard Löwenherz haben errichten lassen, aber für die Ingenieure der Mongolen, die in Persien gelernt hatten, die wesentlich stärkeren Befestigungen der choresmischen Städte zu durchbrechen, sind sie kein Hindernis und werden im Sturm genommen. Die Bevölkerung verliert ihr Leben, weil sie sich nicht ergeben hat, die Städte, Kirchen und Klöster werden geplündert und zerstört. Herzog Friedrich II. stellt sich den Mongolen am 15. Juni 1242 an der Leitha mit dem Aufgebot der österreichischen und steirischen Ritter entgegen. Ihm sind auch einige Truppenkontingente aus Böhmen, Polen und aus dem Reich zu Hilfe gekommen.

Aber noch immer nimmt Friedrich die Mongolen nicht ernst genug. Die Adeligen streiten über ihre Reihenfolge im Angriff, über die Befehlsgewalt und wollen ihren Mut zeigen. Als während der Schlacht beim Vorstoß der Ritter die leichtbewaffneten Mongolen ihre Pferde wenden und die Flucht ergreifen, stoßen die Ritter nach. Als sie merken, dass sie auf die mongolische Taktik der Scheinflucht hereingefallen sind, ist es zu spät. Die Ritter fallen unter dem gnadenlosen Pfeilhagel aus den Reflexbögen der Mongolen, Herzog Friedrich II. stirbt als einer der Ersten an der Spitze seiner Lehensmänner. Mit ihm stirbt das Geschlecht der Babenberger in männlicher Linie in Österreich aus. Die Mongolen besetzen Österreich bis zur Enns und fallen in die Steiermark und in Kärnten ein. Im Sommer 1242 bricht eine Abteilung der Mongolen auf und stößt über die Steiermark nach Süden vor. Sie erreicht Slowenien und die Krain, schlägt ein kroatisches Milizheer und dringt über die Höhen des Birnbaumer Waldes nach Oberitalien vor. Hier plündern sie Friaul und marschieren nach Süden, die italienische Bevölkerung flieht auf die Inseln vor der Küste, und die venezianische Flotte blockiert den Zugang zur Inselrepublik. Die Mongolen stoßen nördlich des Pos weiter nach Westen vor und plündern und zerstören auf ihrem Zug Padua, Vicenza, Verona, Brescia, Bergamo und Monza, bevor sie vor den Mauern von Mailand zum Stehen gebracht werden und im Herbst 1242 umkehren. Sie sind überwältigt vom Reichtum Italiens, der nur mit dem Persiens vergleichbar ist und plündern das Land aus, ehe sie sich zurückziehen.

Die in Ungarn gebliebenen Mongolen stoßen in kleinen Abteilungen im Sommer und Herbst immer wieder vor, sie verwüsten Österreich und die Alpentäler, um ihren Gegnern das Aufmarschgebiet zu verlegen, und dringen in Raubzügen bis nach Burgund, an den Rhein und nach Frankreich vor. Im Herbst 1242 wird eine mongolische Schar in der Nähe von Paris gesehen, die aber die Stadt umgeht, bei Harfleur den Ärmelkanal erreicht und erfährt, dass auf der anderen Seite des „letzten Meeres" weitere Länder liegen. Bis die französischen Ritter ihre Vasallen und ihr Fußvolk organisieren können, haben die Mongolen schon wieder einige Kirchen und Klöster überfallen und ausgeraubt, ehe sie sich zurückziehen. Die Priester, Mönche und Nonnen bleiben erschlagen zurück.

Der Winter 1242/43 lässt die christlichen Fürsten und den Papst innehalten. Friedrich II. und Innozenz IV. müssen ihren Streit beilegen, es ist offensichtlich, dass ein gemeinsamer Feind vor der Tür steht, den es zu bekämpfen gilt. Innozenz ruft den Kreuzzug aus und reist zum König von Frankreich, um ihn zur Teilnahme zu bewegen. In Notre Dame wirft er sich zu dessen Füßen und erreicht, dass dieser den Heerbann ausruft. König Ludwig IX., später genannt der Heilige, wird hinter der Oriflamme, dem Kriegsbanner Frankreichs, den heidnischen Tartaren entgegentreten. Auch die Engländer unter König Heinrich III. wollen nicht abseits stehen, die Ritterorden rufen ihre Mitglieder zusammen, Spanien schickt Truppen, und selbst aus Norwegen, Dänemark und Schweden kommen Ritter zu Hilfe. Kaiser Friedrich II. hat die deutschen Fürsten, die ihm sonst unfreundlich gegenüberstehen, davon überzeugen können, dass Europa eine entscheidende Auseinandersetzung mit dem mongolischen Heer bevorsteht, und hat den schwäbischen Grafen Rudolf von Habsburg, sein Taufkind, mit der Einberufung des deutschen Aufgebotes beauftragt. Europa rüstet sich für das Frühjahr 1243.

Wieder sind die Mongolen schneller. Sie brechen bereits im März 1243 mit 130.000 Reitern aus Ungarn und Österreich auf und stoßen entlang der Donau nach Westen vor. Sie umgehen die großen Städte in Süddeutschland und plündern, nur wenn es leicht geht, kleine Städte, Kirchen und Klöster aus. Batu Khan hat im Winter reichen Zuzug an Kriegern aus dem mongolischen Reich erhalten. Es hat sich im Verlauf des Jahres 1242 bis nach China herumgesprochen, dass in Europa für die Mongolen Reichtümer zu erwerben sind. Ganze Stämme sind seinem Ruf gefolgt und lassen sich nun willig von General Subutai in den Kampf führen.

Eine Abteilung unter Batus Bruder Berke fällt abermals zur Ablenkung in Oberitalien ein und verhindert, dass aus Italien Ritter nach Norden eilen können, während die Hauptmacht Batus inzwischen fast ungehindert nach Westen reitet.

Berke dringt über den Po bis nach Ravenna vor, ehe er am 15. Mai 1243 vor den Mauern von Forli von Kaiser Friedrich II. und den verbündeten normannischen und päpstlichen Truppen geschlagen wird und sich nach Norden zurückziehen muss.

Im Heiligen Römischen Reich hat man eingesehen, dass es sinnlos ist, sich der mongolischen Armee in Einzelgefechten entgegenzustellen. Alle deutschen, böhmischen, polnischen und skandinavischen Truppen sind auf dem Marsch zu jener Stadt, die man als das Ziel des mongolischen Angriffes ausgemacht hat, nach Paris, der reichsten Stadt der Christenheit. Hier leben 150.000 Menschen, hier konzentrieren sich Reichtum, Geld und Handel, hier sind das Wissen und die Gelehrsamkeit zu Hause. Wer Paris besitzt, hält die Seele des christlichen Abendlandes in seiner Hand.

Die Mongolen erreichen Paris Anfang Mai 1243 und schließen die Stadt ein, die sich mit Hilfe des englischen Königs Heinrich III. erbittert verteidigt, während die schwerfälligen christlichen Heere nur langsam heranrücken. Ende Mai, die Lage in Paris ist inzwischen verzweifelt, ist das christliche Heer bei Reims versammelt, 50.000 Ritter und 90.000 Mann Fußvolk sind aufgeboten, es ist dies alles, was Europa an Kriegern stellen kann. Es sind weniger als erwartet, besonders der Deutsche Orden kann keine Ritter abstellen, weil im Frühjahr die Pruzzen einen Aufstand begonnen haben und die Gebiete des Deutschen Ordens an der Ostsee von Alexander Newskij angegriffen werden.

Batu Khan bricht am 1. Juni die Belagerung von Paris ab und marschiert in Richtung Reims. Am Sonntag, dem 7. Juni 1243, kommt es zur Schlacht auf jenen Feldern, auf denen im Jahr 451 Attila gegen die Allianz der christlichen Römer und Goten gekämpft hatte. Diesmal sind die europäischen Ritter besser vorbereitet als in Österreich und Ungarn, sie haben die Taktik des Feindes studiert und mit Enguerrand de Coucy III. einen gemeinsamen Oberbefehlshaber.

Die Ritter lassen die Attacken der Mongolen vom Schildwall der Fußsoldaten abprallen und die Schein-Fluchtversuche unbeantwortet. Am Abend sind die Heere erschöpft, in einer letzten Attacke stoßen die Ritter nochmals vor, diesmal können sie die Mongolen an die Ufer der Marne zurückdrängen, und im Kampf Mann gegen Mann haben die leichbewaffneten Reiter der Mongolen gegen die mit Kettenhemden geschützten und mit Langschwertern, Streitkolben und Äxten bewaffneten Ritter keine Chance. Die mongolischen Krieger werden blutig niedergemacht oder ertrinken auf dem Rückzug im Fluss, nur wenige entkommen und können nach Osten fliehen. Batu Khan und sein Sohn Sartak sind in der Schlacht gefallen, ebenso Subotai, aber auch Enguerrand de Coucy und zahlreiche Mitglieder der nobelsten Familien Europas liegen mit 70.000 Toten auf dem Schlachtfeld der größten Schlacht, die das Mittelalter gesehen hat.

Teile des christlichen Heeres verfolgen die geschlagenen Mongolen nach Osten und erreichen im Herbst 1243 Österreich und die Steiermark.

Das christliche Heer ist inzwischen zerstritten, die Noblen misstrauen einander und wollen nach Hause, weil sie nicht wissen, ob ihre Nachbarn ihre Abwesenheit nicht ausnutzen, um sich ihr Land zu nehmen. Nur wenige Truppen bleiben in Österreich zurück, um die nach Ungarn geflohenen Mongolen zu beobachten. Als das Frühjahr 1244 kommt, kann man feststellen, dass die Mongolen aus Ungarn abgezogen sind. Batu Khans Bruder Berke, der die Führerschaft über die Goldene Horde geerbt hat, sieht nach der Niederlage an der Marne sein Khanat an der Wolga in Gefahr. Die Nachrichten über die mongolische Niederlage haben sich bis zu Alexander Newskij und den russischen Fürsten herumgesprochen, die noch im Winter gegen die mongolischen Steuereintreiber rebelliert haben, und Berke muss seine Truppen zurückziehen. Die russischen Städte können sich von der mongolischen Herrschaft befreien, alles, was den Mongolen bleibt, sind die Steppen an der südlichen Wolga, in der Ukraine und auf der Krim. Der Mongolensturm auf Europa ist abgewehrt.

Für Österreich sind die Konsequenzen aus dem Mongolensturm schwerwiegend. Die Babenberger sind ausgestorben, da auch Margarete, die Schwester Herzog Friedrichs II., in den Kriegswirren umgekommen ist. Die Lehen der Herzogtümer Österreich und Steiermark sind damit erledigt und werden eingezogen. Kaiser Friedrich II. braucht tüchtige Herrscher, die das verwüstete Land wieder aufbauen können. Für Österreich findet er einen solchen in Ottokar II. von Böhmen, dem Sohn des böhmischen Königs Wenzel I. aus der Familie der Přemysliden, dem er als Herzog die Herrschaft über Österreich überträgt. Um die Přemysliden nicht allzu mächtig werden zu lassen, teilt der Kaiser die ehemaligen babenbergischen Besitzungen auf und vergibt die Steiermark als Lehen an Béla IV. von Ungarn, der ein groß angelegtes Wiederaufbauprogramm in Ungarn und der Steiermark beginnt.

Weil die Besitzrechte der drei von Béla 1241 an den verstorbenen Herzog Friedrich II. verpfändeten Grafschaften noch immer unklar sind, kommt es zwar Anfang Juli 1260 bei Groissenbrunn zu einer Schlacht zwischen Béla und Ottokar, die Béla gewinnt, die ehemaligen babenbergischen Länder haben aber aufgehört als eigenständige politische Einheiten zu existieren.

Als Kaiser Friedrich II. 1250 stirbt und eine Zeit der Rechtlosigkeit, des Interregnums, im deutschen Reich anbricht, haben Béla und Ottokar die Steiermark und Österreich rechtmäßig in ihrem Besitz. Ottokar hat böhmische und Béla ungarische Neusiedler in die verödeten Länder gesandt. Es gibt daher keinen Grund für den 1273 gewählten deutschen König Rudolf I. von Habsburg im Zuge seiner Revokationspolitik gegen Ottokar oder Béla einzugreifen, ihnen die Länder wegzunehmen und sich hier eine Hausmacht aufzubauen. Er versucht dies lieber in den Vorlanden und gegen die Schweiz, ein Habsburgerimperium, das mit dem Besitz von Österreich und der Steiermark seinen Ausgang nimmt, wird es nie geben. Beide Länder werden stets Teile anderer politischer Einheiten sein, einen Staat Österreich kennt die Geschichte nicht.

Realgeschichte

In der Realität zogen Batu Khan und die Mongolen im Frühjahr 1242 aus Ungarn ab, Batu wollte bei der Wahl des neuen Großkhans in Karakorum anwesend sein. Nach dem Rückzug der Mongolen lag Ungarn in Trümmern. Die Hälfte der bewohnten Orte war zerstört, ein Viertel der Bevölkerung tot oder verschleppt. Der Widerstand gegen die Mongolen hatte aber unter den zerstrittenen Magnaten und der Bevölkerung zu einem neuen ungarischen Nationalbewusstsein geführt, und Béla konnte darangehen, sein Land wieder in Ordnung zu bringen. Er eroberte von Herzog Friedrich II. die drei verpfändeten Grafschaften zurück, die dieser freiwillig nicht herausgeben wollte, und baute Ungarn wieder auf. In den Jahren von 1242 bis 1252 ließ er 44 Burgen und befestigte Plätze bauen, um gegen eine Rückkehr der Mongolen gewappnet zu sein. Er galt durch seine Maßnahmen als der zweite Gründer Ungarns, und als 1284 der Mongolenkhan Nogai eine neuerliche Invasion Ungarns versuchte, wurde diese leicht abgewehrt.

Österreich hatte unter den Mongolen wenig gelitten. Herzog Friedrich II. versuchte zwar, die drei Grafschaften, die ihm Béla verpfändet hatte, zu behalten, musste sie aber wieder aus der Hand geben. Beim Versuch, sie 1246 zurückzuerobern, fiel er in der Schlacht an der Leitha, die Babenberger starben aus, und Ottokar II. von Böhmen nahm widerrechtlich Österreich und die Steiermark in Besitz, bis er 1278 von Rudolf I. von Habsburg in der Schlacht von Dürnkrut und Jedenspeigen geschlagen und getötet wurde.

Der Mongolensturm hatte in der Realität bis auf den ursächlich darauf zurückzuführenden verfrühten Tod Friedrichs II. ohne Nachkommen kaum eine Bedeutung für Österreich. Hätten aber die Mongolen 1242 nicht Halt gemacht, so wären Österreich und die Steiermark ihre nächsten Ziele gewesen. Zwar ist es kaum wahrscheinlich, dass sie sich hier für lange Zeit eingerichtet hätten, allein die Verwüstungen und die Bevölkerungsverluste unter der Mongolenherrschaft hätten eine wesentliche Änderung in der österreichischen Geschichte auslösen können. Ungarn hatte das Glück, dass nach dem Mongolensturm mit Béla IV. ein tatkräftiger Herrscher zur Verfügung stand, in Österreich wäre eventuell Friedrich kinderlos gestorben, das zerstörte Land wäre dann die leichte Beute eines der Nachbarn geworden.

Ob die Ritter Europas die Mongolen in einer offenen Feldschlacht besiegt hätten können, ist schwer zu sagen. Die Mongolen hatten kaum Erfahrungen mit kleinräumigen, dicht besiedelten Ländern, die ihrer Art der Kriegsführung, Wirtschaft und Lebensweise nicht entsprachen. Einer dauerhaften Besetzung Europas durch die Mongolen steht entgegen, dass sich die christlichen Fürsten immer dann, wenn es gegen einen „heidnischen" Feind ging, doch noch zusammenfinden konnten, um ihn gemeinsam zu bekämpfen. Teilerfolge für die Mongolen in Form von Kriegs- oder Beutezügen, ausgehend von Ungarn, wären möglich gewesen und hätten auf Jahre hinaus Europa bedroht, nachhaltig hätten sie wohl kaum gewirkt.

Stärker wäre das lateinische Kaiserreich, das 1204 nach der Eroberung von Konstantinopel durch die Kreuzfahrer gegründet worden war, bedroht gewesen, das sich ab 1242 in der Zange zwischen den Seldschuken und dem griechischen Kaiserreich Nikaia im Osten und den Mongolen im Westen gesehen hätte. Ob Konstantinopel dieser Bedrohung lange standgehalten hätte, ist zweifelhaft, wenngleich die Mongolen auch zur Bedrohung der Turkstämme in Kleinasien und des byzantinischen Reiches von Nikaia hätten werden können.

Auf alle Fälle hätten die Mongolen in Ungarn den Landweg von Europa nach Konstantinopel versperrt und damit den Nachschub für die Kreuzfahrerstaaten in Palästina unterbrochen, der dann nur mehr über den Seeweg abgewickelt hätte werden können, was die Seefahrerstaaten wie Venedig und Genua wirtschaftlich begünstigt hätte. Auf der anderen Seite wäre mit den Mongolen in Ungarn die Seidenstraße umgeleitet oder verlängert worden, und Händler aus China hätten unter Umgehung von Konstantinopel und Venedig Mitteleuropa leichter erreichen können.

Eventuell hätte der Kontakt der Mongolen zu Europa denselben Einfluss auf sie ausgeübt, den das Römische Reich auf die Völker der Völkerwanderung oder die Inder auf die Mogul hatten. Die Mongolen hätten nach einiger Zeit die Kultur und Religion ihrer unterworfenen Gegner oder Nachbarn angenommen und sich assimiliert. Der Kontakt zu einem mongolischen Staat in Ungarn hätte auch für Europa befruchtend wirken können, die Mongolen hätten die Chance gehabt, als Mittler zwischen der asiatischen und islamischen Kultur und dem christlichen Europa zu wirken, woraus eine völlig neue Weltsicht auch in Europa entstehen hätte können.

Eine völlige Niederlage und Eroberung Europas durch die Mongolen ist daher kaum wahrscheinlich, die Khane hätte die Küsten des „letzten Meeres" niemals dauerhaft in Besitz nehmen können. Vielleicht hätten sie aber den Grundstein für eine neue Verbindung von Asien nach Europa mit allen Konsequenzen für Kunst, Wissenschaft, Kultur und Handel legen können. Es mag also sein, dass der Rückzug der Mongolen kein Glück, sondern eine vergebene Chance für Europa war.

26. August 1278

Rudolf von Habsburg – Ein deutscher König stirbt in der Schlacht von Dürnkrut und Jedenspeigen

Imperien entstehen oder vergehen oft durch Zufälle. England konnte zur Weltmacht werden, weil im Jahr 1588 schlechtes Wetter herrschte und die Armada Spaniens unterging, Napoleon verlor sein Reich, weil Marschall Grouchy zu spät nach Waterloo kam. Isabella von Spanien gewann ein Imperium, weil sie für Kolumbus ihren Schmuck verpfändete, Marie Antoinette verlor eines, weil man ihr ein Halsband anhängen wollte. Auch in der österreichischen Geschichte gibt es solch magische Momente, und einer davon passierte am 26. August 1278 auf der staubigen Ebene zwischen den Orten Dürnkrut und Jedenspeigen im Marchfeld nördlich von Wien. Hier standen sich an diesem Tag in einer der größten Schlachten des Mittelalters 30.000 Mann gegenüber, um das Schicksal Österreichs, des deutschen Königreiches und Europas zu entscheiden. Auf der einen Seite kämpfte der mächtigste Fürst seiner Zeit, Ottokar von Böhmen, der „König aus Gold und Eisen", wie ihn Dante genannt hatte. Auf der anderen ein 60-jähriger Graf aus Schwaben, den man zum deutschen König gemacht hatte, weil er nur wenig an Macht besaß. Der Ausgang der Schlacht konnte die Weltgeschichte verändern, ein einziger Lanzenstoß entschied ihn, als er Rudolf verfehlte und diesem damit die Gelegenheit gab, die Schlacht zu gewinnen und das Reich der Habsburger zu begründen.

Die Zeit

Das Jahr 1246 war für den Osten Europas entscheidend. Seit fast 300 Jahren hatten die Babenberger zunächst die Ostmark, dann die Länder Österreich und Steiermark als Markgrafen und Herzöge regiert. Sie hatten ihr Land durch die Jahrhunderte gegen alle Angriffe verteidigt. Der herrschende Babenberger war Herzog Friedrich II., geboren 1211 in Wiener Neustadt, Herr über Österreich und die Steiermark, der aber bisher keinen Nachfolger gezeugt hatte.

1246 fiel Friedrich in einem unbedeutenden Gefecht, es ging um ungelöste Fragen betreffend dreier Grafschaften, gegen den ungarischen König Béla IV. an der Leitha. Das Geschlecht der Babenberger war damit im Mannesstamm erloschen, das Land ging an seine erbberechtigte Schwester Margarete.

Das 13. Jahrhundert war eine Zeit voller Umbrüche und Gewalt. Im Reich lag Kaiser Friedrich II. mit seinen deutschen Fürsten im Streit, welche die Königsmacht immer mehr missachteten und sich herrenlose Gebiete aneigneten, ohne nach dem Recht zu fragen. Margarete versuchte, sich dagegen abzusichern. Sie heiratete den deutschen Thronfolger Heinrich (VII.), der aber schon 1242 starb. Schließlich ging sie eine Ehe mit dem 30 Jahre jüngeren Ottokar Přemysl von Böhmen ein, ein Akt der Realpolitik, weil dieser schon längst die Hand nach Österreich und der Steiermark ausgestreckt hatte und dabei war, sich die Länder mit oder ohne Margaretes Einwilligung zu nehmen.

Als Kaiser Friedrich II. 1250 starb, begann eine Zeit des Interregnums im Heiligen Römischen Reich, kein König oder Kaiser konnte oder wollte die Rechte des Reiches durchsetzen. Die Königsrechte wurden verkauft, verpfändet oder verschenkt, Ottokar war in dieser Zeit für Margarete der einzige Herrscher, der genügend Schutz versprach, um das Herzogtum der Babenberger zusammenzuhalten.

Ottokar von Böhmen wurde um 1232 als zweiter Sohn von König Wenzel I. von Böhmen und der Kunigunde von Schwaben geboren und sollte ein Mann der Kirche werden. Erst als sein älterer Bruder Vladislav 1247 starb, wurde er Thronfolger. In der Zeit des Interregnums konnte Wenzel durch Druck auf die österreichischen Stände Ottokar als Statthalter in Österreich einsetzen. Nach der Heirat mit Margarete zog Ottokar in Österreich ein und ihm wurde als Herzog gehuldigt.

1253 starb Wenzel und Ottokar folgte ihm auf den böhmischen Thron nach, strebte aber auch die deutsche Königswürde an. Einen allzu mächtigen Nachbarn fürchtend, verbündeten sich Béla IV. von Ungarn und die Wittelsbacher in Bayern gegen ihn. Ottokar musste 1254 die Steiermark an Béla abtreten, holte sie sich aber 1260 in der Schlacht von Groissenbrunn wieder zurück. Zur Absicherung seiner Ansprüche ließ er sich von Margarete wegen deren Kinderlosigkeit scheiden und heiratete Kunigunde von Halitsch, eine Enkelin des ungarischen Königs. Ottokar versuchte abermals, deutscher König zu werden, geriet aber dabei in Konflikt mit Konrad von Schwaben. Um Unterstützung zu bekommen, wählte Ottokar Richard von Cornwall zum deutschen König und erhielt von diesem als Lohn das Reichsvikariat und die Vogteien von Passau und Salzburg. In einem Erbschaftsvertrag mit dem kinderlosen Herzog Ulrich III. von Kärnten brachte er nach dessen Tod 1269 Kärnten und Krain unter seine Herrschaft. Dies führte zu Unruhen unter dem österreichischen, steirischen und Kärntner Adel. Ottokar ließ den Aufstand blutig niederwerfen, zahlreiche Adelige, darunter Mitglieder der Familie Emmerberg, hinrichten und ihre Burgen schleifen. Seine Machtfülle vereitelte bei der Königswahl 1273 abermals seine Wahl zum deutschen König, stattdessen wählten die Kurfürsten einen Grafen aus Schwaben, Rudolf von Habsburg.

Rudolf von Habsburg wurde am 1. Mai 1218 auf Schloss Limburg im Breisgau geboren, sein Taufpate soll Kaiser Friedrich II. gewesen sein. Als Jugendlicher erlebte Rudolf noch die große Zeit des Staufertums und den Glanz Kaiser Friedrichs II. 1241 begleitete er den Kaiser nach Italien und wurde dort zum Ritter geschlagen, um 1250 heiratete er Gertrud von Hohenberg, mit der er zehn Kinder hatte. Den Niedergang der Staufer nach 1254 und die Zeit des Interregnums nutzte er zum Ausbau seiner eigenen Macht.

Es war eine Zeit, in der sich Könige und Gegenkönige um die Macht im Reich stritten und in der das Königtum wertvollen Besitz und Rechte verlor. Diese Reichsrechte wurden von den jeweiligen

Thronanwärtern verkauft, vergeben und verschenkt, um ihre Wahl zu fördern. Auch Rudolf vergrößerte seine Güter im Elsass, führte Fehde mit den Kirchenleuten von St. Gallen, Basel und Straßburg und dem Grafen von Württemberg und schuf sich ein Gebiet aus Ländereien und Besitztümern, das vom St. Gotthard bis zu den Vogesen und von Burgund bis nach Savoyen reichte. Er kaufte die Grafschaftsrechte von Schwyz und Unterwalden und legte damit den Grundstein zum späteren Konflikt der Habsburger mit den Schweizern.

Rudolf versuchte, sich eine Hausmacht aufzubauen, die unabhängig von der Lehensvergabe durch den deutschen König war, der vergebene Lehen jederzeit widerrufen und einkassieren konnte. Nur wer im Mittelalter eine ausreichend große Hausmacht besaß, konnte selbst Vasallen einsetzen, die ihm wirtschaftlich und militärisch verpflichtet waren. Eine einfache Rechnung, wer die größere Hausmacht besaß, hatte mehr Geld und Güter und mehr Ritter und Kriegsknechte und konnte daher seine Ansprüche, ob rechtlich begründet oder nicht, gegenüber seinen Nachbarn besser durchsetzen.

Rudolf bemühte sich um ein gutes Verhältnis zum Papsttum und wurde 1273 mit Unterstützung von Papst Gregor IX., der Ruhe und Ordnung im Reich zur Unterstützung eines Kreuzzuges brauchte, zum deutschen König gewählt. Vermutlich wählte man ihn aufgrund seiner administrativen Fähigkeiten und weil man ihn wegen seiner noch geringen Hausmacht als ungefährlich für die Großen im Reich ansah.

Rudolf widmete sich zunächst der Aufgabe, alle von den Reichsfürsten im Interregnum unberechtigt angeeigneten Reichsgüter wieder unter die Herrschaft des Königs zu bringen. Bei dieser „Revokation" war absehbar, dass Rudolf mit Ottokar von Böhmen in Konflikt kommen musste, der von der Zeit des Interregnums stark profitiert hatte.

1274 bis 1275 ließ Rudolf auf den Reichstagen von Nürnberg, Würzburg und Augsburg Ottokar anklagen und verlangte von ihm die Herausgabe des Reichsgutes. Als Ottokar sich weigerte und auf seine militärische Stärke vertraute, ließ Rudolf am 24. Juni 1275 über ihn die Reichsacht verhängen. Er marschierte 1276 mit einem Reichsheer nach Wien, wo sich ihm Ottokar unterwarf und mit Böhmen und Mähren als König belehnt wurde. Alle anderen Länder Ottokars wurden von Rudolf eingezogen, aber nicht weitergegeben, da er sie als Grundlage für die Erweiterung einer habsburgischen Hausmacht betrachtete.

Der entscheidende Moment – Die Realität

Ottokar konnte sich damit nicht zufrieden geben. In den nächsten zwei Jahren suchte er Verbündete und ging im Sommer 1278 gegen Rudolf vor. Mit einem Heer marschierte er von Norden auf Wien zu, wo sich ihm Rudolf am 26. August 1278 zwischen Dürnkrut und Jedenspeigen, zwei kleinen Orten an der March, entgegenstellte. Das Heer Rudolfs war mit seinen 4500 Rittern Ottokars 6500 Mann unterlegen, hatte aber die Unterstützung des 16-jährigen ungarischen Königs Ladislaus IV., der mehrere tausend berittene kumanische Bogenschützen abgestellt hatte. Rudolf kämpfte nicht nach den Regeln des Rittertums, die einen offenen Kampf Mann gegen Mann verlangten. Er hatte seine Truppen gestaffelt aufgestellt, in den beiden vorderen Schlachtreihen oder „Treffen" die leicht Bewaffneten, erst dahinter verborgen seine schwer gepanzerten Ritter. Zudem hatte er 60 Ritter in den Weinbergen versteckt, die Ottokars Truppen in die Flanke fallen sollten.

Ottokar glaubte, mit Rudolf leichtes Spiel zu haben, und griff als Erster an. Sein linker Flügel wurde zwar durch die Pfeile der Kumanen dezimiert, diese konnten aber auf Dauer den schweren Panzerreitern nicht standhalten und mussten sich zurückziehen. Ottokars Ritter kämpften sich im Zentrum immer weiter vor, nach drei Stunden hatten sie die ersten beiden Schlachtreihen Rudolfs in die Flucht geschlagen.

Rudolf selbst geriet dabei in höchste Bedrängnis, als sein Pferd von einer Lanze durchbohrt wurde und der König in den Staub fiel. Nur das tapfere Eingreifen von Walter von Ramswag, der ihn vor den ihn bedrängenden Böhmen schützte und auf ein frisches Pferd setzte, rettete Rudolf das Leben. Die Böhmen waren zwar noch immer auf dem Vormarsch, aber bereits schwer erschöpft, als Rudolf seinen letzten Trumpf ausspielte. Er brachte sein bisher versteckt gehaltenes drittes Treffen zum Einsatz und ließ Ulrich von Kapellen aus dem Hinterhalt die rechte Flanke Ottokars angreifen. Die böhmischen Truppen gerieten in Panik, flohen und wurden auf der Flucht von den Kumanen niedergemacht.

Ottokar, der sich auf dem Schlachtfeld ergeben hatte, wurde gegen alle Ritterehre von Rudolf von Emmerberg, dessen Bruder er hatte hinrichten lassen, erschlagen.

Rudolf ließ Ottokars Leichnam nach Wien bringen und mehrere Tage bei den Minoriten öffentlich ausstellen, um jeden Zweifel an seinem Tod zu zerstreuen, ehe er ihn nach Znaim zum Begräbnis freigab. Ottokar wurde später im Chor des Veitsdomes in Prag bestattet, wohin ihn sein Sohn Wenzel II. 1296 überführen ließ.

Der entscheidende Moment – Die Fiktion

Wir gehen zurück zum 26. August 1278. Es ist Mittag, die Schlacht steht noch unentschieden. Rudolf hat seine ersten beiden Schlachtreihen bereits verloren und stemmt sich mit wenigen Getreuen gegen die böhmischen Ritter, weil er Zeit braucht, sein drittes Treffen heranzuführen. Man bedrängt ihn, eine Lanze durchbohrt sein Pferd und der 60-Jährige stürzt zu Boden und bleibt benommen liegen. Zwar versuchen Walter von Ramswag und einige Getreue ihn zu erreichen und zu schützen, sie werden aber abgedrängt und kämpfen bald selbst um ihr Leben. Rudolf ist es inzwischen gelungen aufzustehen, schwer atmend stützt er sich auf sein Schwert, als ihn ein Streitkolben am Kopf trifft und er seinen Topfhelm verliert. Eine

Lanze trifft ihn von der Seite und wirft ihn um, wenngleich er nur einige gebrochene Rippen davonträgt, weil ihn sein Waffenrock und das Kettenhemd noch schützen. Inzwischen erkennen einige böhmische Ritter Rudolf und steigen vom Pferd. Zwar könnte er den Rittern ein hohes Lösegeld bringen, aber sie wissen, dass Ottokar seinen Rivalen lieber tot sehen will und sie von ihm für einen toten König eine hohe Belohnung zu erwarten haben. Sie kennen keine Gnade. Einer setzt seinen Fuß auf den Leib des Königs und schlägt ihm mit einem Streitkolben den Schädel ein. Als sich Rudolf im Todeskampf herumwälzt, stoßen sie mit ihren Schwertern zu und treffen ihn in der Lücke des Kettenhemdes unter der Achsel, ein Schwert dringt in sein Herz. Rudolf I. von Habsburg, der deutsche König, ist tot. Seine Truppen sehen ihn fallen und fliehen.

Konsequenzen und Bedeutung

Ottokar ist der Sieger. Er weiß, dass die Nachricht über die Vakanz des Thrones mehrere Wochen brauchen wird, ehe sie die Kurfürsten erreichen wird, doch er möchte diese möglichst schnell vor vollendete Tatsachen stellen.

Er ordnet seine Truppen und marschiert die knapp 20 Meilen nach Wien. Die Stadt schließt die Tore vor ihm, noch haben die Königstreuen hier die Macht, aber die Angst vor einer Belagerung ist groß. Die alteingesessenen Erbbürgerfamilien, die in der Vergangenheit von der Herrschaft Ottokars stark profitiert haben und sich nun fürchten müssen, dass die böhmischen Truppen ihre Weinberge verwüsten könnten, zwingen die Königstreuen zu fliehen und öffnen Ottokar die Stadttore, der am 15. September 1278 triumphal in Wien einzieht.

Den Leichnam seines Gegners hat er mitgeführt, nun lässt er ihn für einige Tage in der Wiener Minoritenkirche öffentlich ausstellen, um jeden Zweifel an Rudolfs Tod zu zerstreuen. Einige der Lehensmänner Rudolfs sind in Gefangenschaft geraten, sie schwören Ottokar, Lösegeld zu bezahlen, erhalten den Leichnam des Königs und bringen ihn nach Speyer, wo er im Dom, den er großzügig finanziert hat, beigesetzt wird. Rudolf hat nur fünf Jahre regiert, man wird sich seiner kaum erinnern, und in den Geschichtsbüchern ist er nur eine Fußnote.

Ottokar nimmt in kürzester Zeit die Länder, die er Rudolf im Vertrag von Wien hat abtreten müssen, wieder in Besitz. Er übt Rache an jenen Adelsfamilien, die auf der Seite Rudolfs gestanden sind, beseitigt sie, wenn möglich, und ersetzt sie durch ihm treue Vasallen. Er hat sein Reich, den größten Flächenstaat im Einflussbereich des Heiligen Römischen Reiches, wiedererrichtet.

Als die Nachricht vom Tod Rudolfs die Kurfürsten erreicht, herrscht Aufregung. Nicht so sehr weil ein deutscher König getötet wurde, in dieser Zeit mussten Könige noch selbst ihre Herrschaft mit dem Schwert in der Hand bei hohem persönlichem Risiko verteidigen, sondern weil man abermals vor der Frage steht, wer deutscher König werden soll. Es ist allen klar, dass der neue König vor demselben Dilemma stehen wird wie Rudolf, er muss, soll das politische System des Reiches funktionieren, Ottokar in die Schranken weisen.

Fast gleichzeitig mit der Nachricht von Rudolfs Tod treffen auch die Gesandten des Böhmenkönigs bei den Kurfürsten ein und werben um die Wahl Ottokars zum deutschen König. Ottokar wäre die Wahl einiges wert, er verspricht Rechte abzugeben und Länder, Bistümer und Abteien den Kurfürsten zu überschreiben. Er ist sogar bereit, selbst auf die Königswürde zu verzichten, als Königsmörder ein guter politischer Schachzug, wenn man dafür seinen siebenjährigen Sohn Wenzel zum deutschen König machen würde.

Die Angebote Ottokars sind für die Kurfürsten verführerisch, aber unannehmbar. Ottokar oder Wenzel wären als deutscher König zu mächtig, keiner der Kurfürsten will sich auf ein solches Wagnis einlassen.

Nun beginnen auch die Rivalen Ottokars, Adolf von Nassau, Siegfried von Anhalt und Albrecht I. von Habsburg, der älteste Sohn Rudolfs, mit ihren Verhandlungen. Bald stellt sich heraus, dass die Kurfürsten auch hier an Macht und Gütern gewinnen können, ohne in Kauf nehmen zu müssen, in Zukunft von Ottokars Macht an die Wand gedrückt zu werden. Warum also den mächtigen Böhmenkönig wählen, ist es nicht einfacher, einen kleinen Adeligen ohne Hausmacht zum König zu machen und ihn gegen Ottokar zu hetzen? Bei der Königswahl 1279 kann sich Albrecht I. von Habsburg durchsetzen.

Siegfried von Anhalt war bald aus dem Kreis der Kandidaten ausgeschieden, Adolf von Nassaus Versprechungen an die Kurfürsten waren zwar willkommen, aber noch immer bestimmt die Angst vor dem Böhmenkönig das Handeln. Es liegt einfach zu viel Macht in Ottokars Händen. Ein konzilianter Herrscher wie Adolf von Nassau, von dem bekannt wird, dass er im Vorfeld der Wahl Verhandlungen mit Ottokar geführt hat, um dessen Unterstützung zu erhalten, ist hier nicht der richtige König.

Anders sieht es mit Albrecht aus. Der hat noch die Reichskleinodien in seinem Besitz, die er nicht herausgeben will, da er sich als Nachfolger seines Vaters versteht und voller Rachegedanken gegen Ottokar ist. Er ist der Richtige, um Ottokar zu verfolgen, vom Reich fernzuhalten und ihm die Beute wieder abzujagen, das würde ihn auch daran hindern, sich zu sehr mit den Kürfürsten und deren unrechtmäßigem Besitz zu beschäftigen.

1279 wird Albrecht I. von Habsburg zum deutschen König gewählt. Er ist 23 Jahre alt und hat sich während der Regierungszeit seines Vaters in Österreich und der Steiermark durch seine Strenge unbeliebt gemacht. Seit 1276 ist er mit Elisabeth von Kärnten, Görz und Tirol verheiratet und sieht sich als rechtmäßiger Herr über diese Länder.

Albrecht muss zunächst im Reich seine Herrschaft sichern, daher belehnt er seinen Bruder Rudolf II. als Herzog mit den Ländern Österreich, Steiermark und Krain und schickt ihn mit einem Heer nach Österreich, um Ottokar anzugreifen. Rudolf setzt auf Aufstände in seinen Ländern gegen Ottokar, die aber ausbleiben, die Habsburger sind nicht besonders beliebt in Österreich. Als Rudolf donauabwärts vorrückt, hofft er auf Zuzug durch österreichische und steirische Adelige, die ihm aber die Heeresfolge verweigern. Als er am 21. September 1280 bei Tulln auf das Heer Ottokars trifft, wird er schwer geschlagen und muss fliehen.

Albrecht ist das durchaus recht. Nachdem er seine Herrschaft im Reich konsolidiert hat, zwingt er seinen Bruder Rudolf 1283 im Vertrag von Rheinfelden auf Österreich, Steiermark und Krain zu seinen Gunsten zu verzichten und verweigert ihm später auch die Auszahlung einer vereinbarten Entschädigung.

Seine Herrschaft als König muss er zunächst noch einmal verteidigen. Adolf von Nassau, der die Niederlage bei der Königswahl nicht hinnehmen möchte und gegen Albrecht rebelliert, wird 1284 bei Göllheim geschlagen und getötet. Albrecht hat damit seine Herrschaft endgültig gesichert und wartet auf die Gelegenheit, mit Ottokar abzurechnen.

Ottokar macht in diesen Jahren Fehler. Er versucht, sich weitere Gebiete, besonders im Norden des Reiches um Pommern, Brandenburg und Polen, anzueignen. Seine aggressive Territorialpolitik treibt dabei immer mehr Adelige in das Lager des deutschen Königs.

1286, acht Jahre nach dem Tod Rudolfs von Habsburg bei Dürnkrut, ist es soweit. Albrecht sammelt ein Reichsheer und stößt nach Österreich vor. Anlass ist das Nichterscheinen Ottokars am Reichstag von 1285 in Augsburg, wo ihn Albrecht wegen seiner aggressiven Politik anklagen wollte. In seiner Abwesenheit verhängt man den Reichsbann über ihn und betrachtet seine Lehen als eingezogen. Damit ist für Albrecht die Zeit der Abrechnung gekommen.

Ottokar kann abermals ein gewaltiges Heer sammeln, die Österreicher und Steirer hat er die letzten Jahre mit einer klugen Politik auf seine Seite gebracht, die Böhmen und Mähren kämpfen für ihn, und Ladislaus von Ungarn hat er mit hohen Zahlungen zum neutralen Beobachter gemacht.

Aber Ottokar ist 53 Jahre alt. Er glaubt sich zu alt, um die Truppen selbst anzuführen, er leidet an der Gicht und an alten Verletzungen und vertraut seinem 17-jährigen Sohn Wenzel und seinen erprobten Heerführern das Heer an. Albrecht dagegen ist mit seinen 31 Jahren bereits ein alter Haudegen, erprobt in zahlreichen Schlachten. Der eher kunstsinnige Wenzel ist für ihn kein Gegner auf dem Schlachtfeld. Zunächst rückt Albrecht gegen die Steiermark vor. Er trennt das Land und die Krain vom Territorium Ottokars ab und setzt sich hier Kraft seines Königsamtes durch. Die steirischen und Krainer Adeligen sehen das Heer des Königs, werden von ihm persönlich angesprochen und hofiert. Sie berufen sich auf ihren ritterlichen Lehenseid für Ottokar, um nicht mitkämpfen zu müssen, und beschließen abzuwarten, was passieren wird. Als Albrecht im Spätsommer 1286 den Semmering überschreitet und damit Wenzels Heer, das die Hauptstraße über den Wechsel sichert, auf einem Saumpfad umgeht, muss sich Wenzel nach Wiener Neustadt zurückziehen und sich vor den Mauern der Stadt am 12. September 1286 zur Schlacht stellen.

Wenzel ist an Rittern überlegen, aber bereits in den ersten Minuten der Schlacht wird er durch einen Bolzenschuss im Gesicht verletzt und aus der Schlacht getragen. Seine führerlosen Truppen wehren sich tapfer, fliehen aber am Abend nach Wien, nachdem ihnen Albrecht den Rückzugsweg zur Festung Wiener Neustadt abschneiden konnte. Albrecht rückt nach und schließt Wien ein, er besetzt die Burg am Leopoldsberg und schneidet die Wiener von der Lebensmittelzufuhr über die Donau ab, die sich nach drei Wochen Belagerung ergeben und Wenzel ausliefern.

Albrecht belohnt seine Truppen großzügig aus den Geldern der Stadt Wien, die der Magistrat bezahlen muss, um eine Plünderung der Stadt zu vermeiden, dann überschreitet er die Donau und rückt weiter nach Norden vor. Obwohl es schon spät im Jahr und die Jahreszeit für Kriegszüge bereits vorbei ist, möchte er noch den entscheidenden Schlag gegen Ottokar führen. Vor Hollabrunn trifft er auf Ottokar, der aus den bei Wiener Neustadt geflohenen Rittern, polnischen und böhmischen Truppen eine neue Armee zusammengestellt hat.

Am Vorabend der Schlacht reitet Ottokar ins Lager Albrechts. Er versucht, sich zu unterwerfen, und bittet um seinen Sohn, was ihm aber Albrecht verweigert, Wenzel siecht inzwischen als Gefangener auf Burg Dürnstein dahin. Als Ottokar am nächsten Morgen angreift, ist Albrecht vorbereitet. Seine Armee hat in den letzten Wochen starken Zuzug von Rittern aus Österreich und der Steiermark erhalten, die auf Seiten des Siegers stehen wollen. Auch Ladislaus von Ungarn hat sich an die alte Allianz mit dem Vater Albrechts erinnert und Truppen gesandt.

Ottokar ist an diesem 1. November 1286, einem kalten, nebligen Novembertag, militärisch unterlegen. Er wehrt sich tapfer, und als sich seine Truppen schon nach kurzem Kampf zur Flucht wenden, hält er ritterlich mit wenigen Getreuen im Zentrum der Schlacht aus.

Als er sieht, dass die Schlacht verloren ist, versucht er sich zu ergeben, wird aber von Berthold von Emmerberg, dessen Vater Rudolf bei Dürnkrut gefallen war, aus Rache erschlagen.

Wenzel stirbt einige Tage später auf Burg Dürnstein, ob an seinen Verletzungen oder ob ihn Albrecht beseitigen lässt, bleibt ungeklärt. Da er kinderlos ist, stirbt mit ihm das Geschlecht der Přemysliden aus.

Albrecht hat Österreich, Steiermark, Krain und die Länder Ottokars in der Hand und verteilt die Beute. Albrechts Sohn Rudolf III. wird als Vierjähriger mit dem Königreich Böhmen und Mähren belehnt, Albrecht selbst behält sich Österreich, Steiermark und die Krain als habsburgischen Hausbesitz.

Die Schlacht von Hollabrunn am 1. November 1286 gilt als die Geburtsstunde des Habsburgerimperiums, das Jahrhunderte überdauern sollte, und Albrecht I. als der Begründer der Habsburgerdynastie in Österreich. Er wird zwar 1308 von seinem Neffen Johann, dem Sohn seines Bruders Rudolf, der vergeblich die Entschädigungen aus dem Reinfelder Vertrag eingefordert hatte, ermordet, kann aber bis dahin die Macht der Habsburger in seinen Ländern festigen. Albrecht wird in der Königsgruft von Speyer neben seinem Vater Rudolf begraben, an den man sich nur wegen seiner Niederlage gegen Ottokar erinnert. Man feiert Albrecht I., der die Habsburgerdynastie als europäische Macht begründet hatte.

In diesem Szenario ändert sich die Weltgeschichte nur wenig, die Habsburger können sich im zweiten Anlauf durchsetzen und ihr Imperium begründen, auch Wenzels Tod auf Burg Dürnstein hätte keine großen Auswirkungen, da er in der Realität bereits 1305 stirbt und im darauf folgenden Jahr sein Sohn Wenzel III. ermordet wird und das Geschlecht der Přemysliden ausstirbt.

Hätten die Kurfürsten nach Rudolfs Tod in diesem kontrafaktischen Szenario tatsächlich Adolf von Nassau zum deutschen König gemacht, hätte dieser niemals erfolgreich gegen Ottokar vorgehen können. In der Realität war es tatsächlich Adolf, der 1292 zum Nachfolger von Rudolf I. von Habsburg als deutscher König gewählt wurde und bis 1298 regierte, ehe er von den Kurfürsten abgesetzt wurde, die Albrecht zu seinem Nachfolger wählten. Da sich Adolf der Absetzung nicht fügen wollte, zog Albrecht gegen ihn zu Felde, besiegte ihn in Göllheim, wo Adolf in der Schlacht den Tod fand.

Albrecht konnte 1298 gegen Adolf erfolgreich sein und ein Heer aufstellen, weil er deutscher König war und weil er die Ressourcen seiner Hausmacht in Steiermark, Österreich und Krain zur Verfügung hatte. Hätte aber Ottokar diese Länder besetzt gehalten und wäre Adolf deutscher König gewesen, hätte sich Albrecht kaum gegen beide durchsetzen können. Adolf hatte sich im Vorfeld seiner Wahl bereits mit Ottokar arrangiert und wollte ihm die von Rudolf eroberten Länder belassen. Die Habsburger wären weiter ein unbedeutendes kleines Grafengeschlecht in Schwaben geblieben, die zwar über umfangreiche Ländereien verfügten, aber politisch wenig zu sagen hatten. Österreich wäre böhmisch und Teil eines slawisch dominierten Territorialstaates geworden.

Nach dem Aussterben der Přemysliden 1306 hätte der Kaiser die einzelnen Länder als vakant eingezogen, dann als Lehen neu aufgeteilt und diese in nicht zu großen Portionen an verschiedene Familien des Reiches vergeben. Ein geschlossenes habsburgisches Herrschaftsgebiet, die Grundlage des heutigen Österreichs, hätte es nicht mehr gegeben. Der Wendepunkt in unserem Szenario war also nicht so sehr der Ausgang der Schlacht von Dürnkrut und Jedenspeigen, sondern die Entscheidung der Kurfürsten über die Nachfolge des gefallenen Rudolfs als deutscher König. Hätten sie Albrecht gewählt, so hätten die Habsburger die Chance gehabt, das Ergebnis der Schlacht von Dürnkrut und Jedenspeigen zu korrigieren. Dann hätte sich die Zeitlinie am ehesten in der heute bestehenden Form entwickelt. Wäre es kein Mitglied der Habsburger gewesen, dann hätte es nie ein habsburgisches Imperium, welches die Weltgeschichte für 800 Jahre mitbestimmte, gegeben.

Realgeschichte

Rudolf I. von Habsburg blieb nach dem Tod Ottokars bis 1281 in Österreich und konnte die Übertragung der österreichischen, steirischen und süddeutschen Länder an seine Kinder Albrecht und Rudolf durchsetzen, bevor er sich wieder der Reichspolitik zuwandte. Rudolf I. wurde niemals Kaiser, alle Versuche von einem der acht Päpste seiner Regierungszeit gekrönt zu werden, scheiterten. Damit hatte er auch keine Möglichkeit, seinen Sohn Albrecht noch zu seinen Lebzeiten als deutschen König einzusetzen, und die Habsburger verloren nach seinem Tod das deutsche Königtum an Adolf von Nassau, konnten aber den unter Rudolf erworbenen Hausbesitz, Österreich, Steiermark und Krain, als Basis des Aufstieges des Hauses Habsburg zur europäischen Großmacht sichern. Die Grundlage dazu hatte Rudolf in der Schlacht von Dürnkrut und Jedenspeigen gelegt, ein fehlgegangener Lanzenstoß machte es möglich, dass die Habsburger eines der führenden Herrscherhäuser in Europa werden sollten.

17. Jänner 1363

Herzog Rudolf IV. erfriert im Schneesturm – Bayern erwirbt Tirol

Geschichte wird nicht immer durch Kriege oder Attentate bestimmt, oft genügt es, wenn man zur richtigen Zeit am richtigen Ort ist, um ein Reich zu erwerben oder zu verlieren. Als es für die Habsburger um Tirol ging, setzten sie alle Geheimdienstmöglichkeiten ihrer Zeit ein. Spionage, die Übermittlung von Nachrichten durch ein Netz von Informanten, Eilmärsche durch die tief verschneiten Alpen und die Psychologie, die man brauchte, damit eine 43-jährige, tief gebrochene Mutter und Regentin bereit war, ihr Land den Habsburgern zu überschreiben. Wäre Rudolf IV. im Jänner 1363 zu spät oder gar nicht nach Meran gekommen, dann wäre Tirol an Bayern gegangen. Was zunächst nur als nebensächliches Ereignis in der europäischen Geschichte erscheint, hätte aber rund 150 Jahre später schwerwiegende Konsequenzen in der Weltgeschichte gehabt.

Die Zeit

Im 8. Jahrhundert war das „Land im Gebirge", wie man das spätere Tirol nannte, eine Provinz des fränkischen Reiches. Nach dem Zusammenbruch der karolingischen Macht wurde das Land aufgeteilt, Teile davon unterstanden dem Herzogtum Bayern, andere der Mark Verona. Ab 1027 begann ein politischer Prozess, der zur Ausbildung einer eigenen Landeshoheit führen sollte. Kaiser Konrad II. verlieh dem Bischof von Trient die Grafschaften von Bozen, Trient und den Vintschgau, der Bischof von Brixen erhielt die Grafschaften Norintal und Inntal. Da die Kirche den Raum nicht selbst verwalten konnte und dem Druck ansässiger Adelsgeschlechter nachgeben musste, gab sie die Verwaltung in die Hände von Adelsfamilien, den Grafen von Andechs-Meran, den Grafen von Eppan und den Grafen von Tirol, wobei Letztere ihren Stammsitz auf der Burg Tirol oberhalb von Meran hatten, nach der das gesamte Land seinen Namen erhielt.

Zwar hatten in diesem Gebiet bereits die Römer Straßen und Pässe über die Alpen angelegt, dennoch galt das Land als rau, unwirtlich und wirtschaftlich uninteressant. Dies änderte sich mit den Romfahrten der deutschen Könige, da die sicherste Verbindung vom deutschen Norden nach Italien über den Brennerpass in Tirol führte. Dazu kam, dass man im 11. und 12. Jahrhundert immer mehr Bodenschätze in Tirol entdeckte, Salz in Hall und Silber und Kupfer in Schwaz.

Hauptort Tirols blieb bis ins 14. Jahrhundert Meran. Zu dieser Zeit war fast das gesamte Land im Besitz der Grafen von Tirol. 1253 starb die Familie aus, das Land ging auf Grund verwandtschaftlicher Beziehungen an Meinhard II., den Herzog von Kärnten.

Dessen Sohn Heinrich VI., Herzog von Kärnten, Graf von Tirol und ab 1307 auch König von Böhmen und Polen, blieb trotz dreier Ehen ohne männlichen Erben, nachdem sein einziger Sohn Leopold bereits als Kind verstorben war. Von seinen beiden Töchtern war die ältere Tochter Adelheid kränklich, die jüngere, die 1318 geborene Margarete, wurde daher schon bald der Mittelpunkt dynastischer Spekulationen.

Es war den Luxemburgern, Wittelsbachern und Habsburgern, den drei großen Familien im Reich, die hier regionale Interessen hatten, nicht entgangen, dass Margarete, die später den unschönen Beinamen Maultasch bekommen sollte, die Länder Tirol und Kärnten erben würde. Wer sie zur Schwiegertochter bekam, konnte damit seinen Besitz kräftig erweitern.

Die Rivalität der drei Dynastien hatte 1306 begonnen, als Wenzel III., der Letzte der Přemysliden, der Mörderhand zum Opfer gefallen war und Böhmen damit als Lehen wieder an das Reich zurückfiel. Zwar versuchte Albrecht I., der Sohn Rudolfs I. von Habsburg, das Land seinen Kindern zuzuschanzen, scheiterte aber, und Heinrich von Kärnten wurde König von Böhmen. Dieser wurde jedoch von Heinrich von Luxemburg, der nach Albrecht deutscher König geworden war, 1310 wieder vertrieben, der seinen Sohn Johann als böhmischen König einsetzte.

Die nächste Niederlage erlitten die Habsburger bei der Königswahl von 1314, als die Kurfürsten den Wittelsbacher Ludwig den Bayern zum deutschen König wählten, der seinen Rivalen, den Habsburger Friedrich den Schönen, 1322 in der Schlacht bei Mühldorf besiegte und drei Jahre lang in Landshut gefangen hielt. Erst nach Friedrichs Tod 1330 konnten sich dessen Brüder Albrecht II. und Otto mit den Wittelsbachern aussöhnen, weil mit den Luxemburgern ein weiterer Konkurrent um Tirol und Kärnten aufgetaucht war.

Mit Margarete von Kärnten und Tirol, der 1318 geborenen Tochter Heinrichs von Kärnten und Tirol, wurde der erste Schachzug geführt. Bereits 1324/25 schlossen die Luxemburger Frieden mit Margaretes Vater Heinrich. König Johann von Böhmen vereinbarte mit Heinrich ein Geheimprojekt, das eine Ehe seines siebenjährigen Sohnes Johann Heinrich mit der elfjährigen Margarete vorsah und das 1330 mit der Vermählung der beiden in Innsbruck auch in die Tat umgesetzt wurde. Damit sollten Tirol und Kärnten später luxemburgisch werden.

Das konnten und wollten die Wittelsbacher und Habsburger nicht hinnehmen und schlossen ihrerseits einen Geheimvertrag mit dem Ziel, nach dem Tod Heinrichs dessen Länder untereinander aufzuteilen.

Als Heinrich 1335 starb, konnten sich die Habsburger ohne größere Widerstände Kärntens bemächtigen und hatten damit ihr Ziel erreicht. Schlechter erging es den Bayern in Tirol.

Margarete und Johann Heinrich war es gelungen, sich beim Adel und der Bevölkerung in Tirol beliebt zu machen. Unterstützt wurden sie durch den böhmischen Markgrafen Karl von Mähren, den späteren Kaiser Karl IV., einen Luxemburger. Die Wittelsbacher mussten sich vorläufig zurückziehen und auf Tirol verzichten.

Mit der Zeit begann sich aber beim Tiroler Adel immer mehr Widerstand gegen den Einfluss der Böhmen zu regen, und auch die Sexualität Johanns scheint nicht die richtige Polarität gehabt zu haben und in einer infantilen Phase stecken geblieben zu sein. Seine sichtlich irritierte Ehefrau Margarete bezichtigte ihn öffentlich der Impotenz, und als Johann am Allerseelentag des Jahres 1341 von einem Jagdausflug auf die Burg Tirol zurückkehrte, blieben die Tore vor ihm verschlossen, Margarete hatte ihren Gemahl verstoßen. Dies war kein spontanes Ereignis gewesen, im Hintergrund hatte man heimlich schon längere Zeit Vorbereitungen dazu getroffen. Bereits im nächsten Jahr heiratete Margarete in Anwesenheit von Kaiser Ludwig dessen Sohn Ludwig von Brandenburg, einen Wittelsbacher. Die Bayern hatten damit ihr Ziel erreicht, nach dem Ableben Margaretes würden sie das Land Tirol erben.

Natürlich erregte diese Heirat in Europa Aufsehen. Die Kirche verweigerte der Ehe die Anerkennung, da nach ihrer Meinung Margarete noch immer mit Johann Heinrich verheiratet war. Allerdings wurde Margaretes „Zivilehe" von Marsilius von Padua und William Ockham, zwei der bedeutendsten Kirchenlehrer ihrer Zeit, verteidigt. Dabei handelten die beiden nicht ganz uneigennützig. Sie hatten wegen ihrer theologischen Anschauungen Probleme mit der römischen Kirche bekommen und waren zu Ludwig dem Bayern geflohen, der ihnen Schutz gewährte und entsprechende Gegenleistungen verlangte.

Die neue Ehe Margaretes war glücklich, wenngleich sie zunächst stürmische Zeiten zu überstehen hatte. Die ob ihrer Scheidung wütenden Luxemburger belagerten 1347 Schloss Tirol, mussten aber unverrichteter Dinge wieder abziehen. Margarete und Ludwig wurden exkommuniziert und hatten im Land die Heuschrecken und die Pestepidemie von 1349/50, die einem Drittel der europäischen Bevölkerung das Leben kostete, zu überstehen. Erst 1359 wurde durch die Fürsprache des Habsburgers Albrecht II. bei Papst Innozenz VI. das leidige Eheproblem gelöst. Margarete und ihr Gemahl wurden von allen Kirchenstrafen losgesprochen und konnten nochmals, diesmal auch kirchlich, heiraten. Der Ehe entsprangen vier Kinder, darunter auch Meinhard III., der ab 1359 mit Margarete von Österreich, der Tochter Albrechts II. und Schwester Rudolfs IV., verheiratet war. Für das Land Tirol sah die Zukunft prächtig aus, ein unabhängiges Land, gut eingebettet in die Beziehungen zu den Wittelsbachern und den Habsburgen. Der plötzliche Tod von Margaretes Gemahl Ludwig von Brandenburg im Herbst 1361 änderte dies alles, nun war Tirol wieder ein Preis, den Habsburger und Wittelsbacher zu erringen suchten. Eine wesentliche Rolle dabei fiel Rudolf IV. zu. 1339 als Sohn von Albrecht II. und der Johanna von Pfirt geboren, war er ein österreichischer Habsburger der dritten Generation. Er war Herzog von Österreich und der Schwiegersohn des Luxemburger Kaisers Karl IV., der in Prag auf dem Hradschin residierte. Mit seinem Schwiegervater verstand Rudolf sich nie wirklich gut und versuchte ständig, in Konkurrenz zu ihm zu treten. Er baute den Stephansdom in Wien aus und holte dafür Handwerker aus Prag, er ließ eine deutsche Universität in Wien gründen und 1358/59 das Privilegium maius fälschen. Dieses Dokument, bestehend aus sieben Urkunden, darunter auch zwei angebliche Diplome von Julius Caesar und Nero, sollte ihn den Kurfürsten im Reich gleichstellen, was ihm sein Schwiegervater 1356 in der Goldenen Bulle verweigert hatte.

Die Vorgänge in Bayern nach dem Tod Ludwigs beobachtete Rudolf genau. Hier war der 17-jährige Meinhard III. von Tirol nach Bayern übersiedelt, wo ihn die untereinander zerstrittenen Wittelsbacher zum Erwerb Tirols auszunutzen versuchten. Rudolf brachte die Tiroler Stände dazu, Meinhard aufzufordern, nach Tirol zurückzukehren, um ihn dem Einfluss der Wittelsbacher zu entziehen. Meinhard nahm auf Schloss Tirol bei Meran seinen Sitz.

Der Wittelsbacher, der sich am meisten von Meinhard versprach, war der um 1319 geborene Stefan II., Herzog von Niederbayern. Nach dem Tod seines Vaters, Kaiser Ludwig des Bayern, hatten er und seine Halbbrüder 1349 Niederbayern und Hoheitsrechte in den Niederlanden erhalten. Letztere hatte Stefan 1353 seinen Geschwistern überlassen und dafür Niederbayern behalten, Tirol wäre eine ideale Ergänzung seiner Herrschaft gewesen.

Der entscheidende Moment – Die Realität

Gegen Stefans Pläne dachte sich Rudolf IV. abzusichern und vereinbarte Gespräche mit Meinhard betreffend eine Erbregelung auf Schloss Tirol für den Jänner 1363. Er reiste Anfang des Jahres über Kärnten nach Lienz, wo ihn am 16. Jänner über seine Informanten die Nachricht vom plötzlichen Tod Meinhards erreichte, der am 13. Jänner auf Schloss Tirol an einem Lungenleiden gestorben war. Rudolf sah seine Chance: Wenn er vor den Wittelsbachern Schloss Tirol erreichte, dann konnte er vielleicht Margarete dazu bringen, ihn als Erben Tirols einzusetzen. Wie er von Lienz nach Meran gelangte, ist nicht ganz klar. Der mittelalterliche Chronist Thomas Ebendorfer erzählt von einer abenteuerlichen und gefährlichen Überquerung der Krimmler Tauern im tiefsten Winter, während moderne Historiker dies in das Reich der Fabel verweisen möchten. Wie auch immer, am 20. Jänner war Rudolf in Meran, wo die Tiroler Landstände inzwischen Margarete als Regentin eingesetzt hatten, die aber ohne Zustimmung der Stände nicht handeln durfte.

Rudolfs Erscheinen wendete das Blatt, er brachte Margarete dazu, die Grafschaft Tirol den Habsburgern zu übertragen, wobei Margarete bis zu ihrem Lebensende Regentin bleiben sollte. Auch die Stände stimmten zu, nachdem ihnen Rudolf zwei Dokumente überreicht hatte, denen zufolge Margarete und ihr damaliger Mann Ludwig bereits 1359 für den Fall des Aussterbens der Familie das Land den Habsburger vermacht hatten.

Vermutlich waren die Urkunden gefälscht, Rudolf nahm es da nicht so genau, wie er schon beim Privilegium maius gezeigt hatte. Am 26. Jänner 1363 wurde eine Urkunde in Bozen ausgestellt, in der Herzog Rudolf und seine Brüder Albrecht und Leopold als „gewere", eine Art Besitzer bestimmter Nutzungsrechte bis zum Tod der Eigentümerin, in Tirol eingesetzt wurden, während Margarete

Regentin blieb. Tirol gehörte rechtlich gesehen damit den Habsburgern.

Der entscheidende Moment – Die Fiktion

Gehen wir zurück zum 16. Jänner 1363. Rudolf sitzt auf Burg Bruck in Lienz als Gast der Görzer Grafen, als ihn die Nachricht vom Tod Meinhards erreicht. Er weiß, dass er schnell handeln muss, lässt sein Pferd satteln und bricht mit wenigen Getreuen auf. Welche Route er genommen hat, ist eigentlich unwichtig. Reisen im Winter waren im Mittelalter stets lebensgefährlich und wurden, wenn möglich, vermieden. Die Winter waren kalt, seit der Mitte des 12. Jahrhunderts begann eine kleine Eiszeit in Europa, die Durchschnittstemperaturen sanken und brachten strenge Winter mit meterhohem Schnee, Wölfe waren ein gewohnter Anblick – auch in den Alpen. Eine Überquerung der Krimmler Tauern im Jänner scheint daher nicht möglich, aber auch die Route durch das obere Drautal über Sillian bis nach Innichen, wo die nächste größere Herberge im Kloster bereit stand, war gefährlich. Das Land war infolge der Pest von 1349/50 noch immer dünn besiedelt, die nächste Möglichkeit, Schutz zu finden, bestand auf der Feste Heinfels der Grafen von Görz vor Sillian.

Rudolf reist mit nur wenigen Begleitern, um schneller voranzukommen, oft müssen sie sich durch meterhohe Schneewechten graben, im engen Drautal drohen Lawinen von den steilen Berghängen. Am Abend des 17. Jänners sind die Männer bereits erschöpft, haben aber noch 20 Meilen durch die Lienzer Klause bis nach Heinfels, als ein Schneesturm über sie hereinbricht und ihnen keine Chance lässt. Rudolf IV. erfriert mit 24 Jahren elendiglich am Ufer der Drau, er erreicht niemals Meran. Sein gefrorener und von Wölfen angefressener Leichnam wird erst Tage später von Holzfällern gefunden.

Der Wittelsbacher Stefan II. residiert inzwischen auf Burg Trausnitz in Landshut. Die Nachricht vom Tod Meinhards braucht lange zu ihm, derselbe Schneesturm, der Rudolf das Leben gekostet hat, hindert die Boten an der Überquerung des Brenners. Erst am 30. Jänner 1363 erreicht Stefan die Nachricht. Er wird nun rasch tätig. Er sendet Boten an die Habsburger in Wien und erinnert sie an den Vertrag zur Aufteilung des Erbes von Heinrich von Kärnten und Tirol. Die Habsburger haben mit Kärnten ihren Teil bereits erhalten, ihm steht nun Tirol zu. In Wien herrscht Unruhe, die beiden Brüder Rudolfs, Albrecht III. und Leopold III., haben erst wenige Tage zuvor von Rudolfs Tod erfahren. Rudolf hatte keine Verfügungen über die Aufteilung seines Erbes getroffen, und die Brüder sind zerstritten. Sie denken darüber nach, das Erbe Rudolfs zu teilen, im Moment sind sie nicht an einem Konflikt mit den Wittelsbachern interessiert. Plötzliche Todesfälle von Herrschern sind immer gefährlich für Dynastien im Mittelalter. Der wahre Fürst übergibt sein Land bei seinem Tod geordnet. Nichts ist gefährlicher als Streitigkeiten, die zu Problemen oder gar Kämpfen innerhalb der Familien führen. Zudem ist der Fürst als Mensch verpflichtet, vor seinem Tod noch am Totenbett alle seine Besitztümer anderen zu übergeben, getreu dem Wort der Bibel, dass eher ein Kamel durch das Nadelöhr gehe, als dass ein Reicher in den Himmel komme. Erschwert wird der Erbfall nach dem Tod Rudolfs auch deshalb, da er nur 24-jährig und ohne Erben gestorben ist, die Habsburger müssen erst mühsam ihre internen Verhältnisse und auch ihre Beziehungen zu den Nachbarn abklären. Sich um Tirol zu kümmern, dazu fehlen die Zeit und die politische Macht, zunächst muss man den Besitzstand erhalten, erst dann kann man wieder an Expansion denken.

Stefan in Bayern hat es da leichter. Er reist schnell nach Meran und lässt Truppen ins Inntal nachrücken, um seinen Forderungen Nachdruck zu verleihen. Im Gepäck hat er das Geheimabkommen, das er 1330 mit den Habsburgern geschlossen hat. Die Tiroler Stände, die gegen die Bayern als Herren eingestellt sind, sollen sehen, dass von dieser Seite keine Hilfe zu erwarten ist. Zudem verlangt Stefan die Herrschaft über Tirol mit dem Argument, dass der verstorbene

Meinhard der Sohn seines Bruders Ludwig und damit sein Neffe war, und er daher Anrecht auf die Erbfolge besitzt. Er untermauert seinen Anspruch durch ein Dokument, in dem Meinhard, als er in Bayern lebte, Stefan als Erben eingesetzt hat, ob es eine Fälschung war oder nicht, ist bis heute in der Wissenschaft umstritten. Margarete bietet er an, bis an das Lebensende Regentin in Tirol zu bleiben.

Die Tiroler Stände stehen vor einem Problem. Die Adelsfamilien sind untereinander zu zerstritten, um das Land als eigenständige Herrschaft zu führen. Es gibt keinen legitimen Erben, außer man anerkennt das dubiose Dokument Stefans. Die Luxemburger beschäftigen sich zwar im Moment mit Brandenburg im Norden, haben aber ihre Schmach mit der Zurückweisung Johann Heinrichs nicht vergessen und strecken ebenfalls ihre Hände nach Tirol aus, die Habsburger sind mit Erbstreitigkeiten nach dem Tod Rudolfs beschäftigt, und bayrische Truppen marschieren durch das Inntal von Kufstein nach Süden. Was bleibt den Ständen übrig, als die Tatsachen anzuerkennen und einen Vertrag mit Stefan II. zu schließen, in dem diesem die „gewere" über Tirol übertragen wird? Margarete bleibt Regentin.

Stefan ist nicht zufrieden mit dem Ergebnis. Als im Herbst 1363 die Habsburger einen militärischen Einfall in Tirol versuchen, um sich das Land vielleicht doch noch zu sichern, kann er Margarete, die nach dem Tod ihres einzigen Sohnes noch immer tief gebrochen und nicht regierungsfähig ist, davon überzeugen, ihre Regentschaft aufzugeben und nach München zu übersiedeln, wo sie 1369 im Kloster St. Jakob am Anger verstirbt. Tirol wird mit Niederbayern vereinigt und bleibt bis 1918 im Besitz der Wittelsbacher.

Konsequenzen und Bedeutung

Die Konsequenzen aus dem Erwerb Tirols durch die Bayern wären zunächst nur gering gewesen. Zwar hätten nun die Wittelsbacher und nicht die Habsburger den Brenner, den wichtigsten Übergang über die Alpen nach Deutschland, kontrolliert, Letztere hatten aber immer noch die Kärntner Alpenübergänge sowie ihre Verbindungen von den Vorlanden über die Schweizer Alpenpässe nach Italien. Das große Ziel der Habsburger, ihren Stammbesitz in den Vorlanden mit den österreichischen Besitztümern zu verbinden, wäre nicht verwirklicht worden. Dies hätte mit hoher Wahrscheinlichkeit zu einer schnelleren Loslösung der Schweizer Kantone aus dem Verband des Deutschen Reiches geführt. So fand diese erst 1499 im Vertrag von Basel statt, nachdem die Schweizer Kaiser Maximilian I. empfindliche Niederlagen beigebracht hatten.

Schwer zu sagen ist, wie sich der Verlust von Tirol auf die dynastische Entwicklung der Habsburger in Österreich ausgewirkt hätte. Nach dem realen Tod Rudolfs IV. 1365 in Mailand, sollten nach dem Habsburger Familienvertrag die Brüder Albrecht und Leopold gemeinsam die habsburgischen Länder regieren. Streitigkeiten führten aber dazu, dass man sich 1379 im Teilungsvertrag von Neuberg an der Mürz einigte, die Länder aufzuteilen, und es entstand eine albertinische und eine leopoldinische Linie, aus Letzterer sollte sich die Tiroler Linie mit Leopold IV., Friedrich mit der leeren Tasche und Sigismund dem Münzreichen entwickeln, ehe sie sich 1490 wieder mit der steirischen Linie vereinigte. Wäre Tirol nicht im Besitz der Habsburger gewesen, so wäre zu wenig an Land vorhanden gewesen, das man verteilen hätte können, Albrecht III. wäre als Älterer gezwungen gewesen, sich gegen seinen Bruder Leopold durchzusetzen, um eine Herrschaft von vernünftigen und politisch relevanten Dimensionen zu behalten.

Es kann natürlich nicht nachvollzogen werden, wieweit sich der Verlust Tirols auf Heiratsallianzen der Habsburger, seien sie national oder international gewesen, ausgewirkt hätte.

Nehmen wir an, Tirol geht an Bayern. Die Habsburger bleiben weiter auf den Osten Mitteleuropas und auf die Vorlande beschränkt. Durch die räumliche Trennung ihrer Hauptlande von ihrem Stammsitz in den Vorlanden bleibt es ihnen ohne ein geschlossenes Territorium verwehrt, starken Einfluss in Mitteleuropa auszuüben. Bei den Schlachten von Sempach 1386 und bei Näfels 1388 gegen die Eidgenossen müssen Leopold und Albrecht III. schwere Niederlagen einstecken, die dazu führen, dass sie weitere Gebiete im Westen verlieren und sich nur mehr als lokal wirksame Grafen in den Vorlanden behaupten können. Sie sind nun als Kandidaten für Heiratsallianzen in Europa nicht mehr so interessant, die Angebote, die man ihnen macht, kommen nicht mehr aus den obersten Rängen, sondern aus der zweiten Reihe.

Wertvolle Einnahmen aus Wegzöllen und von den Handelsstraßen in Tirol fließen in bayerische Taschen, die Habsburger sind nicht mehr europaweit gesuchte Partner in politischen und dynastischen Planungen. Es ist daher notwendig, die habsburgische Politik gegen Ende des 14. Jahrhunderts neu auszurichten. Der Weg nach Westen ist ihnen durch die Wittelsbacher, die durch den Erwerb von Tirol einen enormen Aufschwung auf der europäischen Bühne erfahren haben, verwehrt, im Norden, in Böhmen, sitzen die Luxemburger. Eine Neuausrichtung der habsburgischen Politik kann daher nur nach Ost- und Südwesteuropa erfolgen, wo sie aber auf den Widerstand Ungarns, Venedigs, Triests und Cararras trifft. Zwar gelingt es den Habsburgern, sich in dieser Ecke des Reiches zu behaupten, sie erlangen aber niemals jene politische und wirtschaftliche Stärke, um als Bollwerk gegen die ab 1470 über den Balkan herandrängenden Osmanen, die ab 1500 weite Teile der Steiermark, Kärntens und Österreichs besetzen und erst bei der Türkenbelagerung von München 1529 zum Stehen gebracht werden können, zu fungieren.

Zwar haben sie versucht, 1513 eine Allianz mit Ungarn zu schmieden, die aber fehlgeschlagen ist. Der ungarische König Vladislav II. hat 1515 seine Kinder Ludwig und Anna in der Doppelhochzeit von Prag lieber mit den Brandenburgern verheiratet, deren Oberhaupt Georg von Brandenburg Ansbach der Vormund Ludwigs gewesen ist. Nach dem Tod Ludwigs 1526 in der Schlacht von Mohács sollten eigentlich die Brandenburger Ungarn erben, sie sind allerdings seit 1524 als Lutheraner tief in die Kämpfe der Reformation verstrickt, daher wird Ungarn wieder polnisch und geht an Sigismund den Alten, den Bruder Vladislavs II., des Vaters Ludwigs.

Zusammenfassend lässt sich sagen, dass in unserem Szenario die Habsburger, obwohl sie 1363 Tirol nicht erwerben können, zwar in der europäischen Politik bleiben, sich aber von ihren Großmachtsambitionen verabschieden müssen, sie treten in die zweite Reihe der mächtigen Geschlechter Europa zurück. Sie werden nicht mehr zu Kaisern gewählt und bleiben die Herren eines zwar geschlossenen Staatsgebietes, haben aber niemals den Einfluss auf das Weltgeschehen, wie sie es mit dem Erwerb Tirols, das ihnen geopolitische und finanzielle Vorteile brachte, gehabt hätten. Der Erwerb von Tirol war jenes Ereignis, das die Habsburger durch die geopolitische und strategische Bedeutung und den Reichtum des Landes an Bodenschätzen in die erste Liga der Adelsfamilien Europas brachte und eine der Grundlagen für den Aufstieg der Familie unter den Kaisern Friedrich III. und Maximilian I. im 15. Jahrhundert war.

Realgeschichte

Tatsächlich gelang es Rudolf zu erreichen, dass die Stände Tirols am 26. Jänner 1363 der Übertragung der Herrschaft an die Habsburger zustimmten. Hilfreich dabei mag auch gewesen sein, dass sich Margarete in einem bedenklichen psychischen Zustand befand und bereits begann, wahllos Rechte, Privilegien und Landbesitz zu vergeben. Rudolf war hier konsequent, innerhalb kürzester Zeit setzte er habsburgische Vertrauensleute auf wichtige Posten, er vergab klug Rechte, Ämter und Land an einflussreiche Städte und Personen, und er sicherte den landesfürstlichen Einfluss auf die Kirche.
Natürlich konnte dies den Wittelsbachern nicht gefallen, die sich um die Früchte ihres Geheimvertrages mit den Habsburgern gebracht und betrogen sahen. Stefan II. rüstete zur Rückeroberung Tirols und fiel noch im Sommer und Herbst 1363 mit Truppen im Inntal ein. Unter dieser Bedrohung gelang es Rudolf, Margarete zum Verzicht auf die Regentschaft zu bewegen, die am 29. September endgültig

in die Hände der Habsburger überging. Darauf konnte Rudolf im November und Dezember die bayrischen Truppen zurückschlagen. Ein endgültiger Ausgleich zwischen Habsburgern und Wittelsbachern fand erst nach Rudolfs Tod 1369 im Frieden von Schärding statt. Zwar kostete der Ausgleich mit den Wittelsbachern die Habsburger 116.000 Dukaten, aber damit war Tirol endgültig gesichert. Etwa zur selben Zeit begann, vermutlich von den Bayern gesteuert, die schlechte Nachrede über Margarete in Europa. 1366 wird sie in der dritten bayrischen Fortsetzung der „Sächsischen Weltchronik" mit dem Beinamen „Maultasch" versehen, um 1400 wird sie als „Medusa" bezeichnet, ab 1425 galt sie als sittenlos und als Hure. Tatsächlich dürfte sie aber durchaus eine Schönheit gewesen sein, als selbstbestimmte Frau war sie ihren Zeitgenossen wohl nicht ganz geheuer. Margarete starb 1369 im Kloster der Minoriten zu Wien, wo sie auch begraben wurde, von ihrem Grab hat sich keine Spur erhalten.

Der wahre Wert Tirols sollte sich für die Habsburger aber erst rund 130 Jahre später erweisen. Am Ende des 15. Jahrhunderts drang Frankreich in Europa immer weiter vor und versuchte, vermehrt politischen und wirtschaftlichen Einfluss in Italien zu erhalten. Dem stemmte sich der seit 1493 regierende Kaiser Maximilian I., Sohn Friedrichs III., der aus der leopoldinisch-steirischen Linie der Habsburger stammte, entgegen. Maximilian versuchte Frankreich einzukreisen. Er schloss Heiratsverträge mit Ferdinand von Aragón und Isabella von Kastilien, die später die Habsburger zu Herren der halben Welt machen sollten, und er begründete mit dem Papst, Spanien, Venedig und Mailand die Heilige Liga zur Vertreibung der Franzosen aus Italien, um das europäische Gleichgewicht der Mächte zu erhalten.

Möglich war das nur, weil die Habsburger Zugriff auf die Bodenschätze Tirols hatten, wo sich in Schwaz mit dem Silber- und Kupferbergbau die profitabelsten Minen Europas befanden. 15.000 Knappen erwirtschafteten hier jedes Jahr ein Vermögen, zwischen 1450 und 1560 wurden 3000 Tonnen Silber und 57.000 Tonnen

Kupfer gewonnen. Zur Finanzierung seiner Kriege verpfändete Maximilian die Tiroler Bergwerke an die Familie der Fugger in Augsburg, die mit ihren Gewinnen den weltweiten Gewürzhandel finanzierten. Auch das Bestechungsgeld für die Wahl von Karl V. zum Kaiser stammte aus den Tiroler Bergwerken und damit die Begründung eines habsburgischen Imperiums, in dem die Sonne niemals unterging. Hätte ein Schneesturm Rudolf IV. auf seinem Weg von Lienz nach Meran das Leben gekostet, so wäre ein Imperium mit ihm erfroren.

15. Oktober 1529

Suleiman der Prächtige marschiert in Österreich ein – Wien wird türkisch

Die Geschichte der Abwehr der Türken vor den Mauern Wiens ist eine der großen Legenden Österreichs, drei Jahrhunderte lang gepflegt und immer weitererzählt. Wien wurde zum letzten Bollwerk der Christenheit gegen die türkischen Horden hochstilisiert, die von hier aus versucht hätten, das Abendland zu unterwerfen, hier sei der „verzweifelte Abwehrkampf der Christenheit" geführt worden. Besonders im 19. und im frühen 20. Jahrhundert wurde dieser Mythos gepflegt, aus politischen und nationalistisch-patriotischen Gründen sah man sich wie 1529 und 1683 in der selbst ernannten Rolle des Erretters des Abendlandes und verknüpfte dies mit dem Hinweis auf eine besondere Mission Österreichs in der Geschichte.

Dabei waren die „türkischen Horden" keineswegs so mordlüstern und unzivilisiert wie in der christlichen Propaganda dargestellt. Sie brachten ihre Kultur, Pflanzen und Tiere nach Europa, ihre Soldaten plünderten, mordeten und raubten nicht anders als die christlichen Heere, akzeptierten aber die Religion des Gegners und ließen ihm seinen Glauben zu einer Zeit, in der sich die Christen in Europa wegen ihrer unterschiedlichen Glaubensauslegungen bekämpften und umbrachten. Was immer auch passiert wäre, wenn Suleiman der Prächtige 1529 Wien erobert hätte, Wien wäre wohl nicht daran zugrunde gegangen.

Die Zeit

Die Türken waren seit dem 14. Jahrhundert in Europa auf dem Vormarsch. 1361 waren sie über den Bosporus nach Europa vorgedrungen und hatten sich mit Edirne eine erste Hauptstadt auf europäischen Boden geschaffen. 1389 hatten sie die Serben am Amselfeld vernichtend geschlagen und 1396 die Blüte der europäischen Ritterschaft in der Schlacht von Adrianopel ausgelöscht. 1453 verwirklichten sie ihren jahrhundertealten Traum von der Eroberung Konstantinopels und gingen daran, über den Balkan in Richtung Mitteleuropa vorzudringen.

Sie brachten Bulgarien und Rumänien unter ihren Einfluss, stießen dann bis nach Russland vor und bedrohten Polen. 1526 erfolgte ein erster Vorstoß nach Ungarn, dessen König Ludwig II. sich der osmanischen Armee am 29. August bei Mohács in Südungarn entgegenstellte. Die Schlacht wurde für die Ungarn zum Desaster, der König und zahlreiche Adelige fielen, wobei die Niederlage angeblich auch durch das zögerliche Verhalten des siebenbürgischen Wojwoden Johann Zápolya begünstigt wurde.

Nach einem Erbvertrag, der 1515 anlässlich der ungarisch-habsburgischen Doppelhochzeit in Wien geschlossen worden war, fielen Ungarn, Böhmen und Kroatien nach dem Tod Ludwigs an die Habsburger, die aber unter Erzherzog Ferdinand, dem späteren Kaiser Ferdinand I., ihre Erbrechte hier auch durchsetzen mussten.

Ferdinand hatte in Österreich und Ungarn nicht viele Freunde. 1503 in Spanien geboren und aufgewachsen, war es ihm gegen den Widerstand seines Bruders, Kaiser Karl V., im Wormser Teilungsvertrag von 1521 gelungen, Österreich, Steiermark, Kärnten, Krain und Tirol zu erhalten. Innerhalb weniger Jahre beseitigte er die mittelalterlichen Freiheiten seiner Länder und Städte und machte sich durch seine Strenge, die auch vor der Hinrichtung von Bürgern nicht zurückschreckte, in Wien unbeliebt.

In Böhmen fand Ferdinand wenige Gegner und wurde am 24. Februar 1527 in Prag zum böhmischen König gekrönt, in Ungarn konnte er sich aber zunächst nicht durchsetzen. Hier hatte eine ungarische Adelspartei am 11. November 1526 Johann Zápolya in Stuhlweißenburg zum König gewählt, eine habsburgtreue Fraktion machte am 17. Dezember Ferdinand in Pressburg zum König von Ungarn.

Innerhalb eines Jahres konnte Ferdinand Zápolya nach Siebenbürgen vertreiben und darangehen, Ungarn gegen die Osmanen zu sichern. Suleiman sah dies als Bedrohung seiner Nordgrenze am Balkan an. Durch die Vermittlung Frankreichs kam es am 28. Februar 1528 zu einem Bündnis zwischen Johann Zápolya und Suleiman, das die Abtretung Ungarns, das Suleiman als osmanischen Besitz betrachtete, an Johann beschloss und ihm militärische Hilfe gegen Ferdinand zusagte.

Ferdinand versuchte die Lage zu entspannen und sandte Diplomaten nach Konstantinopel, die aber nicht mehr vermitteln konnten. Suleiman hatte den Beschluss zum Feldzug bereits gefasst und verlangte die Auslieferung der Grenzfestungen und die Räumung Ungarns durch die Habsburger. Es war beiden Parteien damit bewusst, dass es 1529 zum Krieg kommen musste.

Ferdinand blieb in dieser Situation nicht untätig. In Österreich und im Reich versuchte er, Söldner anzuwerben und Unterstützungsgelder zu erhalten. Er berief die Landstände in Znaim, Prag, Wien, Graz, St. Veit und Innsbruck ein, welche über die Gewährung von Geldern zu entscheiden hatten. Dann eilte er nach Speyer zum Reichstag, wo ihm aber geraten wurde, den Krieg zu vermeiden und Ungarn an Zápolya auszuliefern. Erst nach langen Verhandlungen war man dann bereit, eine „eilende Türkenhilfe" zu beschließen.

Es war bereits Juni 1529, die Osmanen marschierten Richtung Belgrad, während sich Ferdinand noch immer um Geld bemühen musste. Erst nachdem die Gefahr deutlich geworden war und er die Bedenken der reformatorisch eingestellten Fürsten überwinden konnte, die befürchteten, er würde die von ihnen finanzierten Truppen gegen sie verwenden, konnte er ein Reichsheer aufstellen, das unter den Befehl des Pfalzgrafen Friedrich bei Rhein gestellt wurde. Auch in Böhmen und Österreich sammelten sich Truppen.

Suleiman hatte inzwischen das Schlachtfeld von Mohács erreicht, wo ihm Zápolya huldigte, gemeinsam zogen sie ohne auf Widerstand zu treffen nach Norden. Ferdinand hatte noch immer keine

Truppen, um Ungarn zu verteidigen, und das Reichsheer würde dafür zu spät eintreffen. Ferdinand hatte auch versucht, sich an seinen Bruder, Kaiser Karl V., zu wenden. Dieser lag aber im Moment mit Venedig, Frankreich und dem Papst im Krieg und hatte keine Möglichkeit, Ferdinand zu unterstützen. Erst nach dem Frieden von Cambrai am 5. August 1529 wurden Truppen frei, es war aber abzusehen, dass diese zu spät nach Ungarn kommen würden. Am 28. August richtete Ferdinand nochmals einen Aufruf an die gesamte Christenheit und flehte um Hilfe. Zu diesem Zeitpunkt stand Suleiman aber bereits vor Ofen, einem Teil des heutigen Budapests, das er am 8. September fast kampflos einnahm.

Suleimans Heer mit angeblich 150.000 Mann hatte sich durch schlechtes Wetter zwar verspätet, nun wurde es aber deutlich, dass sich sein nächster Vorstoß gegen Wien richten würde. Da Ferdinand bis dahin nur 17.000 Mann hatte aufbringen können, musste er den Plan, eine Entscheidungsschlacht zwischen Ofen und Wien zu liefern, aufgeben. Er fasste den Entschluss, seine Truppen hinter die Mauern von Wien zurückzuziehen und hier lange genug auszuhalten, bis der Winter kam. Dann würde Suleiman sein Heer nicht mehr versorgen können und gezwungen sein, den Rückmarsch anzutreten.

Diesem Plan kam auch die Art der osmanischen Kriegsführung zugute, welche das Land des Gegners verwüstete und verbrannte, die Bevölkerung als Gefangene fortführte und sich möglichst lange aus dem Land des Feindes zu versorgen suchte. Nach einiger Zeit würde das von den Osmanen besetzte Land erschöpft sein und die türkische Armee auf ihren eigenen Nachschub angewiesen sein, der aber im Winter kaum zu sichern war. Mitte September 1529 brach die Vorhut der Osmanen in Niederösterreich ein und verheerte das Land bis hinter den Wienerwald. Die Bevölkerung machte Straßen und Wege unpassierbar, versteckte sich in Fluchtburgen und dichten Wäldern und versuchte, die Invasion auszusitzen.

Dann rückte das Hauptheer des Sultans heran, unterstützt von den Truppen des ungarischen Komitatsadels, der sich Zápolya freiwillig oder gezwungen angeschlossen hatte. Die Städte östlich von Wien fielen schnell in die Hände der Osmanen, Gran und Komorn wurden von den Kaiserlichen aufgegeben, Hainburg wurde geräumt und Raab niedergebrannt, um es nicht in die Hände des Feindes fallen zu lassen. Nur Pressburg konnte sich erfolgreich verteidigen. Bruck an der Leitha verschloss zwar die Tore, versprach aber zu kapitulieren, wenn Suleiman Wien erobert hätte. Diese Aktionen konnten das Vorrücken des Sultans zwar verlangsamen, ihn aber nicht aufhalten. Sie gaben aber den Wiener Bürgern Zeit, die Stadt zu verlassen, in der nur mehr 400 Einwohner und 17.000 Soldaten zurückblieben. Die Wiener dachten gar nicht daran, für Ferdinand die Stadt zu verteidigen, da er wenige Jahre zuvor ihren Bürgermeister und sieben angesehene Bürger hatte hinrichten lassen.

Mit Bauleuten versuchte man, schnell die noch aus dem Mittelalter stammende Stadtmauer, erbaut aus dem Lösegeld für Richard Löwenherz, zu verstärken. Man räumte das Vorfeld und den Stadtgraben von angesammeltem Mist, brannte die Siedlungen vor den Toren nieder und versuchte, den Stadtzaun, der die Stadt in einem weiten Bogen umgab, zu verstärken. Noch während dieser Arbeiten konnten die ersten Akindschi, türkische leichte Kavallerie, bis nach Wien vorstoßen. Sie brannten Klöster und Kirchen nieder und töteten die Spitalinsassen des Siechenhauses von St. Marx. Nachdem erste Abwehrversuche auf freiem Feld gescheitert waren, erschien am 25. September das Hauptheer der Türken vor Wien. Als am 27. September die Donaubrücken zerstört wurden, war die Stadt endgültig eingeschlossen.

Entsatz war nicht in Sicht. Zwar hatte Pfalzgraf Friedrich seine Reichstruppen von Krems aus am linken Donauufer in Marsch gesetzt, er war aber umgekehrt, als er erfahren hatte, dass die Donaubrücken vor Wien zerstört waren. Er ließ nur einen Beobachtungsposten auf dem Bisamberg westlich der Stadt zurück.

Vor Wien hatten die Türken, da ihre schwere Belagerungsartillerie nicht rechtzeitig mitgekommen war, inzwischen damit begonnen,

Minengräben unter die Stadtmauern vorzutreiben, während die Verteidiger immer wieder Ausfälle unternahmen. Am 9. Oktober versuchten die Osmanen den ersten Sturm auf Wien. Sie zündeten zahlreiche Minen beim Kärntnerturm und schlugen eine Bresche in die Mauer, über die sie versuchten, in die Stadt zu stürmen, konnten aber unter hohen Verlusten abgewehrt werden.

Suleiman glaubte sich in Eile. Der Winter nahte, und vermutlich überschätzte er die Stärke des Reichsheeres in Krems, er wollte die Stadt so schnell wie möglich einnehmen. Weitere vergebliche Versuche wurden am 12. und 13. Oktober unternommen, die Lücken in der Wiener Stadtmauer wurden zwar immer breiter, dennoch konnten sich die Verteidiger halten. Hilfe hatten sie nicht zu erwarten, Pfalzgraf Friedrich hatte sich wieder nach Krems zurückgezogen und wartete hier untätig ab. Aber auch im türkischen Lager gab es Probleme durch Krankheiten und mangelnde Versorgung. Andererseits war das Wetter gut, es regnete kaum, es war fast Vollmond. Das alles waren Umstände, die die Angreifer bevorzugten, die allerdings Probleme hatten, ihre entmutigten Soldaten immer wieder zu Angriffen gegen die Mauern vorzutreiben.

Daher beschloss Suleiman, für den 14. Oktober den Generalsturm auszurufen, und er versprach den Soldaten hohe Belohnungen für die Eroberung Wiens.

Der entscheidende Moment – Die Realität

Am Morgen des 14. Oktober 1529 formierten sich vor dem Kärntnertor und dem Kärntnerturm drei Angriffskolonnen der Osmanen. Hier hatten in den vergangenen Tagen zahlreiche Minensprengungen die Stadtmauern auf einer Länge von etwa 80 Klaftern niedergelegt, diese Bresche war von den Verteidigern notdürftig mit Palisaden wieder geschützt worden. Ein erster Einbruch der Osmanen konnte abgewehrt werden, als am frühen Nachmittag eine weitere Minensprengung erfolgte und die Reihen der Verteidiger in Unordnung brachte. Nun griffen die osmanischen Elitetruppen der Janitscharen und Sipahis nochmals an, ihnen stellten sich die kaiserlichen Kriegsknechte mit ihren Spießen und die zu Fuß kämpfenden Panzerreiter entgegen. Nach einer Stunde härtester Kämpfe Mann gegen Mann mussten sich die Türken zurückziehen, ihr großer Sturm auf Wien war gescheitert.

Der entscheidende Moment – Die Fiktion

Es ist der 14. Oktober 1529, ein Montag. Die ganze Nacht haben die Verteidiger Wiens gehört, dass sich die osmanische Armee in ihre Ausgangsstellungen für einen großen Angriff begeben hat. Bei Tagesanbruch stürmen die Sipahis und die Janitscharen vor und versuchen, die Mauerbreschen beim Kärntnerturm einzunehmen, werden aber immer wieder zurückgeworfen. Auf beiden Seiten steigen die Verluste, zahlreiche Tote bedecken das Trümmerfeld aus Mauerteilen und umgestürzten Palisaden. Gegen Mittag sieht es so aus, als ob sich die Angreifer zurückziehen, dann erfolgt eine starke Explosion westlich des Kärntnerturms und legt nochmals 80 Klafter Mauer um, die in den Graben fällt und eine ideale Rampe für die Angreifer bildet. Nun stürmen mehr als 5000 Osmanen in Angriffswellen vor. Diesem Ansturm können die Arkebusiere, die Kriegsknechte mit ihren Spießen und die schweren Panzerreiter, die abgestiegen sind und zu Fuß kämpfen, nicht mehr widerstehen. Um drei Uhr nachmittags dringen die Osmanen über die Mauer in die Stadt vor und erobern den ersten Verteidigungsabschnitt. Die Stadt ist in sechs Abschnitte unterteilt, die mit Barrikaden gegeneinander abgeschottet sind. Als der Abend kommt, haben sich die Türken in einem davon festgesetzt.

Die Lage der Verteidiger ist kritisch, und man hält am Abend in der Hofburg Kriegsrat. Die Militärkommandanten Pfalzgraf Philipp und Niclas Graf Salm wollen die Stadt weiter verteidigen, die Söldnerführer und die Bürgermiliz sehen aber keinen Entsatz in Sicht. Sie geben die Stadt auf und sammeln ihre Leute trotz der Drohungen der Kommandanten. Gegen Mitternacht verlassen die ersten Truppen die Stadt, setzen über die Donau auf die Insel am Werd über und versuchen, entlang des Hauptstromes der Donau den Vorposten des Reichsheeres auf dem Bisamberg zu erreichen. Einige werden von den Türken gefangen und niedergemacht, andere vor den Sultan gebracht. Dieser lässt den Großteil der Flüchtenden ungehindert und ohne Kampf abziehen, er hat bereits zu viele Leute verloren. Als der nächste Morgen kommt, ist die Stadt nur mehr schwach verteidigt. Die Türken nehmen Quartier um Quartier ein, immer mehr Soldaten und die verbliebenen Bürger fliehen aus der Stadt.

Um fünf Uhr nachmittags langt Suleiman vor Wien an und zieht prunkvoll in die zerstörte Stadt ein. Auf seinem Pferd reitet er in die Stephanskirche und lässt zum Zeichen seines Sieges alle Kreuze abnehmen. Den Kriegsgefangenen verspricht er die Freiheit, die letzen verbliebenen Bürger unterwerfen sich und übergeben die Schlüssel der Stadt, die Suleiman zu schonen verspricht.

Die osmanische Arme ist zwar diszipliniert, dennoch brechen durch Plünderungen der ungarischen Hilfstruppen an zahlreichen Stellen Brände aus, die niemand löschen will. Fast die Hälfte der Stadt fällt in der Nacht vom 15. zum 16. Oktober 1529 den Flammen zum Opfer. Als Suleiman am 16. Oktober die Stadt verlässt, um zu seinem Prunkzelt in Simmering zurückzukehren, ist er der Besitzer einer entvölkerten, ausgeplünderten, niedergebrannten und militärisch weitgehend wertlosen Stadt, die seinen Truppen im bevorstehenden Winter nicht als Stützpunkt dienen kann.

Konsequenzen und Bedeutung

Die Nachrichten vom Fall der Stadt erreichen Pfalzgraf Friedrich und König Ferdinand innerhalb eines Tages, beide sind entsetzt, aber im Moment handlungsunfähig. Man sammelt die aus Wien ankommenden Truppen, zahlt sie aus und entlässt sie, für das Jahr 1529 ist die Saison zum Kriegführen vorbei, der Verlust von Wien muss zunächst akzeptiert werden.

Ferdinand macht sich aber sofort an die Arbeit. Er hat zwei politische Ziele, er muss seinen Bruder, Kaiser Karl V., dazu bringen, ihm die durch die Friedenschlüsse von Cambrai und Barcelona freigewordenen Truppen für 1530 zur Verfügung zu stellen, und er muss im Reich bei den Fürsten Geld auftreiben, um ein neues Reichsheer zu finanzieren.

Er übt auch Druck auf die Böhmen und die ihm verbliebenen Österreicher aus, um durchzuhalten. 1530 will er seine Hauptstadt zurückerobern.

Mit Karl V. kann er sich schnell einigen, Venedig und der Papst können ebenfalls gewonnen werden. Ferdinand verspricht Venedig territoriale Zugeständnisse an der oberen Adria im Falle eines Sieges, den Papst bringt er dazu, angesichts der osmanischen Gefahr einen Kreuzzugsaufruf zu erlassen, Gelder bereitzustellen und sich nicht weiter gegen die spanischen Habsburger zu wenden.

Frankreich ist diplomatisch der schwierigere Teil. König Franz I. hat zur Schwächung der habsburgischen Macht in Suleiman einen Verbündeten gefunden und ist an einem länger andauernden Krieg an der Ostgrenze des Reiches interessiert. Zwar kann er als christlicher König nicht offen die Osmanen unterstützen, aber er ergreift die Gelegenheit und beansprucht Burgund als Preis für sein Stillhalten. Karl V., der inzwischen die Treulosigkeit Franz I. gewohnt ist, muss zustimmen, alle seine Ressourcen werden in Österreich gebraucht.

Auch im Reich ist Ferdinand erfolgreicher als noch ein Jahr zuvor. Zwar würden es die protestantisch eingestellten Fürsten gerne sehen, wenn die katholischen Habsburger ihr Hauptaugenmerk, ihr Geld und ihre Truppen noch lange dem Kampf gegen die Osmanen widmen müssten und so der Ausbreitung der Reformation im Reich nicht hinderlich wären. Dennoch fürchten sie, dass Suleiman Österreich und Wien als Einfallspforte nach Mitteleuropa nutzen könnte, und man beschließt außergewöhnlich hohe Gelder zur Abwehr der Türkengefahr.

Allerdings kann man dafür als Gegenleistung Ferdinand und Karl V. weit reichende Konzessionen betreffend die Akzeptanz der Protestanten im Reich abpressen. Das 1530 verfasste „Augsburger Bekenntnis" wird zum Grundsatzvertrag der protestantischen Fürsten Deutschlands mit dem Kaiser und gewährt ihnen wesentliche konfessionelle Freiheiten.

Im Frühjahr 1530 kann Ferdinand auf breite Unterstützung in Europa zählen. Er kann zwei christliche Heere in Marsch setzen, eines kommt aus dem Süden und besteht aus kampferprobten spanischen und italienischen Söldnern, das andere aus dem Deutschen Reich, unterstützt von böhmischen und polnischen Truppen.

Suleiman ist noch im Herbst 1529 nach Konstantinopel zurückgekehrt, die Verteidigung Wiens gegen Ferdinand hat er Johann Zápolya überlassen, dem er ein Kontingent türkischer Truppen unterstellt hat.

Suleiman hat ein anderes Ziel seiner Expansionsbestrebungen ausgemacht. In Persien ist 1524 der Safawidenherrscher Tahmasp I. an die Macht gekommen, was zu einem Bürgerkrieg mit den turkmenischen Kizilbasch geführt hat, die Suleiman als ihren Schutzherrn ansehen. Suleiman will die Situation nutzen und Teile des safawidischen Persien, zu dem auch der Irak und Aserbeidschan gehören, erobern. Für ihn ist es ausreichend, wenn Zápolya als sein Vasall die Nordgrenze am Balkan und an der Donau halten kann, ob er Wien dabei im Besitz hat, ist zwar eine Prestigesache, militärisch aber kaum relevant.

Zápolya hat im Winter 1529/30 versucht, sich in Wien festzusetzen und die Stadtbefestigungen wieder aufzubauen. Er hat ungarische Magnaten nach Wien geholt, hat versucht, von diesen Truppen und Geld zu erhalten, um Wien wieder zu befestigen, ist aber daran gescheitert, Wien aus dem von den Türken zerstörten Umland zu versorgen. Da die Donau im Winter längere Zeit zugefroren ist, kann er keine Lebensmittel aus Ungarn in die Stadt bringen, zudem sind zahlreiche seiner Schiffe von den Soldaten Ferdinands, die das Nordufer der Donau bis Pressburg beherrschen, aufgebracht worden. Im Frühjahr 1530 befinden sich kaum 3000 ungarische und türkische Soldaten und nur wenige Zivilisten in der Stadt.

Bereits Ende April können sich die beiden christlichen Heere, Ferdinands deutsches Reichsheer und das Heer Karls V. aus Oberitalien, in Marsch setzen. Anfang Juni vereinigen sie sich bei Wiener Neustadt, das den Türken und Zápolya bisher erfolgreich widerstanden hat. Zwar haben Zápolya und seine türkischen Berater versucht, Widerstand zu leisten und den Sultan vergeblich zu Hilfe gerufen, sie können aber den kriegserfahrenen Söldnern keinen nennenswerten Widerstand entgegensetzen. Zápolya kann auch die ungarischen Magnaten nicht davon überzeugen, ihn in Österreich zu unterstützen, diese sind mehr an ihren Ländereien in Ungarn interessiert als an einer Besetzung Österreichs. Zápolya möchte es in Wien nicht auf eine Belagerung ankommen lassen. Noch bevor die christlichen Heere eintreffen, zieht er sich aus der Stadt zurück und marschiert nach Ungarn ab. Die Söldner Karls V. nehmen die Stadt als Erste in Besitz und plündern sie nach römischem Vorbild nochmals aus, nun verschwinden auch die letzten Reste des ehemaligen Reichtums der Bürgerhäuser, Kirchen und Klöster. Der Ausdruck „zerstört wie Wien" wird zum Sprichwort im ganzen Reich.

Im Sommer verfolgt Ferdinand die Ungarn und Türken weiter nach Osten. Man erobert den Nordteil Ungarns mit der West- und Mittelslowakei bis an die Theiß, vertreibt die Türken aus den Grenzfestungen Raab und Güns, erobert Kroatien zurück und setzt Ferdinand wieder als ungarischen König ein. Dann ziehen sich die Truppen Karls und das Reichsheer wieder zurück, da sich Kaiser Karl V. wieder seinen mitteleuropäischen Interessen widmen möchte, Ferdinand übernimmt ein zerstörtes und ausgeplündertes Land mit Wien als Hauptstadt in Trümmern und Ruinen.

Die nächsten Jahre muss er sich um den Aufbau von Wien und die Wiederherstellung der österreichischen Wirtschaft kümmern, er hat keine Mittel, um offensiv gegen Zápolya in Ungarn vorzugehen. Es kommt immer wieder zu kleineren Kämpfen an der Grenze, bis man sich 1538 im Vertrag von Großwardein darauf einigt, dass Ferdinand Zápolya bis zu dessen Tod als König von Ungarn anerkennt und danach dessen Länder, Ungarn und Siebenbürgen, erben wird. Als Zápolya 1540 stirbt, vermacht er allerdings Besitz und Titel entgegen dem Vertrag mit Ferdinand seinem spätgeborenen Sohn Johann Sigismund. Als Ferdinand dies nicht anerkennt, marschieren die Osmanen abermals ein und begründen ein türkisches Ungarn, das bis 1683 Bestand haben wird. Wien muss mühsam wieder aufgebaut werden. Der Großteil der Stadt ist verwüstet, zahlreiche Kirchen sind zerstört und werden abgerissen, darunter auch Teile von St. Stephan. Da man noch immer die Türken fürchtet, investiert man alles Geld in neue Befestigungsanlagen im Stil der Renaissance mit Kurtinen, Bastionen, Ravelins, Glacis und Konterescarpen, der zivile Wiederaufbau Wiens geht daher nur langsam voran.

Bis zum Tod Ferdinands 1564, der 1531 zum deutschen König und 1556 zum römisch-deutschen Kaiser gewählt wurde, bleibt Wien eine graue Kleinstadt mit mächtigen Befestigungen. Kunst und Musik haben wenig Platz in der Stadt, die an Glanz von Prag und Graz überflügelt wird. Die Eroberung Wiens durch die Türken hat der Stadt auf Jahrhunderte ein neues Gesicht gegeben. Ferdinand hat sich nicht oft mehr in Wien aufgehalten, er bevorzugt Prag, das er glanzvoll ausbauen lässt und das er zu seiner neuen Hauptstadt macht. Wien bleibt zwar ein Handelszentrum an der Donau, wird aber nie jenen Glanz erhalten, den es hätte haben können.

Realgeschichte

Nach dem gescheiterten letzten osmanischen Sturm auf Wien wurde am Abend des 15. Oktober Kriegsrat im Zelt des Sultans gehalten und die Aufhebung der Belagerung und der Rückmarsch der Armee nach Ofen beschlossen. Man brannte die letzten Reste der Vorstädte und die nicht mehr gebrauchten Zelte nieder, tötete 2000 nicht marschfähige Gefangene und zog ab, die Belagerung war beendet. Pfalzgraf Friedrich erschien mit seinen Truppen am 20. Oktober in Wien und übernahm den Oberbefehl, musste sich mit einer Meuterei der unbezahlten Söldner auseinander setzen und weigerte sich, die Türken nach Nordungarn, die durch schlechtes Wetter am Rückmarsch stark behindert waren, zu verfolgen. Auch der inzwischen aus Linz zurückgekehrte Ferdinand hatte kein Interesse an einer Verfolgung der Türken und entließ den Großteil seines Kriegsvolkes. Mit nur wenigen Truppen stießen seine Hauptleute Salm und Roggendorff bis nach Raab, Komorn und Martinsburg vor, ehe sie in Pressburg Winterquartiere bezogen.

Die nächsten Jahre brachten ein stärkeres Engagement Ferdinands und Karls V. in Ungarn. Zum einen wollte man die Westgrenze des Reiches gegen die Expansion der Osmanen sichern, zum anderen gab Ferdinand den Kampf um die Königskrone Gesamtungarns noch nicht verloren. 1532 stieß Suleiman nochmals bis Ungarn vor. Als Karl V. ein Reichsheer vor Wien sammelte, zog er sich aber wieder zurück, ohne Wien anzugreifen. Von 1533 bis 1540 lag Suleiman mit Persien im Krieg und überließ Zápolya die Auseinandersetzung um Ungarn.

In zahlreichen kleineren Feldzügen konnte sich Ferdinand die West- und Mittelslowakei, das heutige Burgenland und Kroatien sichern, bis Zápolya mit ihm den Frieden von Großwardein schloss und vereinbarte, dass Ungarn im Erbfall an die Habsburger gehen sollte. Nach der Nichteinhaltung des Vertrages besetzen die Osmanen 1541 abermals Ungarn und bedrohten von hier aus bis 1683 immer wieder mit Einfällen Niederösterreich, Steiermark, Kärnten und Krain.

Die fortwährende Türkengefahr an der Ostgrenze des Reiches ermöglichte es den protestantischen Fürsten Europas Druck auf den katholischen Kaiser auszuüben, war dieser doch von deren Zusammenarbeit, der Bewilligung von Geldern und Stellung von Truppen abhängig. Unter diesem Eindruck war es möglich, dass die lutherischen Reichstände 1530 am Reichstag zu Augsburg die Anerkennung ihres Religionsbekenntnisses, das „Augsburger Bekenntnis", zu erreichen versuchten. Zunächst zwar vergeblich, es ermöglichte ihnen aber im Nürnberger Religionsfrieden von 1532, eine gegenseitige Rechts-, und Friedensgarantie für den gegenwärtigen konfessionellen Besitzstand zu vereinbaren.

Dennoch leisteten Kaiser und katholische Fürsten weiterhin Widerstand gegen die Reformation bis zum Augsburger Religionsfrieden von 1555, in dem die protestantische Religion erstmals offiziell anerkannt wurde.

Eine Eroberung Wiens durch die Osmanen und die darauf folgenden Kriegshandlungen hätten es den Protestanten leichter gemacht, schneller zu diesem Ergebnis zu kommen. Die Abhängigkeit der Habsburgerkaiser von ihren Geldern zur Finanzierung der Türkenabwehr wäre ein höhere gewesen und hätte die Anliegen der Protestanten stark gefördert.

In der europäischen Politik hätte eine türkische Eroberung Wiens, welches die Türken nicht über längere Zeit hätten halten können, kaum zu einer Änderung geführt. Es ist aber zu hinterfragen, ob eine Eroberung Wiens nicht zu einem psychologischen Schock in Europa geführt hätte. Wenn es Suleiman gelang, eine der Hauptstädte des Reiches zu erobern, wo würde er stehen bleiben?

Es ist daher möglich, dass sich die deutschen Fürsten Mitteleuropas, Böhmens und Polens enger zusammengeschlossen hätten, um stärker auf die osmanische Bedrohung zu reagieren und ihr entschlossener entgegenzutreten.

Anders hingegen Frankreich. Hier hätte ein osmanischer Erfolg vor Wien den Anreiz bedeutet, sich wieder stärker gegen die Habsburger zu wenden und ein noch engeres Bündnis mit den Osmanen einzugehen.

Zusammenfassend kann gesagt werden, dass eine Eroberung Wiens durch die Osmanen 1529 langfristig keine wesentliche Änderung der europäischen Staatenlandschaft oder Politik bedeutet hätte. Militärisch gesehen wäre es den Osmanen und den mit ihnen verbündeten Ungarn kaum möglich gewesen, die Stadt über längere Zeit zu halten. Wien wäre allerdings in den Kampfhandlungen stark zerstört worden und hätte seinen Rang als bedeutende Hauptstadt Europas in politischer und kultureller Hinsicht eingebüßt.

Fraglich ist, ob eine osmanische Eroberung Wiens ab 1529 eine Änderung in der Weltgeschichte ausgelöst hätte, wenn Suleiman entschlossen gewesen wäre, diesen Erfolg weiter auszubauen und statt in die Eroberung Persiens in einen Vorstoß nach Mitteleuropa zu investieren. Allerdings wäre Suleiman dabei ab 1530 auf den entschlossenen Widerstand Karls V. getroffen. Suleiman scheint sich ohnehin mehr für Persien als für Europa interessiert zu haben, da er gegen die Safawiden mit der Eroberung von Täbriz, Aserbeidschan und des Irak bedeutende militärische Erfolge erzielen konnte. Zwar versuchte er 1534 auch in Nordafrika vorzustoßen, wurde hier aber ein Jahr darauf von Karl bei Tunis geschlagen und zurückgetrieben. Österreich war für Suleiman nur ein Nebenschauplatz. Der Angriff auf Wien und die Einrichtung eines abhängigen ungarischen Königreichs unter Zápolya waren der Versuch, seine Nordgrenze in Europa durch die Zerstörung der wirtschaftlichen und militärischen Macht Österreichs zu sichern.

Was sich aber durch eine türkische Eroberung Wiens 1529 vielleicht geändert hätte, sind die Hochstilisierung der „Türkenabwehr" als patriotische Übung und ihre Darstellung im 19. Jahrhundert als Leistung des Wiener Bürgertums. Statt den jungen Pfalzgrafen Philipp, welcher die tatsächliche treibende Kraft während der Verteidigung war, hob man die Wiener Bürger als Verteidiger und den Bürgerkommandanten Niclas Graf Salm und dessen „Opfertod" zum Mythos empor, obwohl die Wiener Bürger wenig tapfer vor der Belagerung aus der Stadt geflohen waren und Salm erst 1530 starb. Tatsächlich wurde auch das Bild der Türken oder Orientalen lange Zeit von der Geschichte der Türkenbelagerungen geprägt. Die Invasion Suleimans und ihre Abwehr vor Wien mussten bis in die jüngste Vergangenheit in Verbindung mit der zweiten Türkenbelagerung von 1683 immer wieder als politische Metapher für Überfremdung und Immigration herhalten. Es ist anzunehmen, dass eine Eroberung Wiens durch die Türken und die christliche Rückeroberung diesen pathetischen Patriotismus noch verstärkt hätten. Dennoch wäre eine Eroberung Wiens 1529 durch Sultan Suleiman niemals jene Bedrohung Europas geworden, für deren Abwehr man sich später aus patriotisch-politischen Gründen in Wien und Österreich als Retter Europas gefeiert und gelobt hat.

8. November 1620

Die Protestantische Union siegt in der Schlacht am Weißen Berg – Ferdinand II. verliert Böhmen – Der Dreißigjährige Krieg entfällt

Nach der Abwehr der Türken 1529 vor Wien stellte sich wieder und drängender die Frage nach dem Verhältnis von Katholiken und Protestanten in den habsburgischen Ländern und im Reich. Die Habsburger als Landesherren blieben streng katholisch, ihre Untertanen wurden in immer größerer Zahl Anhänger der Reformation. Gegen Ende des 16. Jahrhunderts waren in Wien fast 80 Prozent der Bevölkerung protestantisch.

Es war daher nur eine Frage der Zeit, bis sich diese Spannungen in einem gewaltsamen Ausbruch Luft machen würden. Anlassfall sollte Böhmen werden, das die Habsburger seit 1526 regierten. Hier sollten in einer einzigen Schlacht die Weichen für die Zukunft Europas gestellt werden. Die Schlacht am Weißen Berg steht am Beginn des Dreißigjährigen Krieges, der, betrachtet man die Gesamtzahl der Opfer unter Soldaten und Zivilbevölkerung im Vergleich zur Einwohnerzahl, bis heute der tödlichste Krieg in Deutschland sein sollte. Die Habsburger gewannen zwar die Schlacht am Weißen Berg, mit ihrem Sieg lösten sie aber einen gewaltigen Krieg aus. Es ist zu hinterfragen, ob eine Niederlage von Kaiser Ferdinand II. Europa und Österreich nicht mehr genutzt hätte.

Die Zeit

Am Ende des Mittelalters war die katholische Kirche moralisch am Ende, Simonie, Korruption und sittlicher Verfall kennzeichneten diese Institution. Als sich der Mönch Martin Luther mit dem Anschlagen seiner 95 Thesen an der Schlosskirche zu Wittenberg dagegen wehrte und eine Reform der Kirche verlangte, war er sich nicht bewusst, dass dies fast 100 Jahre später zu einem der größten Kriege in der europäischen Geschichte führen würde.

Nach einer ersten Phase der Reformation, in der sich die Fürsten Deutschlands in konfessionelle Fraktionen gespalten hatten, wurde unter den katholischen und protestantischen Fürsten der Versuch unternommen, zu einer Verständigung zu finden, um ein praktikables Leben zu ermöglichen. Ziel war es, gültige Verfassungsordnungen und ein Mächtegleichgewicht zu finden. Ein erster Ansatz dazu war der Augsburger Religionsfriede von 1555, in dem man sich auf die Formel „wessen Herrschaft, dessen Religion", die Religionszugehörigkeit der Untertanen nach der Religion des Landesherren, einigte. Damit anerkannte man zwar das reformierte Glaubensbekenntnis, nicht aber das calvinistische als eigene Kirche.

Am Ende des 16. Jahrhunderts entfremdeten sich beide Streitparteien weiter. Der Katholizismus wiedererstarkte durch die Gegenreformation, die besonders von den Habsburgerkaisern stark gefördert wurde. Dennoch breitete sich der Protestantismus unter der Bevölkerung Europas weiter aus. Beide Seiten vertrauten auf ihre Stärke und verloren zunehmend das Vertrauen in einen praktikablen und erreichbaren Kompromiss. Eine junge Generation von Fürsten erkannte, dass sich Religionsstreitigkeiten zu machtpolitischen Demonstrationen nutzen ließen, um unter dem Deckmantel der Religionen ihre Territorien auf Kosten ihrer Nachbarn, die der jeweils anderen Konfession angehörten, auszubauen. Dazu kamen eine europaweite Wirtschaftskrise, das Bestreben der Calvinisten, den Status einer eigenen Religion zu erlangen, und Zwistigkeiten unter den europäischen Dynastien.

Besonders Frankreich war an einer Schwächung der habsburgischen Macht interessiert. Man sah sich von den Habsburgern, die in Spanien, im Deutschen Reich, in den Spanischen Niederlanden und in Burgund herrschten, eingekreist.

Daher suchte das katholische Frankreich Verbündete in den protestantischen Niederlanden, die seit 1568 einen Unabhängigkeitskrieg gegen Spanien führten, der erst 1609 mit einem auf zwölf Jahre befristeten Waffenstillstand beendet wurde.

Ein Auslöser für eine wesentliche Verschärfung der Lage war 1607 die Annexion der freien Reichsstadt Donauwörth durch Herzog Maximilian von Bayern, nachdem der protestantische Rat der Stadt entgegen den Augsburger Bestimmungen den Katholiken der Stadt die Ausübung ihrer Religion untersagt hatte. Donauwörth wurde gewaltsam rekatholisiert. Als Reaktion darauf gründeten acht protestantische Fürsten und 17 protestantische Städte 1608 in Auhausen die „Protestantische Union", die vom calvinistischen Kurfürsten Friedrich IV. von der Pfalz angeführt wurde. Darauf schlossen sich die katholischen Fürstentümer im Reich unter Maximilian I. von Bayern zur „Katholischen Liga" zusammen, der neben Bayern die geistlichen Fürstentümer Köln, Trier, Mainz und Würzburg angehörten. Damit waren die ersten Fronten am Vorabend des Dreißigjährigen Krieges errichtet.

Die Lage eskalierte endgültig am 23. Mai 1618, als die Vertreter der mehrheitlich protestantischen böhmischen Landstände die kaiserlichen Räte Jaroslav Graf von Martinitz, Wilhelm Graf Slavata und den Schreiber Fabricius aus einem Fenster der Prager Burg in den 17 Meter darunter liegenden Burggraben warfen.

Die Ursache war ein Streit um die Nutzung einer Kirche im böhmischen Dorf Braunau gewesen. Darauf hatte Ferdinand II., Erzherzog von Österreich und König von Böhmen, der 1619 zum Kaiser gewählt werden sollte, den Majestätsbrief Rudolfs II. von 1609 widerrufen, der den Protestanten in Böhmen Religionsfreiheit zugestanden hatte.

Die böhmischen Stände beschlossen, sich gegen die Habsburger aufzulehnen, der „Fenstersturz" war eine traditionelle Form des Protestes und die Kampfansage an die Habsburger gewesen. Die Böhmen beriefen sich auf ihr angestammtes Recht, ihren König selbst zu wählen, da Böhmen seit 1526 ein ständisches Wahlkönigreich war. Sie erklärten Anfang 1619 Ferdinand als böhmischen König für abgesetzt und wählten das Oberhaupt der Protestantischen Union im Reich, den 23-jährigen Kurfürsten Friedrich V. von der Pfalz, zum böhmischen König. Friedrich wollte das Amt trotz Warnungen der protestantischen Fürsten der Union auch antreten. Er glaubte sich im Moment gegenüber Ferdinand im Vorteil, da sich zur selben Zeit auch die Stände Ober- und Niederösterreichs dem böhmischen Aufstand anschlossen und der siebenbürgische Fürst Gabor Bethlen mit einem Heer ins habsburgische Oberungarn einfiel.

Friedrich V. von der Pfalz sollte damit politisch alles auf eine Karte setzen, ohne die rechtlichen, machtpolitischen oder militärischen Voraussetzungen dafür zu haben. Am Schluss wurde er geschlagen und ins Exil getrieben und ging unter dem Spottnamen „Winterkönig" in die Geschichte ein. Sein Handeln war der eigentliche Auslöser des Dreißigjährigen Krieges und legte den Grundstein für die Gräuel und Verwüstungen Mitteleuropas über fast ein halbes Jahrhundert.

Friedrich wurde 1596 als erster Sohn des pfälzischen Kurfürsten Friedrich IV. und der Prinzessin Louise Juliane von Nassau-Oranien geboren und war mit vielen führenden Fürstenhäusern Europas verwandt. Er wuchs in der Kurpfalz auf, die mit der Hauptstadt Heidelberg unmittelbar neben Bayern gelegen, vom calvinistischen pfälzischen Zweig der Wittelsbacher regiert wurde, die mit ihrem streng katholischen Familienzweig in Bayern in Konflikt stand. Friedrich erhielt eine fundierte theologische Ausbildung, als sein Vater 1610 nur 36-jährig starb, erhielt er 1613 von Kaiser Matthias die Pfalz als Lehen. 1613 heiratete er Elisabeth Stuart, die Tochter des englischen Königs Jakob I., sein 1614 geborener Sohn Heinrich war damit ein möglicher englischer Thronfolger.

Friedrich sah sich bald selbst als Führer der protestantischen Fürsten im Reich und als bedeutendster Gegenspieler zum katholischen Kaiser. Die strategische Lage der Pfalz bestärkte ihn in dieser Rolle. Sie war das wichtigste Durchmarschgebiet der kaiserlichen Truppen auf ihrem Weg von den habsburgischen Erblanden in die Niederlande. Die Pfalz war zudem wirtschaftlich bedeutend, die untere Pfalz an Rhein und Neckar war landwirtschaftlich geprägt, die obere Pfalz im Osten des heutigen Bayern war eine der wichtigsten Bergbauregionen des Reiches.

Kurz nach seinem Regierungsantritt veränderte sich die Persönlichkeit des Fürsten durch einen Fieberanfall, der ihn fast das Leben kostete, deutlich. Er wurde lethargisch, kraftlos, schläfrig, melancholisch und depressiv. Da er nicht mehr fähig war, die Regierungsgeschäfte zu führen, überließ er diese zeitweilig seinem dynamischen Kanzler Fürst Christian I. von Anhalt-Bernburg. Sein zukünftiger Gegner, Ferdinand II. von Habsburg, war der Sohn von Erzherzog Karl II. von Innerösterreich und der Maria von Bayern, einer Tochter Albrechts V., Herzog von Bayern. Er stammte aus einer Nebenlinie der Habsburger in Innerösterreich, die über Steiermark, Kärnten und Krain herrschte. Nach dem Tod seines Vaters 1590 übergab seine streng katholische Mutter die Erziehung des Knaben den Jesuiten in Ingolstadt, die ihm einen unversöhnlichen Hass gegen den Protestantismus einflößten, sodass er das feierliche Gelübde ablegte, den Katholizismus um jeden Preis wieder zur allein herrschenden Religion in seinen Staaten zu machen.

Ab 1595 führte er in Innerösterreich die Regierung und baute seine Residenz Graz aus. In seinen innerösterreichischen Ländern wurde die Gegenreformation mit großer Härte durchgeführt, Ferdinand wird der Spruch zugeschrieben: „Besser eine Wüste regieren als ein Land voller Ketzer." 1617, schon vor dem Tod seines kinderlosen Cousins Kaiser Matthias, wurde er König von Böhmen, 1618 König von Ungarn und 1619 Kaiser.

Die Idee Friedrichs V. von der Pfalz, sich zum König von Böhmen wählen zu lassen, dürfte bereits kurz nach dem Prager Fenstersturz aufgekommen sein. Zwar konnte Friedrich offiziell diese Position, die einen Hochverrat am Kaiser Matthias dargestellt hätte, nicht einnehmen, sein Kanzler nahm aber Kontakt zu den böhmischen Aufständischen auf, um die Möglichkeiten auszuloten. Die protestantischen Fürsten im Reich und Jakob I. von England zeigten wenig Begeisterung für den Plan, da man befürchten musste, mit diesem Schritt gegen den Kaiser zu weit zu gehen und einen reichsweiten Krieg auszulösen. Im Geheimen unterstützte aber Friedrich mit einem kleinen Heer die böhmischen Aufständischen und konnte für sie die Stadt Pilsen erobern, damit war ganz Böhmen in protestantischer Hand.

In dieser Situation starb Kaiser Matthias im März 1619. Die protestantischen böhmischen Stände wollten den bereits 1617 zum König von Böhmen gekrönten Nachfolger Ferdinand, dessen gegenreformatorischer Eifer bekannt war, nicht anerkennen und ließen ihn durch den Generallandtag des böhmischen Thrones für verlustig erklären. Danach suchte man einen neuen König. Nachdem der Wunschkandidat, Johann Georg I. von Sachsen, abgesagt hatte, weil er den Konflikt mit dem Kaiser scheute, wurde Friedrich V. von der Pfalz am 26. August 1619 zum böhmischen König gewählt. Zwei Tage später wählten die Kurfürsten im Reich einstimmig und auch mit den Stimmen der protestantischen Kurfürsten, darunter auch die Pfalz, Ferdinand II. zum Kaiser.

Trotz des nochmaligen Anratens zahlreicher protestantischer Fürsten im Reich, die Wahl nicht anzunehmen, akzeptierte Friedrich die Königswürde von Böhmen. Gründe dafür könnten sein übersteigertes religiöses Sendungsbewusstsein, aber auch wirtschaftliche Gründe gewesen sein, da die böhmischen Länder mit ihrer Zinn- und Glasproduktion eine ideale Ergänzung für die Eisenproduktion der Pfalz waren.

Am 31. Oktober 1619 zog Friedrich mit 568 Personen und 100 Wagen in Prag sein, sein Königtum wurde von den Vereinigten Niederlanden, Dänemark, Schweden und der Republik Venedig anerkannt, eine gemeinsame Politik der protestantischen Fürsten im Reich zu seiner Unterstützung kam nicht zustande.

Ferdinand sah in diesem Akt eine grundsätzliche Gefährdung der kaiserlichen Macht im Reich, die er nicht akzeptieren konnte. Da die finanzielle Lage des Kaisers nicht ausreichte, um den böhmischen Aufstand niederzuschlagen, rief er Maximilian I. von Bayern zu Hilfe. Dieser sollte mit der Katholischen Liga Böhmen erobern und

Friedrich vertreiben, dafür würde er statt Friedrich die Kurwürde erhalten und die Oberpfalz für Bayern annektieren dürfen.

Der entscheidende Moment – Die Realität

In dieser Geschichte gibt es keinen entscheidenden Moment in dem Sinne, dass sich in der Schlacht am Weißen Berg am 8. November 1620 ein Vorfall ereignet hätte, der den Krieg und damit das Schicksal Friedrichs und Ferdinands entschied. Wichtig war der Umstand, dass die protestantischen Fürsten im Reich die Gelegenheit verstreichen ließen, geeint aufzustehen und dem Kaiser ihre Macht zu demonstrieren.

Friedrich und sein Kanzler versuchten alles Mögliche, um diese Unterstützung zu erhalten. So luden sie im Dezember 1619 die protestantischen Fürsten zu einer Beratung nach Nürnberg ein, die aber kaum besucht wurde. Man erfand rechtliche Argumente, um zu beweisen, dass man den Reichsfrieden nicht gebrochen habe, da Böhmen außerhalb des Reiches stehe und daher nicht der kaiserlichen Macht unterworfen sei. Ein Argument, das von Bayern und Sachsen zurückgewiesen wurde. Auch der englische König Jakob I. missbilligte die Annahme der böhmischen Königskrone durch Friedrich und verweigerte ihm die Unterstützung. Nur die Vereinigten Niederlande bewilligten Friedrich eine monatliche Zahlung von 50.000 Gulden und stellten Soldaten zur Unterstützung des böhmischen Heeres ab.

Dabei war die Gelegenheit für die Protestanten günstig, Ferdinand hatte 1619 schwer zu kämpfen. Ein böhmisches Heer unter Heinrich Matthias von Thun drang im Juni 1619 bis an die Donau bei Wien vor, gleichzeitig eroberte Gábor Bethlen fast die gesamte Slowakei und stand vor Pressburg. Erst nachdem der Kaiser im Münchner Vertrag vom 8. Oktober 1619 die Unterstützung Bayerns und der Katholischen Liga zugesichert bekommen hatte und sich Johann Georg I., der protestantische Kurfürst von Sachsen, dem Kaiser angeschlossen hatte, konnte Ferdinand offensiv gegen Friedrich vorgehen.

Zunächst gelang es ihm, im Ulmer Vertrag vom 31. Juli 1620 ein Neutralitätsabkommen zwischen der Katholischen Liga und der Protestantischen Union unter französischer Vermittlung herbeizuführen, welches Friedrich isolierte.

Ferdinand plante einen konzentrierten Angriff auf Friedrich. Bereits Ende Juni 1620 sandte er den spanischen Generalleutnant Spinola mit den Truppen der spanischen Niederlande aus, um die Kurpfalz anzugreifen. Einen Monat später überschritt Maximilian von Bayern mit 25.000 Mann der Katholischen Liga die Grenze zu Österreich, unterwarf in Linz die rebellischen österreichischen Stände, vereinigte seine Armee mit Kontingenten des kaiserlichen Heeres und wandte sich nach Norden gegen Böhmen. Fast gleichzeitig fiel das Heer von Johann Georg von Sachsen in Nordböhmen ein.

Friedrichs kaum 15.000 Mann zählende Truppen wichen vorläufig einer Schlacht aus und zogen sich bis nach Prag zurück, wo sie am 7. November 1620 am Weißen Berg vor den Toren Prags eine strategisch hervorragende Stellung bezogen, die aber am nächsten Tag von den katholischen Truppen unter Maximilian von Bayern, dem Feldherrn Tilly und Generalissimus Karl Bonaventura Graf von Buquoy gestürmt wurde. Friedrich, der in Prag weilte, konnte fliehen und ging über Schlesien und Brandenburg ins niederländische Exil.

Der entscheidende Moment – Die Fiktion

Entscheidend für eine Änderung der Geschichte wäre es gewesen, wenn die protestantischen Fürsten im Reich die Kraft und den Willen gehabt hätten, sich zu verbünden und gemeinsam mit Friedrich Böhmen und die Pfalz gegen Ferdinand und Maximilian von Bayern zu verteidigen. Es hätte dazu nur einer einzigen Persönlichkeit bedurft, welche das ausreichende politische Gewicht besessen hätte, um die Protestanten und Calvinisten hinter sich zu versammeln.

Es gab diese Persönlichkeit in Johann Georg I., Kurfürst von Sachsen, dem Herrscher des größten protestantischen Territoriums im Reich. Er hätte die Integrationsfigur werden können, um die sich die Truppen sammelten, der Bündnisse schließen und eine gemeinsame protestantische Front errichten hätte können. Dazu wäre es notwendig gewesen, auch die traditionellen Gegner der Habsburger einzubinden, besonders Frankreich und die Vereinigten Niederlande. Frankreich war zwar katholisch, hätte aber hier eine einmalige Gelegenheit vorgefunden, der habsburgischen Einkreisungspolitik zu entgehen. Die Niederlande hätten die Chance gehabt, sich dem Einfluss der spanischen Habsburger zu entziehen.

Wäre es Johann Georg auch noch gelungen, Gábor Bethlen mit dem Versprechen eines protestantischen ungarischen Königreiches auf seine Seite zu ziehen, dann wären Maximilian und Ferdinand eingekreist gewesen. Rechnet man noch eine mögliche Unterstützung der Protestanten durch Dänemark, Schweden, England und Venedig dazu, so wäre die Habsburgermacht im Reich ins Wanken geraten. In Europa wären nur noch die Katholische Liga, Spanien und Bayern auf Seiten des Kaisers gestanden. Maximilian von Bayern hätte in Österreich und Böhmen nicht helfend eingreifen können, da er seine Westgrenze gegen die Pfalz und Frankreich sichern musste. Ferdinand hätte sich bemühen müssen, mit Gábor Bethlen, der den Bestand der habsburgischen Besitzungen in Ungarn gefährdete, allein fertig zu werden und hätte zunächst Böhmen außer Acht lassen müssen.

Johann Georg von Sachsen beschloss aber, seinem Kaiser treu zu bleiben. Er war Realpolitiker, der erkannt hatte, dass nur ein ausgewogenes Mächtegleichgewicht in Europa den Frieden bewahren konnte.

Aber nehmen wir an, die Protestanten im Reich wären geeint hinter Friedrich gestanden, so hätte dieser gute Chancen gehabt, genügend Truppen zur Sicherung seiner Herrschaft in Böhmen heranzuführen. Wäre es ihm auch durch verstärkte Bemühungen um den böhmischen Adel gelungen, diesen zu überzeugen, Geld bereitzustellen und Soldaten auszuheben, dann wären seine Truppen in der Schlacht am Weißen Berg in überlegener Zahl angetreten. Die kaiserlichen Truppen, verstärkt durch die Katholische Liga, hätten geschlagen werden können und wären nach Österreich zurückgetrieben worden. Böhmen bleibt in diesem Szenario in der Hand der böhmischen Aufständischen und Friedrich von der Pfalz König von Böhmen.

Konsequenzen und Bedeutung

Es scheint eine mögliche Konsequenz dieses Szenarios zu sein, dass der Dreißigjährige Krieg daraufhin nicht stattgefunden hätte. Stattdessen hätten sich Politik und militärische Auseinandersetzungen in kleinere Kriege, die unabhängig voneinander geführt worden wären, aufgelöst. Einer dieser Kriege wäre der Versuch Ferdinands gewesen, sich Böhmens wieder zu bemächtigen und Friedrich zu vertreiben. Dazu hätte es aber einer ausgeklügelten, europaweit koordinierten Angriffsstrategie bedurft, in der Frankreich mit einem Krieg gegen Spanien und die spanischen Niederlande abzulenken gewesen wäre, um ein Bündnis mit Friedrich in Böhmen zu verhindern. Zumindest hätte es eine Zeit lang gedauert, bis Ferdinand wieder in die Offensive gehen hätte können. Er hätte Gábor Bethlen zurücktreiben müssen, um an die Ressourcen Ungarns und der Slowakei heranzukommen, die er für einen neuen Krieg im Westen gebraucht hätte. Er hätte mit den Türken Frieden halten müssen, die aber in Persien und mit inneren Schwierigkeiten beschäftigt waren.

Seine wichtigsten Verbündeten in diesem Kampf wären die Bayern unter Maximilian und seine Rechte als Kaiser gewesen. Als Kaiser konnte er, da er die Wahl Friedrichs in Böhmen als unrechtmäßig ansah, die Reichsacht über den Pfälzer verhängen und einen Fürsten des Reiches, es wäre mit Sicherheit Maximilian gewesen, mit dem Vollzug betrauen. Nicht ohne Gegenleistung, die vermutlich im Anschluss der gesamten Pfalz an Bayern bestanden hätte. Wäre Ferdinand klug gewesen, dann hätte er sich Johann Georg von Sachsen wieder zum Verbündeten gemacht und ihm Teile Böhmens, eventuell Schlesien, zum Lohn für einen Abfall von Friedrich versprochen. Johann Georg war ein Anhänger einer Ausgleichspolitik zwischen Protestanten und Katholiken im Reich und darauf bedacht, die Regeln des Augsburger Religionsfriedens zu wahren. Er wäre vermutlich bereit gewesen, die Sache des Kaisers im Sinne eines Mächtegleichgewichtes im Reich und für einen territorialen Zugewinn zu unterstützen.

Ferdinand hätte noch seinen größten Trumpf im Ärmel gehabt, die Gewährung einer Gleichstellung von Protestantismus, Calvinismus und Katholizismus im Reich gegen eine Unterstützung oder zumindest ein Stillhalten der protestantischen Fürsten in seinem Kampf um Böhmen. Damit wäre es ihm vermutlich möglich gewesen, die Protestantische Union ruhig zu stellen und sie davon abzuhalten, im Kriegsfall Friedrich zu Hilfe zu kommen. Hätte sich Ferdinand zu diesem Schritt aus politischem Kalkül durchringen können, weil ihm der Besitz von Böhmen wichtiger war als die Dominanz des Katholizismus, dann wäre einer Wiedereroberung Böhmens nichts mehr im Wege gestanden. Auch die nachfolgenden Interventionen protestantischer Fürsten von Dänemark oder Schweden hätten in Deutschland keine Unterstützung mehr gefunden und wären wohl auch nicht versucht worden.

Es hätte vielleicht einige Zeit gedauert, aber es wird in diesem Szenario angenommen, dass nach einigen Jahren diplomatischer Bemühungen Friedrich von der Pfalz als König von Böhmen in Europa zu isolieren gewesen wäre.

In Böhmen war man sich über den König nicht einig. Er führte seinen Hof mit Deutsch als Amts- und Konversationssprache und lernte niemals Böhmisch. Die Ämter am Hof hatte er mit Pfälzern besetzt, und sein strenger Calvinismus, der in einem Bildersturm in den Kirchen Prags gipfelte, bei dem auch der berühmte Marienaltar von Lucas Cranach zerstört wurde, führte zu großer Empörung unter den Einwohnern Prags. Es ging sogar das Gerücht um, dass er Pläne habe, die Gebeine des hl. Wenzel aus dessen Grab im Veitsdom zu entfernen.

Zudem hatte Friedrich keinen finanziellen Rückhalt beim böhmischen Adel, man verweigerte ihm Steuererhöhungen. Um seine Herrschaft finanziell abzusichern, musste Friedrich zwei Tonnen Gold aus der Pfalz heranbringen, was dort fast zu einem Staatsbankrott geführt hatte.

Dazu kam noch, dass sich einige Adelige in Böhmen und Mähren nicht am böhmischen Aufstand beteiligten, sondern auf eigene Kosten Truppen anwarben und diese Ferdinand zur Verfügung stellten. Darunter war der kaiserliche Obrist Albrecht Wenzel Eusebius von Wallenstein, der mit mehreren Regimentern im Wert von 175.000 Gulden auf eigene Kosten das kaiserliche Heer aufrüstete.

Spätestens drei Jahre nach der verlorenen Schlacht am Weißen Berg schickt Ferdinand abermals Truppen nach Böhmen, diesmal besser vorbereitet und durch Verträge und Verbündete abgesichert. Maximilian von Bayern fällt von Westen her ein, Ferdinand von Süden und Johann Georg von Sachsen marschiert vor, um die ihm versprochenen Länder in Besitz zu nehmen. Im Sommer 1623 kommt es südlich von Prag zur Schlacht. Friedrich, isoliert von den protestantischen Fürsten im Reich und nur wenig unterstützt von den ihm entfremdeten böhmischen Untertanen, verliert die Schlacht und muss fliehen. Böhmen wird wieder von Ferdinand in Besitz genommen, der in einer klugen Anerkennung der Tatsachen auf Rache verzichtet. Zwar werden einige Adelige des Landes verwiesen, das große Blutgericht bleibt aber aus. Jene böhmischen Adeligen, wie Wallenstein, die ihn unterstützt haben, steigen steil die Karriereleiter empor.

Die geschlagenen Heerführer Friedrichs, Christian von Braunschweig-Wolfenbüttel, genannt der „tolle Halberstädter", und Ernst von Mansfeld versuchen, den Krieg weiter fortzuführen und die pfälzischen Erblande Friedrichs vor dem Zugriff Maximilians von

Bayern zu bewahren, scheitern aber an der fehlenden Unterstützung der protestantischen Fürsten im Reich, welche die religiösen Zugeständnisse, die ihnen Ferdinand gemacht hat, nicht gefährden wollen. Ferdinand wendet sich auch rechtlich gegen Friedrich. Als Kaiser nimmt er ihm die Kurfürstenwürde ab, die auf Maximilian übertragen wird, der auch die Pfalz in Besitz nehmen darf. Als Ausgleich zu diesem katholischen Landgewinn bekommt Johann August von Sachsen Schlesien, damit ist das Kräftegleichgewicht zwischen Katholiken und Protestanten im Reich wiederhergestellt. Ferdinand verhängt über Friedrich die Reichsacht, was diesem auch die Königskrone von Böhmen nimmt, mit der Ferdinand Ende 1623 abermals im Prager Veitsdom gekrönt wird. Die böhmischen Adeligen beugen sich widerwillig, profitieren aber vom Religionserlass Ferdinands, der auch ihnen das Recht auf die Ausübung ihrer protestantischen Religion in Böhmen und Mähren zuerkennt.

Nachdem die Habsburger ihre Herrschaft konsolidiert haben, können sie sich wieder der europäischen Politik zuwenden, der Kampf gegen Frankreich wird erneuert, im Bündnis mit Spanien werden die spanischen Niederlande gesichert.

Entscheidend in diesem Szenario ist die Anerkennung der reformierten Religionen durch den erzkatholischen Ferdinand aufgrund des Drucks, Böhmen unbedingt wieder zurückerobern zu müssen, wollte er seine Macht und Stellung im Reich behalten. Diese Anerkennung wurde den reformierten Kirchen in der Realität erst im Frieden von Münster und Osnabrück 1648 nach einem erbitterten Krieg, der ein Viertel der deutschen Bevölkerung das Leben kostete, zugestanden. Hätte Ferdinand diesen Akt schon 30 Jahre früher setzen müssen, um seine Macht zu bewahren, hätte er damit nicht nur Böhmen wieder erlangen können, er hätte auch einen der blutigsten und kostspieligsten Kriege der Neuzeit verhindert.

Realgeschichte

Tatsächlich hatten Friedrichs Truppen in der Schlacht am Weißen Berg keine Chance. Seine mangelhaft ernährten und unzureichend gekleideten Soldaten waren in der Unterzahl und schlecht geführt. Nach einem einzigen entschieden vorgetragenen Angriff der Bayern und Österreicher war die Schlacht verloren. Friedrich konnte aus Prag vor seinen eigenen Untertanen fliehen, die ihn gerne dem Kaiser übergeben hätten. Dieser zeigte aber dennoch keine Milde, am 21. Juni 1621 ließ er am Altstädter Ring in Prag 27 böhmische Standesherren hinrichten. Über Friedrich und Christian von Anhalt-Bernburg wurde die Reichsacht verhängt, Maximilian bekam die Kurfürstenwürde und die Oberpfalz.

Der Krieg um die Pfalz ging aber weiter. Ernst von Mansfeld und der „tolle Halberstädter" versuchten sie für Friedrich zu erhalten, wurden aber mehrmals geschlagen und vertrieben.

Nach dieser ersten Phase des Dreißigjährigen Krieges griffen die Dänen auf Seiten der Protestanten ein, erlitten aber bis 1629 mehrere schwere Niederlagen gegen die kaiserlichen Feldherren Tilly und Wallenstein. Dies brachte Ferdinand 1629 dazu, das Restitutionsedikt zu erlassen, in dem er ohne Einverständnis der reformierten Landstände die konfessionellen Besitztümer neu aufteilte.

Darauf griff Gustav Adolf, König von Schweden, in den Krieg ein und eroberte halb Deutschland, ehe er 1634 in der Schlacht von Lützen sein Leben verlor. Seine Truppen konnten dabei bis knapp vor Wien vordringen. Erst 1635 wurde diese Phase des Krieges im Frieden von Prag abgeschlossen, der auch die Aufhebung des Restitutionsediktes für 40 Jahre brachte. Der letzte Abschnitt des Krieges bis 1648 war ein Territorialkrieg zwischen dem Reich, Frankreich und Schweden und endete aufgrund der allgemeinen Erschöpfung aller kriegsführenden Parteien 1648 im Frieden von Münster und Osnabrück.

Am Ende hatte der Dreißigjährige Krieg drei bis vier Millionen Menschen im Reich das Leben gekostet, etwa ein Viertel der Bevölkerung. Deutschland war verwüstet, die Politik noch immer konfessionellen Zwängen unterworfen. Frankreich wurde zum mächtigsten Staat in Westeuropa, England, Schweden und die Niederlande zu Nationalstaaten.

All diese Verwüstungen hätte es vielleicht nicht oder zumindest nicht in diesem Ausmaß gegeben, wenn Ferdinand II. 1620 gezwungen gewesen wäre, für die Unterstützung der protestantischen Fürsten im Reich zur Wiedergewinnung Böhmens die Konfessionen freizugeben. Es ist anzunehmen, dass ihm Böhmen dies genauso wert gewesen wäre, wie es Paris für Heinrich IV. von Frankreich eine Messe wert war. Böhmen gehörte zu den wirtschaftlich und politisch wichtigsten Ländern der Habsburger, ein Verzicht darauf kam nicht in Frage, und die Religionspolitik wäre für Ferdinand das ideale Mittel gewesen, um es zurückzugewinnen. Obwohl streng katholisch erzogen, von den Jesuiten beeinflusst und ein Verfechter der Gegenreformation, hätte Ferdinand all diese Überzeugungen für den Besitz von Böhmen aufgegeben.

Hätte es diesen Schritt von Seiten des Kaisers gegeben, dann hätten sich im Reich zwei Blöcke etablieren können, ein südlicher katholischer und ein nördlicher protestantischer. Die Kriege des 17. Jahrhunderts wären dann zumindest nur mehr um territoriale Fragen in Europa und nicht mehr der Religion wegen geführt worden.

Wäre der Dreißigjährige Krieg vermieden worden, dann hätte auch im Reich und in Österreich die Chance bestanden, ein liberaleres Bürgertum ähnlich wie in Frankreich, England und den Niederlanden zu entwickeln, dessen Aufkommen kaum ermessbare Auswirkungen auf die Geschichte und Gesellschaft gehabt hätte. Vielleicht hätte es auch in Deutschland schon früher die Idee eines Nationalstaates gegeben, stattdessen froren die Verträge von Münster und Osnabrück die deutsche Staatenlandschaft für 150 Jahre ein und ermöglichten nur wenig an wirtschaftlicher und gesellschaftlicher Entwicklung.

Der Sozialwissenschafter Norbert Elias hat den Dreißigjährigen Krieg als Ursache für die Suche und Sehnsucht der Deutschen nach Einheit und Stärke ausgemacht und sieht darin die Wurzeln des deutschen Nationalismus, die bis hin zum Nationalsozialismus führten.

Die Konsequenzen für Österreich hätten schwerwiegend sein können. Das Blutgericht am Altstädter Ring in Prag, die völlige Entmachtung der böhmischen Landstände durch die erneuerte Landesverordnung und die rigorose Rekatholisierung trieben tausende Böhmen nach der Schlacht am Weißen Berg in die Emigration und belasteten das österreichisch-böhmische Verhältnis bis an das Ende der Habsburgermonarchie. Wäre Ferdinand gezwungen gewesen, politisch klüger mit den böhmischen Landständen nach der Wiedereroberung durch die Habsburger umzugehen, hätte dies das Verhältnis der Böhmen zu den Habsburgern nur verbessern können, und der tschechische Nationalismus, einer der Faktoren des Unterganges der Habsburgermonarchie, wäre vielleicht 1918 nicht in seiner vollen Form zum Ausbruch gekommen. So gesehen wäre eine Niederlage Ferdinands in der Schlacht am Weißen Berg vielleicht die größere Chance für die Geschichte Europas gewesen.

21. September 1683

Der Fall des „Goldenen Apfels" – Kara Mustafa erobert Wien

Es kommt in der Weltgeschichte selten vor, dass ein Ereignis, welches man als bedeutend und singulär angesehen hat, sich nochmals in ähnlicher Art und Weise wiederholt. Die erste Türkenbelagerung von 1529 war ein tiefer Schock für die Habsburger gewesen und man gedachte eigentlich nicht, es jemals wieder soweit kommen zu lassen. In Zukunft wollte man durch ein Feldheer alle türkischen Angriffe schon in Ungarn abfangen, dennoch verzichtete man nicht darauf, Wien zwischen 1530 und 1680 zur stärksten Festung des Abendlandes auszubauen. Man schuf ein kompliziertes System aus Kurtinen, Basteien, Ravelins, gedeckten Gängen, Gräben und ein breites Glacis. Dieses Sicherheitsdenken sollte sich 1683 bewähren, als die Osmanen in einer letzten Kraftanstrengung versuchten, nochmals den „Goldenen Apfel", wie Wien in den türkischen Sagen und Legenden hieß, zu erobern. Fraglich bleibt, ob sie diesen Sieg nutzen hätten können oder ob der Fall von Wien das Fanal gewesen wäre, das Europa im Kampf gegen die Türken neu geeinigt hätte.

Suleiman der Prächtige, der 1529 Wien attackiert hatte, war 1566 gestorben, nachdem er das Osmanische Reich auf den Höhepunkt seiner Macht geführt hatte. Innerhalb weniger Jahre begann ein langsamer, aber unaufhaltsamer Abstieg. Einer der Gründe dafür war die Veränderung der inneren Strukturen, die Beamtenschaft wurde immer korrupter und die Janitscharen wurden zu einem erblichen Berufsstand. Die Sultane ergaben sich, wenn man vom tatkräftigen Murad IV. absieht, dem Müßiggang und besuchten lieber ihre Harems, Paläste und Jagdhäuser als den Staatsrat. Ab 1617 wurde im Erbfall der Thron immer mit dem ältesten Prinzen besetzt, der, allein schon aus Gründen der Staaträson, bis dahin sein Leben fern der Politik verbringen hatte müssen.

Dazu kam, dass islamische Sekten wie die Derwische starken Einfluss auf den osmanischen Thron in Istanbul bekamen, was zu einer vermehrten Feindseligkeit gegenüber dem christlichen Abendland gegen Mitte des 17. Jahrhunderts führte. Der osmanische Staat geriet technisch und wirtschaftlich gegenüber dem Abendland immer mehr ins Hintertreffen, eine Entwicklung, die nur von Murad IV. nochmals aufgehalten werden konnte. Nach dem Tod Murads wurde bald klar, dass der türkische Staat, um sich gegen innere Unruhen abzusichern, vermehrt Kriege nach außen führen musste. Man begann einen kostspieligen und planlosen Krieg gegen Venedig um die Eroberung von Kreta, man bedrohte Polen und Russland und hielt die traditionelle Feindschaft zu Persien aufrecht.

Ab 1650 kam im Osmanischen Reich mit den Köprülüs eine neue Familie von Wesiren an die Macht, der es unter Mehmed und Fazil Ahmed noch einmal gelang, den alten Glanz des Osmanischen Reiches aufleben zu lassen. Als 1676 Kara Mustafa, der Schwiegersohn Fazil Ahmeds, das Amt des Großwesirs übernahm, glaubte man, dass das Reich eine Kontinuität und Festigkeit erlangt hätte, die es möglich erscheinen ließ, wieder in die Offensive zu gehen.

Ungarn war seit 1540 in drei Teile zerfallen. Das königliche Ungarn war österreichisch besetzt und erstreckte sich über die Süd- und Zentralslowakei. Siebenbürgen war ein Fürstentum unter verschiedenen Familien, vor allem der Báthorys, und die Osmanen besetzten Zentralungarn mit Pest und Ofen als Hauptstadt.

Zwar war die letzte Offensive der Osmanen gegen die Habsburger in Ungarn 1664 in der Schlacht von St. Gotthard gescheitert und hatte sie zurückgeworfen, an zwei anderen Fronten konnten sie aber Erfolge erzielen. In der Ukraine hatten sie mit Hilfe der Kosaken ihren Einfluss gefestigt, und 1672 hatten sie Polen einen demütigenden Frieden aufgezwungen, wonach Polen ihnen Tribute zu entrichten hatte und Land abtreten musste. Dies brachte den Kronfeldherrn Johann Sobieski auf den polnischen Thron, der zunächst der französischen Seite in Europa zuneigte, dann aber erfolgreich von den Habsburgern in ihre antiosmanische Politik eingebunden werden konnte.

In Kreta war es den Osmanen nach jahrelangen fürchterlichen Verlusten 1669 gelungen, die Festung Kandia einzunehmen, und damit hatten sie das venezianische Reich gleichsam halbiert. Nach 1670 führte die strenge gegenreformatorische Politik der Jesuiten und Habsburger unter Kaiser Leopold I. im königlichen Ungarn zum Aufstand. 1671 schlug eine Magnatenverschwörung gegen den Kaiser fehl, die Verschwörer unter Graf Franz Nádasdy wurden hingerichtet.

1672 begann nach dem Tod des ungarischen Magnaten Stephan Thököly und nachdem dessen Sohn Imre zum Führer der auf Selbstständigkeit bedachten Ungarn geworden war, eine neue Phase der ungarisch-habsburgischen Auseinandersetzung. Imre Thököly gelang es in den folgenden Jahren mit osmanischer und französischer Unterstützung, die Habsburger immer weiter aus Ungarn hinauszudrängen. Der Aufstand sollte sich bis 1682 hinziehen, als sich Kara Mustafa entschloss, ihn auszunutzen und in Österreich einzufallen. Für Kara Mustafa war Ungarn strategisch gesehen eine Grenzprovinz mit zahlreichen Festungen, die dazu diente, den Balkan und die türkischen Interessen vor den Habsburgern zu schützen. Ein Einfall in Ungarn würde nicht viel an Geld und Gütern bringen, konnte man aber die ungarischen Wirren ausnutzen, um in Österreich einzufallen und Wien zu erobern, dann glaubte man, märchenhafte Gewinne für den immer an Geldknappheit leidenden Diwan in Istanbul erlösen zu können. Man beschloss, den osmanischen Einfluss bis spätestens 1683 auch auf den königlichen habsburgischen Teil Ungarns auszudehnen. Fiel dabei auch Wien, dann war dies die Krönung der Kriegsziele Kara Mustafas.

Retrospektiv gesehen dürfte Kara Mustafa gar nicht geplant haben, Wien auf Dauer zu besetzen. Eine Stadt wie Wien ließ sich nur aus einem intakten Umland versorgen, das aber bei einer Belagerung und Eroberung Wiens gründlich zerstört werden würde. Damit wäre der Nachschub für eine türkische Garnison in Wien immer gefährdet gewesen.

Es scheint das Kriegsziel Kara Mustafas gewesen zu sein, Wien als Festung auszuschalten, um die türkischen Besitzungen in Ungarn strategisch zu sichern. Jedenfalls hätte eine Eroberung, zeitweilige Besetzung Wiens und die Zerstörung der Mauern bedeutet, dass auf Jahre hinaus eine Offensive gegen Ungarn von dieser Seite her nicht mehr möglich gewesen wäre.

Kara Mustafa machte sich auch die in Westeuropa herrschenden Verhältnisse zunutze. Ludwig XIV. von Frankreich versuchte seit fast 20 Jahren die Westgrenze Frankreichs bis an den Rhein vorzutreiben. In den Verträgen von Nimwegen hatte er 1679 Leopold I. Freiburg und den Breisgau abgenommen, er hatte Ansprüche auf das Elsass und auf ganz Burgund erhoben, dazu sicherte er sich das Moseltal und Straßburg und bedrohte die deutschen Fürsten des Rheinlandes. Seine nächsten Pläne waren die Eroberung der habsburgischen Niederlande und vielleicht auch die Erringung der Kaiserkrone selbst.

Leopold I. und Ludwig XIV. waren die beiden großen Gegenspieler der europäischen Politik, in der der türkische Großwesir Kara Mustafa als Nebenfigur benutzt wurde.

Kaiser Leopold I., 1640 in Wien geboren, war sprachbegabt, musikalisch interessiert und mehr Wissenschafter denn Herrscher. 1657 musste er sich gegen Ludwig XIV. im Kampf um die Kaiserkrone durchsetzen, dieser Gegensatz zu Frankreich sollte sein gesamtes Leben prägen, sei es im Holländischen Krieg von 1672 bis 1679 oder im Pfälzischen Krieg von 1688 bis 1697. Er sah es als seine Aufgabe an, die Grenzen des Reiches gegen den 1638 geborenen Ludwig XIV. zu verteidigen, der es immer wieder verstand, die Reichsfürsten gegeneinander auszuspielen und die Türken zu benutzen, um Leopold von Reichsangelegenheiten abzulenken.

Verbündeter im Spiel Ludwigs XIV. um die Macht in Europa war Kara Mustafa Pascha, geboren zwischen 1625 und 1635 in Merzifon in der Türkei. Er war der Sohn eines Sipahis. Nach dem Tod seines

Vaters wurde er in die Familie des Großwesirs Mehmed Köprülü aufgenommen, wuchs zusammen mit dessen Sohn Ahmed Köprülü auf und heiratete dessen Schwester. Als sein Schwager zum Großwesir aufgestiegen war, wurde er zum Admiral der türkischen Flotte ernannt. Nach dem Tod Ahmeds 1676 folgte er ihm im Amt des Großwesirs nach.

Das Deutsche Reich und seine Fürsten waren konfessionell geteilt und politisch wie militärisch ohnmächtig gegenüber dem französischen Zentralstaat. Gelang es Ludwig, die Reichsfürsten von Habsburg abzuspalten und gleichzeitig die Türken dazu zu bringen, die Habsburger am Balkan zu beschäftigen, konnte Frankreich seinen Einfluss in Mitteleuropa, Spanien, den Niederlanden und Oberitalien kräftig ausbauen.

Aber in dieser Situation beging Ludwig XIV. einen der schwersten Fehler seiner Regentschaft. Er besetzte 1681 Straßburg. Das machte den deutschen Fürsten klar, dass sie bei der Fortsetzung ihrer Politik nacheinander dem französischen König unterliegen könnten, dass sie einzeln nur Häppchen auf der Speisekarte des französischen Königs sein würden.

Bereits im darauf folgenden Jahr begannen die Sachsen, Bayern, Hannoveraner und Franken mit dem Aufbau nationaler stehender Heere, die zwar gegen Frankreich aufgestellt wurden, dann aber 1683 zum Kampf gegen die Osmanen in Österreich genutzt werden konnten. Oranier und Schweden traten einem Bündnis mit den Habsburgern bei, die 1683 auch die Polen unter König Sobieski in eine Verteidigungsunion einbinden konnten. Gegen diese Allianzen stachelte Ludwig XIV. durch seine Diplomaten und hohe Geldzahlungen in Istanbul die Türken an, Österreich von Osten her anzugreifen. Mit Beginn des Jahres 1683 hatten alle Beteiligten ihre Plätze bezogen, der nächste Akt konnte beginnen.

Ein Kriegsgrund war für die türkische Seite rasch gefunden. Man verlangte die Übergabe der österreichischen Grenzfestung Raab und die Schleifung der Feste Leopoldstadt, Bedingungen, die für Leopold I. unannehmbar waren. Während der Großwesir Anfang

1683 in Istanbul seine Armee musterte, bemühte sich Leopold in Europa ein Heer aufzustellen, um den Osmanen bereits in Ungarn entgegenzutreten. Diese Pläne mussten aufgegeben werden, da sich zeigte, dass Leopold aufgrund fehlender Finanzen zunächst höchstens 30.000 Soldaten aufstellen konnte, um den 100.000 heranmarschierenden Türken entgegenzutreten. Man beschloss, sich wie 1529 in Wien zu verschanzen und einen Teil der Truppen in der Stadt zur Verteidigung zu belassen und so zu versuchen, Zeit zu gewinnen, um ein Entsatzheer in Europa aufzustellen.

Die Osmanen marschierten schnell heran, sie passierten Belgrad, überschritten die Donau, umgingen die Festungen von Neuhäusel und Gran und standen am 7. Juli bereits südlich von Wien. Karl von Lothringen, der die kaiserlichen Truppen kommandierte, beschloss, seine Reiterei und die Feldartillerie auf das Nordufer der Donau zurückzuziehen. 60.000 Bewohner Wiens und der Kaiser mit Schatz und Hofstaat folgten ihnen, während 11.000 Mann der Garnison mit 350 Geschützen unter dem Kommando von Rüdiger Graf Starhemberg und Andreas Liebenberg in Wien zurückblieben. Ihnen standen etwa 250.000 Osmanen und deren Verbündete gegenüber, davon dürften aber nur 90.000 kämpfende Soldaten gewesen ein, der Rest war Versorgung und Tross.

Bis zum 15. Juli hatten die Belagerer die Stadt eingeschlossen und begannen mit den Angriffen, die sich auf die Hofburgfront konzentrierten. Man versuchte Sturmangriffe, trieb Minengräben unter die Mauern und arbeitete sich langsam an den Hauptwall heran. Bis zum 11. September war die Situation für die Stadt ernst geworden, Krankheiten und Verluste dezimierten die Verteidiger, die immer drängender auf das Entsatzheer warteten.

Leopold war es inzwischen mit Geld und Überredungskraft gelungen, auf die Nöte der Ostgrenze des Reiches aufmerksam zu machen, und er hatte ein Entsatzheer aufstellen können. Dieses hatte sich westlich von Wien bei Tulln gesammelt. Sachsen und Polen hatten 35.000 Mann entsandt, 18.000 kamen aus Franken und Bayern, dazu stießen noch 10.000 Mann von Karl von Lothringen, der zuvor das Heer Thökölys bei Pressburg geschlagen hatte, und 10.000 Mann aus Salzburg und Tirol. Am 11. September ging das Heer auf den Höhen des Wienerwaldes in Sichtweite von Wien in Stellung, der nächste Tag würde die Entscheidung bringen. Gelang es die Türken zu schlagen, würden sie abziehen müssen, ging die Schlacht verloren, konnte sich Wien nicht länger halten und musste kapitulieren.

Der entscheidende Moment – Die Realität

Kara Mustafa hatte alles falsch gemacht, was man in seiner strategischen Situation falsch machen konnte. Er hatte den Kamm und die Täler des Wienerwaldes nur mit geringen Kräften gesichert, er hatte die Nordseite der Donau unbesetzt gelassen und teilte nun im Angesicht des Feindes sein Heer. Ein Teil sollte das Entsatzheer abwehren, der zweite Teil Wien blockieren und angreifen, um zu verhindern, dass die Besatzung einen Ausfall wagen würde.
Der christliche Angriff begann an der linken Flanke die Hänge des Nussberges auf Heiligenstadt hinab. Langsam konnten die Türken hier trotz erbitterter Gegenwehr zurückgedrängt werden, die Schlachtenlinie verlängerte sich zu einer breiten Front, die von Heiligenstadt über Grinzing bis Sievering reichte. Kara Mustafa hätte die Gelegenheit gehabt, sein Heer hier aus den Weinbergen zurückzuziehen und in der Ebene vor Wien neu zu gruppieren, statt dessen erschöpfte er seine Truppen in vielen Einzelgefechten, welche ihn Soldaten kosteten.
Gegen Mittag kam es zu einer Kampfpause, beide Seiten waren erschöpft, dabei hatte der Hauptteil des christlichen Heeres noch nicht eingegriffen. Erst am frühen Nachmittag erschienen die polnischen und fränkischen Truppen zu beiden Seiten des Alsbaches, unterstützt von deutschen Infanteristen am Gallizinberg, und griffen das Zentrum der Türken an. Für mehrere Stunden ging das Gefecht hin und her, bis man die Türken zurücktreiben und sich die polnischen, österreichischen und bayrischen Kavallerieeinheiten in

voller Breite aufstellen konnten. Nun sollte gemäß dem Schlacht-plan die Schlacht eingestellt werden, um am nächsten Tag neu zu beginnen. Allein der taktische Vorteil war im Moment so groß, dass man um 15.20 Uhr den Angriff erneuerte und am Abend die Türken bis hinter den Wienfluss zurückdrängen konnte. Um 17.30 Uhr war die Schlacht gewonnen und die Türken waren auf der Flucht. Wien war – wieder einmal – gerettet.

Der entscheidende Moment – Die Fiktion

Die entscheidenden Fehler der Türken, die zu ihrer Niederlage vor Wien führen sollten, waren schon in den Wochen und Tagen vor der Entsatzschlacht passiert. Aber nehmen wir an, Kara Mustafa hätte militärische Berater mit Vernunft gehabt. Zunächst hätte er die Höhen und die Täler des Wienerwaldes besetzt. Er hätte die Straße entlang der Donau zum Kahlenbergerdorf gesichert, ebenso das Wiental, und er hätte starke Kräfte an den Westabhängen des Wienerwaldes gegen das Tullner Feld postiert.

Als der Vormarsch der Christen am 8. September beginnt, ist es für ihn notwendig, den Großteil des Heeres von Wien abzuziehen, nur ein kleiner Teil bleibt in den Gräben um Wien zurück, um die Stadt zu sichern. Die ungarischen Hilfstruppen unter Thököly hat er über die Donau geholt, um sein Hauptheer zu verstärken.

Die Schlacht auf dem Tullner Feld beginnt am 9. September, als die Türken immer wieder die aufmarschierenden christlichen Trup-pen in kleinen Scharmützeln angreifen. Das Entsatzheer muss in Kolonnen marschieren, will es von Westen her in den Wienerwald eindringen, und ist dadurch bei Angriffen gefährdet. Kara Mustafa verschanzt seine Truppen an den Taleingängen zum Wienerwald, um hier die vordringenden Christen abzuwehren. Bis zum 11. Sep-tember kann das christliche Heer zwar immer wieder einzelne Ein-brüche erzielen, nirgendwo aber auf breiter Front vorstoßen. Dazu kommt, dass Kara Mustafa seine Sipahis von Süden her in das Tull-ner Feld einfallen lässt und das Entsatzheer im Rücken bedroht. Es gibt keine entscheidende Schlacht, aber die fortgesetzten Angriffe der Türken zeigen Wirkung. Am 12. September ist die Versorgungslage des Entsatzheeres schlecht, man beschließt sich zurückzuziehen und marschiert entlang der Donau in Richtung Krems ab, der Entsatz ist fehlgeschlagen.

Kara Mustafa belässt Sicherungstruppen im Wienerwald und am Tullner Feld und eilt mit seiner Hauptmacht zurück nach Wien. Er schickt christliche Gefangene in die Stadt, die vom Rückzug des Entsatzheeres berichten. Die beiden Stadtkommandanten Rüdiger Graf Starhemberg und Andreas Liebenberg wollen es nicht glauben, aber es vergehen weitere Tage, und der Entsatz, der schon so nahe war, kommt nicht. Auch die ausgesandten Spione wie Georg Kolschitzky berichten übereinstimmend vom Rückzug des Entsatzheeres und dass sich die Fürsten in Krems darüber zerstritten haben, wer die Ursache für die Niederlage zu verantworten hat.

Kara Mustafa hat aber auch nicht mehr genügend Soldaten, um Wien im Sturm zu erobern, die mehrtägigen Kämpfe im Tullner Feld haben auch seine Einheiten dezimiert. Auf der anderen Seite hat er noch immer genügend Truppen, um die Stadt einschließen zu können.

Am 20. September schickt Kara Mustafa Boten in die Stadt, er fordert zur Übergabe auf. Er verspricht Schonung und freien Abzug der noch kampffähigen 4000 Verteidiger, er hat kein Interesse daran, eine zerstörte Stadt zu erobern. Am 21. September kapituliert Wien, die verbliebenen christlichen Truppen übergeben die Stadt und ziehen ab, die Türken marschieren ein, der „Goldene Apfel" ist gefallen.

Konsequenzen und Bedeutung

Kara Mustafa hat gesiegt, aber die Kosten des Sieges sind für die Türken zu hoch gewesen. Die Armee liegt vor Wien fest, der Großteil an Geld, Ausrüstung und Proviant ist verbraucht. Die Nachschubkonvois aus Ofen sind Angriffen der Kaiserlichen ausgesetzt, die Donau als Transportweg ist bei Pressburg versperrt. Kaiserliche Einheiten stehen bei Raab und Komorn, und auch Wiener Neustadt hat bisher allen Angriffen getrotzt. Zwar hat Kara Mustafa es verstanden, das Entsatzheer abzuwehren, seine Truppen können sich aber nicht über den Wienerwald, Klosterneuburg oder die Donau hinaus nach Westen oder Norden bewegen. Es ist September, der Winter steht vor der Tür, und die mit den Türken verbündeten Einheiten aus der Walachei, Ungarn und Siebenbürgen drängen auf ihre Heimkehr. Wie schon 1529 haben türkische Streifscharen Westungarn und das Wiener Becken verwüstet und die Ernten vernichtet. In der Steiermark wird von Karl Strassoldo ein Heer aufgestellt, das den Türken in Ungarn in die Flanke fallen kann, und der Kaiser hat die Kroaten um Unterstützung gebeten.

In Krems hat sich das Entsatzheer wieder geteilt. Die deutschen Truppen aus Sachsen und Franken ziehen sich zurück, es bleiben die Österreicher, Bayern und Polen, unterstützt von einem brandenburgischen Regiment. Diese Truppen sind ein Feldheer, keine Belagerungstruppen, man kann Wien damit nicht angreifen. Was man aber tun kann, ist, mit ihnen in den wenigen Wochen, die man im Herbst noch hat, noch einmal offensiv gegen das Hinterland des Feindes vorzugehen und diesen damit zum Rückzug zwingen.

Man plant eine dreifache Strategie: Karl von Lothringen und die Polen unter Johann Sobieski sollen am Nordufer der Donau donauabwärts marschieren, Wien umgehen, über Pressburg in Richtung Gran, Ofen und Pest vorstoßen und so Kara Mustafa zwingen, Truppen von Wien abzuziehen. Max Emanuel von Bayern soll Wien südlich umgehen, in Ungarn einfallen und die ungarische Festung Neuhäusel, welche den türkischen Nachschub von Süden her sichert, bedrohen. Die österreichische Infanterie soll nochmals versuchen, über den Wienerwald vorzurücken, um hier die Kräfte des Großwesirs zu binden.

Ziel ist es, Kara Mustafa zu zwingen, seine zusammengeschmolzenen Kräfte nochmals aufzuteilen, ihn zu einer Territorialverteidigung zu nötigen und so die Möglichkeit zu schaffen, seine Truppenteile getrennt zu schlagen. Man rechnet mit der Gier des Großwesirs und seinem Stolz, dass er zu lange brauchen würde, um einzusehen, dass er auf Dauer Wien bei dieser Strategie des Kaisers nicht würde halten können.

Der Angriffsplan geht auf. Sobieski, Karl von Lothringen und ihre Reiter stoßen schnell bis nach Ungarn vor und überraschen am 6. Oktober die ungarische Garnison von Parkan, die den wichtigen Brückenkopf auf der Nordseite der Donau beim Übergang gegen Gran schützt. In einem Gemetzel gelingt es, die Türken hier zurückzutreiben, die Brücke zu nehmen und Gran zu erobern, 9000 Türken fallen in dieser Schlacht.

Zur selben Zeit stoßen die Bayern unter Max Emanuel gegen Neuhäusel vor, wobei sie starken Zuzug durch steirische Truppen und Milizen erhalten. Kara Mustafa sieht seinen Nachschub bedroht, sich selbst in Wien gefährdet und verlässt die Stadt. Er plant, sich nach Ofen zu begeben, da die Stadt aber bereits von den Polen bedroht ist, schlägt er den Weg nach Belgrad ein. In Wien lässt er eine kleine, schlecht ausgerüstete und mangelhaft verproviantierte Garnison unter Ibrahim von Ofen zurück, da dieser sein härtester Kritiker ist und ihm entbehrlich scheint.

Inzwischen beginnt sich die Strategie Leopolds auszuzahlen. Während Sobieski und die Polen weiter donauabwärts ziehen, um Ofen einzunehmen, macht nach der Eroberung von Gran Karl von Lothringen kehrt und marschiert am Südufer der Donau nach Westen. Max Emanuel, der inzwischen Neuhäusel eingeschlossen hat, sendet Teile seiner Truppen nach Norden in Richtung Wien, um die Stadt einzuschließen. Ibrahim von Ofen denkt kurz daran, die Stadt zu verteidigen, sieht aber ein, dass er sie mit seinen geringen Kräften nicht neu befestigen und verteidigen kann, und zieht am 12. Oktober ab, nicht ohne zuvor Teile der Befestigungen zu sprengen und ein Massaker unter der Zivilbevölkerung anzurichten. Er versucht über Ödenburg in den Süden zu entkommen, sein undiszipliniertes und schwer mit Beute beladenes Heer wird aber hier von Karl von Lothringen und Max Emanuel gestellt und vernichtet. Thökölys

Truppen stehen dabei ganz in der Nähe, greifen aber nicht zugunsten der Türken ein. Es ist den Ungarn klar geworden, dass es Zeit wird, wieder einmal die Fronten zu wechseln.

Wien ist damit wieder österreichisch, und man hat das Heer Kara Mustafas wesentlich geschwächt. Am 14. Oktober erreicht Kaiser Leopold von Linz kommend Wien und reitet in die zerstörte Stadt ein. Er hält sich nur kurz auf, inspiziert dann seine Besitzungen in Laxenburg und reist zurück nach Linz, das ihm sicher genug erscheint, um von hier aus weiter den Angriff gegen die Türken vorzutragen.

Für das Jahr 1683 sind die Kriegshandlungen beendet, die bayrischen, polnischen und österreichischen Soldaten gehen in die Winterquartiere, man wird sehen, was das nächste Jahr bringen wird. Für Leopold wird es Zeit, sich eine langfristige Strategie bezüglich der Türken und Franzosen auszudenken.

Am Hof von Edirne überlegt Sultan Mehmed IV., Kara Mustafa die seidene Schnur als Zeichen des Versagens und des Todesurteils gegen ihn zu senden, nimmt dann aber Abstand davon. Immerhin hat der Großwesir sein Versprechen wahr gemacht und Wien erobert. Dass er es nicht halten konnte, liegt daran, dass das türkische Reich mit dieser Offensive seine wirtschaftlichen, personellen und logistischen Ressourcen bis zum Äußersten überdehnt hat. Der Sieg über Wien ist in Wahrheit eine Niederlage, von der sich das türkische Reich niemals wieder erholen wird. Die türkischen Verbündeten in der Walachei und Siebenbürgen beginnen abzufallen, in Moldawien und Südrussland erheben sich die Kosaken und fügen den Türken Niederlagen zu. Kara Mustafa versucht sich politisch und militärisch gegen die Erschöpfung des türkischen Reiches zu stemmen, wird aber bald nach der österreichischen Eroberung von Belgrad 1688 abgesetzt und nach Merzifon verbannt, wo er einsam in einem Kloster stirbt.

Realgeschichte

Ab diesem Moment trifft sich die Fiktion mit der Realität, Wien wurde nicht türkisch oder musste in unserem Szenario von den Türken bald wieder aufgegeben werden. Ein langfristiger Sieg der Türken ist in allen möglichen Szenarien nicht möglich. Als das Entsatzheer die Hänge des Wienerwaldes herabstieg und sich die Türken zur Schlacht stellen mussten, war das Schicksal der türkischen Armee durch die Kriegsmathematik besiegelt. Hätten es die Türken durch strategische Maßnahmen nicht so weit kommen lassen, das Entsatzheer abgewehrt und Wien erobert, so wären ihre Ressourcen gerade deshalb zu erschöpft gewesen, um die Stadt und das Umland auf Dauer zu halten. Wien lag für das türkische Reich zu weit am Rand und war zu sehr von Feinden umgeben, als dass man es dauerhaft in Besitz hätte nehmen können.

Wäre Wien nicht bereits 1683 wieder zurück an die Österreicher gefallen, dann ein Jahr später. Das christliche Abendland hätte diese türkische Bastion in seiner Mitte nicht hinnehmen können, ohne dass das Gleichgewicht der Mächte in Europa völlig aus den Fugen geraten wäre. Auch Ludwig XIV. hätte als allerchristlichster Fürst unter dem Einfluss von Papst und Kirche seine Bündnispolitik mit den Türken nicht weiter verfolgen können. Außerdem wäre eine solche Entwicklung kaum in seinem Sinne gewesen. Die deutschen Fürsten hätten auf den türkischen Sieg mit einer gewaltigen Aufrüstung reagiert, und das konnte Ludwigs Pläne in den Rheinlanden und den Niederlanden nur stören.

In der Realität kam es nach der Abwehr der Türken vor Wien zu Verhandlungen Leopolds mit potenziellen Verbündeten, die 1684 zur Bildung der „Heiligen Liga" führten. In ihr schlossen sich Österreich, Polen, Venedig und der Papst zusammen, um einen koordinierten Angriff auf die Türken an mehreren Fronten zu führen. Man suchte bei den deutschen Fürsten um Unterstützung an und konnte von 1684 bis 1699 die Türken weit zurückwerfen, ehe im Frieden von Karlowitz ein Ende des Türkenkrieges erreicht und Ungarn fast zur Gänze habsburgisch wurde. Durch die Abwehr der Türken vor Wien verlagerte sich ab dem Beginn des 18. Jahrhunderts der Fokus der österreichischen Politik, die bis dahin vor allem auf das Reich und die habsburgischen Besitzungen in den Niederlanden ausgerichtet war, auf den Balkan. Da die Mehrzahl der österreichischen Truppen gegen die Türken kämpfte, marschierten die Franzosen noch 1683 in den Niederlanden ein, Luxemburg wurde erobert und Flandern verwüstet, während Spanien den Franzosen den Krieg erklärte. Leopold hatte abzuwägen, was ihm in Zukunft wichtiger war. Die Verteidigung des Reiches oder die Möglichkeit, das angeschlagene türkische Reich weiterhin zu schwächen und schnelle und bedeutende Gebietsgewinne am Balkan und in Ungarn zu erzielen. Leopold, der sich nicht sicher sein konnte, wieweit er im Westen unter den Kurfürsten und den deutschen Fürsten in einem Krieg gegen Frankreich Unterstützung finden würde, entschied sich für Ungarn. Am 15. August 1684 schloss er in Regensburg mit Ludwig XIV. einen Vertrag, der einen 20-jährigen Waffenstillstand unter Beibehaltung des gegenwärtigen Besitzstandes vorsah. Die Einnahme von Ofen und der Donauraum waren für Leopold wichtiger geworden als Straßburg oder Luxemburg. Ein Gebietsgewinn in Ungarn und die ungarische Königskrone waren wesentliche Beiträge zur künftigen Staatspolitik der Habsburger. Ludwig fand dadurch Zeit, ein Festungssystem an seiner Westgrenze zu erbauen, das ihn in den Koalitionskriegen von 1688 bis 1714 rettete, die Habsburger gewannen dafür ein Reich.

So gesehen ist nicht die Eroberung oder Abwehr der Türken vor Wien für den weiteren Verlauf der österreichischen Geschichte entscheidend, Wien wäre mit Sicherheit schnell wieder habsburgisch geworden, sondern der Entschluss Kara Mustafas, Wien anzugreifen. Mit diesem Krieg brach er eine fast ein Jahrhundert lang andauernde Erstarrung am Balkan auf, die Fronten gerieten in Bewegung und führten zu einer völligen Neuverteilung von Macht und

Ländern. Wien war dabei nur ein Symbol, genauso gut hätte man es aufgeben können, es diente nur dazu, die türkischen Truppen davor zu erschöpfen, die Zeit der Festungen lief ab, und die Ära der Bewegungskriege begann. Die Belagerung von Wien hatte gezeigt, dass feste Plätze nur unter hohem Aufwand zu erobern waren und dass ihr Besitz mehr Belastung als Vorteil sein konnte. Die Zukunft der Kriegsführung waren unabhängig operierende Heere, die weit in das Hinterland des Feindes vorstießen und diesen von der Versorgung und seiner Basis abschnitten und so zwangen, sich zurückzuziehen oder zur Schlacht zu stellen.

Eine Eroberung Wiens 1683 durch die Türken unter Kara Mustafa hätte die Wiener zwar eines Mythos, nicht aber ihrer Zukunft beraubt. St. Stephan hätte kein Minarett bekommen, und es wäre niemals der Ruf des Muezzins statt der Kirchenglocken in Wien erklungen.

6. Oktober 1738

Maria Theresia stirbt im Kindbett – Kein Denkmal an der Ringstraße

Weltgeschichte wird nicht nur durch Schlachten, Allianzen oder Heiraten entschieden, oft sind es winzige kleine Mikroben oder Viren, welche der Weltgeschichte eine neue Richtung gegeben haben. Das beginnt bei der durch eine Seuche bedingten Niederlage Sanheribs 701 v. Chr. vor Jerusalem, geht weiter mit dem Malariatod Alexanders des Großen 323 v. Chr. bis hin zur Schlacht von Waterloo, die Napoleon auch deshalb verloren hatte, weil ihn Kopfschmerzen plagten. Es kann auch nicht gesagt werden, wie sich die Geschichte entwickelt hätte, wenn zahlreiche hoffnungsvolle Prinzen oder Prinzessinnen bei der Geburt oder in den gefährlichen Tagen danach gestorben oder nicht gestorben wären. Der Tod ist die große Unbekannte in der kontrafaktischen Geschichte, er ist nicht vorhersehbar, nicht abschätzbar und nicht berechenbar. Auch das Imperium der Habsburger stand in der Mitte des 18. Jahrhunderts an einem solchen Scheideweg. Seine weitere Existenz hing von der Gesundheit zweier Frauen und möglichen Erbinnen, Maria Theresia und Maria Anna von Österreich, ab. Sie waren Notlösungen, nur dazu ausersehen, einen Erben zu gebären, der die Linie weiterführen sollte. Maria Theresia als Herrscherin war mit diesem Schicksal nicht zufrieden. Sie brachte 16 Kinder zur Welt, führte erbitterte Kriege um ihr Reich und ging als Kaiserin in die Geschichte Österreichs ein, obwohl sie nur Erzherzogin von Österreich, Königin von Böhmen und Ungarn und die Gemahlin eines Kaisers war, den sie aber an Staatskunst und dem Willen zur Größe weit überstrahlte. Sie hatte das Glück, von robuster Gesundheit zu sein, sonst hätte sie die vielen Geburten, die ein enormes gesundheitliches Risiko für Frauen jener Zeit darstellten, nicht überlebt, und der Lauf der Geschichte Österreichs hätte eine jähe Wendung genommen.

Die Zeit

Dabei hatte es am Beginn des 18. Jahrhunderts gar nicht so ausgesehen, als ob die habsburgische Herrschaft in Österreich gefährdet sein könnte. Leopold I., der Sieger von 1683, der Türkenkaiser, der das Osmanische Reich 1699 zum Frieden von Karlowitz gezwungen und auch Ludwig XIV. erfolgreich die Stirn geboten hatte, war mit zwei Söhnen gesegnet. Der Ältere war der 1678 geborene Joseph I., der zum Thronfolger ausersehen war, der zweite sein 1685 geborener Bruder Karl III., der später als Karl VI. den Kaiserthron besteigen sollte.

Josephs Leben nahm den vorgesehenen Verlauf, er folgte seinem Vater 1687 als ungarischer und ab 1690 als römisch-deutscher König nach, als Leopold I. 1705 starb wurde er zum Kaiser gewählt. Sein Bruder Karl wurde zum designierten König von Spanien auserkoren, was aber Österreich mit Frankreich zum Spanischen Erbfolgekrieg brachte, in dem die österreichischen Armeen unter Prinz Eugen von Savoyen mit Hilfe Englands beachtliche Erfolge erzielen konnten.

Problematisch war, dass Joseph keinen männlichen Nachkommen hatte, sein einziger Sohn Erzherzog Leopold Joseph starb 1701 im Alter von nur einem Jahr. Seine beiden Töchter wurden erst nach Josephs Tod verheiratet. Die 1699 geborene Maria Josepha bekam 1719 den Kurfürsten und König Friedrich August II. von Sachsen zum Mann, die 1701 geborene Maria Amalia wurde 1722 in München mit Kurfürst Karl Albrecht von Bayern verheiratet. Beide Verbindungen sollten später Anlass zu Streitigkeiten und Krieg geben. Als Joseph I. am 17. April 1711 in Wien überraschend starb, war die Thronfolge geregelt. Ihm folgte sein Bruder Karl III. nach, der nun Spanien, Österreich und die Kaiserwürde im Reich in seinen Händen hatte. Das war selbst seinen Verbündeten zuviel an Macht.

122

England beendete die Allianz mit Karl, sodass er in den Friedensschlüssen von Utrecht, Rastatt und Baden bis 1714 einen Ausgleich mit Frankreich finden musste. Frankreich stimmte dem gerne zu, seit fast 50 Jahren war man mit den Habsburgern im Krieg gelegen, nun hatte man die Möglichkeit, der Einkreisungspolitik der Habsburger zu entkommen und man wollte sich auch dem Kaiser wieder annähern und die beiden Mächte versöhnen.

Es lag nun an Karl, das Haus Habsburg weiterzuführen. Er konnte sich dabei auf einen habsburgischen Hausvertrag stützen, den er 1703 mit seinem Bruder Joseph abgeschlossen hatte und der ein wechselseitiges Erbrecht der Nachkommen der damaligen kaiserlichen Prinzen Karl und Joseph vorgesehen hatte. 1713 erweiterte Karl diese Bestimmungen in der „Pragmatischen Sanktion". In dieser Urkunde wurden die Unteilbarkeit und die Untrennbarkeit der habsburgischen Erbkönigreiche Ungarn, Böhmen und der österreichischen Länder festgelegt. Vorgesehen war, dass immer der älteste männliche Nachkomme erben sollte, war keiner vorhanden, dann die älteste Tochter.

Damit verließ Karl die Vorschriften eines der ältesten Gesetze Europas, das „Salische Gesetz" aus den Jahren 507 bis 511, das vom Merowingerkönig Chlodwig I. erlassen worden war und die Nachfolge der Adelshäuser in Europa für mehr als 1000 Jahre geregelt hatte. Nach dieser „Lex Salica" war immer der Mannesstamm einer Familie berechtigt zu erben, eine weibliche Erbfolge war nicht vorgesehen, selbst dann nicht, wenn es keinen männlichen Erben gab. Zwar hatten bereits England, Schottland und Spanien zeitweise dieses Gesetz nicht beachtet, für die großen Monarchien Mitteleuropas wie Frankreich, Österreich und in den Ländern des Heiligen Römischen Reiches war das juristisches Neuland. Die habsburgischen Länder anerkannten 1723 die Pragmatische Sanktion, während Karl und sein Berater Freiherr von Bartenstein all ihr diplomatisches Geschick einsetzen mussten, um die Anerkennung der Pragmatischen Sanktion auch von den ausländischen Mächten zu erlangen, was aber nur teilweise zu Erfolgen führte. Bis 1736 hatten aber alle europäischen Mächte außer Bayern die Pragmatische Sanktion anerkannt, und Karl glaubte, die Zukunft der Habsburgerdynastie damit abgesichert zu haben. 1716 schienen alle Vorbereitungen unnötiger Aufwand gewesen zu sein, als in Wien der Thronfolger Leopold Johann zur Welt kam, der aber zum Entsetzen der Familie im Alter von sieben Monaten starb. Zu diesem Zeitpunkt war die Gemahlin Karls, Erzherzogin Elisabeth Christine, wieder schwanger. Diesmal war es ein Mädchen, das am 13. Mai 1717 geboren und auf den Namen Maria Theresia getauft wurde. Auch die nächsten beiden Kinder waren Mädchen, das Haus Habsburg drohte im Mannesstamme auszusterben. Und damit bekam die Pragmatische Sanktion für die Habsburger eine besondere Bedeutung, da nur sie das Fortbestehen der habsburgischen Herrschaft ermöglichen konnte.

Karl VI. war kein glücklicher Herrscher. Zwar gewann unter ihm Österreich 1720 seine größte territoriale Ausdehnung, die er aber zugunsten der Anerkennung der Pragmatischen Sanktion wieder aufgeben musste. Er bezahlte Frankreich dafür mit Lothringen, Russland mit der Unterstützung im Krieg gegen die Türken und die deutschen Fürsten mit Geld. Unter der Führung von Eugen von Savoyen konnte er zwar die Türken am Balkan weit zurückdrängen und 1717 Belgrad erobern, musste aber allen Landgewinn im Frieden von Belgrad 1739 wieder aufgeben. Er verlor Neapel und Sizilien und trauerte zeit seines Lebens Spanien nach. Er war kalt und unnahbar und von einer tiefen Melancholie ergriffen. Als er 1740 starb, man hatte ihm vermutlich unabsichtlich ein Gericht aus giftigen Pilzen serviert, trauerte die Bevölkerung Österreichs nicht um ihn. Der Staatsschatz und die Armee waren in einem erbärmlichen Zustand, 100.000 Soldaten hatten in Karls Kriegen ihr Leben verloren, und die Zukunft Österreichs mit einer Frau an der Spitze konnten sich viele nicht vorstellen. Man sehnte sich nach einem starken Mann als Herrscher und nicht nach einer angeblich schwachen Frau.

Maria Theresia war auf die Regentschaft nicht vorbereitet, ihr Vater hatte sie bewusst von allen Staatsgeschäften ferngehalten. Er hatte sie 1736 mit Franz Stephan von Lothringen verheiratet und gehofft, dass dieser die Zügel in Österreich in die Hand nehmen würde. Franz Stephan war allerdings schwach, zwar machte Maria Theresia ihn zum Mitregenten, ihn interessierten die Staatsgeschäfte aber wenig. Es lag also an seiner Frau, Österreich zu regieren.

Der entscheidende Moment – Die Realität

Karl VI. war am 20. Oktober 1740 gestorben, unmittelbar nach seinem Tod waren alle Verträge, die er betreffend die Pragmatische Sanktion geschlossen hatte, wertlos. Prinz Eugen hatte mit seiner Voraussage Recht gehabt, dass nur ein starkes Heer und starke Finanzen diesen Vertrag in Europa durchsetzen konnten. Maria Theresia, zu diesem Zeitpunkt wieder schwanger, nachdem sie in den Jahren zuvor drei Mädchen das Leben geschenkt hatte, bereitete sich darauf vor, den Machtansprüchen selbst ernannter Erben und ausländischer Mächte wie dem preußischen König Friedrich II. militärisch entgegenzutreten.

Am 13. März 1741 kam der ersehnte männliche Thronfolger in Wien zur Welt und wurde auf den Namen Joseph getauft, die Habsburger waren damit wieder im Rennen, und es gab nun einen Grund, das Reich zu verteidigen. Die Geburt verlief ohne Komplikationen, das Kind war gesund und kräftig. Die Wiener waren zufrieden und feierten Franz Stephan von Lothringen, der „ihnen wenigstens einen Buben schenkte". Für den Moment waren die Nachfolgefrage und die Kontinuität der Dynastie geregelt. Mit Joseph als Thronfolger konnte man alle Erbansprüche der Sachsen und Bayern abwehren und sich die Unterstützung der eigenen Bevölkerung sichern, die dem „Weiberregiment" bisher skeptisch gegenüber gestanden war.

Der entscheidende Moment – Die Fiktion

Geburten waren im 18. Jahrhundert für Frauen und Kinder lebensgefährlich. Man bemühte sich, den adeligen Frauen die Schwangerschaft leicht zu machen, hatte aber nur wenig Ahnung von den Zusammenhängen von Sauberkeit und Hygiene. Man transportierte Maria Theresia in einem Tragsessel, um sie nicht zu belasten, in den Kirchen wurden regelmäßig Andachten, Messen und Prozessionen abgehalten, dreimal im Laufe der Schwangerschaft wurde die werdende Mutter zur Ader gelassen.

Als die Wehen begannen, begab sich Maria Theresia mit der Hebamme, ihren Kammerfrauen, ihrer Mutter, den Obersthofmeisterinnen und dem vorgesehenen Kindermädchen in die „Retirade", wo sie auf ihre Niederkunft wartete.

Nachsorge und Hygiene lagen in den Händen der Hebammen, die sicher der jungen Thronfolgerin alle Sorgfalt angedeihen ließen. Die Gefahr einer Infektion war aber stets vorhanden, zu dieser Zeit starb noch immer eine von vier Frauen im Kindbett, meist am Kindbettfieber, das durch mangelnde Hygiene ausgelöst wurde.

Auch schwierige Geburten waren ein Risiko. Zwar verstanden sich die Hebammen auf verschiedene Griffe, um Kinder im Mutterleib zu wenden, ernste Komplikationen endeten aber oft für Mutter und Kind tödlich.

In unserem Szenario passiert genau das. Es ist der 6. Oktober 1738, die zweite Geburt Maria Theresias ist schwierig, das Kind liegt verdreht und kann von den Hebammen nicht gewendet werden. Man zieht Ärzte hinzu, die aber ebenfalls ratlos sind. Man überlegt kurz, die Geburt mittels eines Kaiserschnittes durchzuführen, die letzte Hoffnung, um wenigstens das Kind lebend zur Welt zu bringen, das, ist es ein Bub, vielleicht die Habsburgermonarchie retten kann.

Man überlegt zu lange, Maria Theresia kämpft um ihr Leben, wird aber immer schwächer. Als das Kind, ein Mädchen, das Maria Anna hätte heißen sollen, knapp vor Mitternacht geboren wird, ist es bereits tot. Maria Theresia stirbt am Kindbettfieber, die neue Thronfolgerin ist Maria Anna Eleonore, die jüngere Schwester Maria Theresias.

Konsequenzen und Bedeutung

Erzherzogin Maria Anna Eleonore von Österreich, 1718 geboren, ist noch unverheiratet. Sie liebt Karl Alexander von Lothringen, den jüngeren Bruder Franz Stephans von Lothringen, des Ehemanns Maria Theresias. Allerdings hat ihr Vater Karl VI. bisher keine Einwilligung zur Hochzeit gegeben. Maria Anna ist in allen Staatsgeschäften völlig unerfahren und sieht sich plötzlich als zukünftige Herrscherin der Habsburgermonarchie.

Als Karl VI. am 20. Oktober 1740 stirbt, ist ihre Einsetzung mit Protesten der Wiener Bevölkerung verbunden. Bereits bei ihrer Geburt hatte es Unruhen gegeben, weil man sich einen Kronprinzen erwartet hatte, nun möchte das Volk endlich einen Mann an der Spitze, es hat genug von der „Weiberherrschaft".

Drei Herrscherhäuser melden ihre Ansprüche auf den österreichischen Thron an. Karl Albrecht von Bayern ist seit 1722 mit Maria Amalia von Österreich verheiratet, der jüngsten Tochter von Kaiser Joseph I. Diese hat anlässlich ihrer Vermählung auf alle Erbansprüche in Österreich verzichtet, allerdings hat ihr Gemahl die Pragmatische Sanktion niemals unterschrieben.

Friedrich August von Sachsen ist der Ehemann von Josephs I. älterer Tochter Maria Josepha von Österreich, und auch Philipp V. von Spanien betrachtet sich als Erbe, da er aus der spanischen Linie der Habsburger stammt. Dazu erhebt Friedrich II. von Preußen Ansprüche auf die Provinz Schlesien, die er im Dezember 1740 besetzt.

Maria Anna ist zwar noch jung, sie hat aber hervorragende Berater und Generäle an ihrer Seite. Da sind der Hofkanzler Philipp Ludwig Graf von Sinzendorf, der oberste böhmische Kanzler Friedrich Graf von Harrach und die Grafen Starhemberg und Koenigsegg.

Man beschließt sich zu wehren. Es werden neue Steuern erhoben und das Militär wird verstärkt. Das ist auch notwendig, denn inzwischen haben sich in Europa Allianzen gebildet, welche das Imperium der Habsburger unter sich aufteilen wollen. Mitglieder dieser Allianz sind Bayern und Spanien, ihnen schließen sich Preußen, Sachsen, Frankreich, Schweden, Neapel, die Kurpfalz und Kurköln an. Österreich hingegen schließt Bündnisse mit den traditionellen Gegnern dieser Allianz, mit England und den Niederlanden. Es beginnt der Erste Österreichische Erbfolgekrieg, der halb Europa erfasst, aber auch zwischen England und Frankreich bis nach Nordamerika und Indien getragen wird.

Der französische Hof in Versailles hat einen Vorschlag zur Aufteilung Österreichs geliefert, Das Königreich Preußen soll Schlesien erhalten, Frankreich die österreichischen Niederlande und Luxemburg, das Herzogtum Bayern Oberösterreich, Tirol, Vorarlberg und Böhmen und den Kaisertitel, Spanien und Savoyen die österreichische Toskana, Parma und die Lombardei.

Die Verbündeten handeln schnell. Bereits am 10. April 1741 wird eine österreichische Armee von den Preußen bei Mollwitz geschlagen, am 31. Juli besetzen bayrische Truppen Passau, dann beginnt der Vormarsch einer vereinigten bayrisch-französischen Armee in Richtung Oberösterreich und Böhmen.

Maria Anna hat nur noch zwei Möglichkeiten. Sie muss die Ungarn zu Hilfe rufen und die Allianz sprengen, am besten durch eine schnelle Heirat mit ihrem geliebten Karl von Lothringen, um einen männlichen Thronfolger zu gebären.

Die Ungarn sind durch ihr Auftreten zu überzeugen. In einem denkwürdigen Auftritt am 11. September 1741 vor dem Reichstag in Pressburg appelliert Maria Anna an die Ungarn, sie als die kleine, einsame, von allen Verbündeten verlassene Frau nicht im Stich zu lassen. Es wirkt bei den Ungarn, man huldigt ihr, und sie kann über eine Truppe von 20.000 Mann verfügen, mit der noch im Jänner 1742 die Bayern und Franzosen zurückgeschlagen werden und München erobert wird.

Dennoch muss sie herbe Verluste einstecken. Karl Albrecht, der Kurfürst von Bayern, wird am 19. Dezember 1741 zum König von

Böhmen ausgerufen und am 12. Februar 1742 zum Kaiser gekrönt, erstmals seit 300 Jahren haben die Habsburger diesen Titel verloren, weil eine Frau nicht Kaiser werden kann. Dafür kann Friedrich II. von Preußen aus der antihabsburgischen Allianz herausgelöst werden, er behält vorläufig seine schlesischen Eroberungen.

Am 7. Mai 1742 wird in Wien Hochzeit gefeiert, Maria Anna heiratet Karl von Lothringen. Die junge Königin wird bald schwanger. Am 16. April 1743 kommt es zur Niederkunft. Das tragische Schicksal ihrer älteren Schwester wiederholt sich. Maria Anna stirbt, wie Maria Theresia zwei Jahre zuvor, im Kindbett. Das Kind, ein Bub, der auf den Namen Karl Joseph getauft wird, lebt nur noch wenige Tage. Mit ihm ist der letzte Nachkomme der direkten Habsburger Linie, die mit König Rudolf I. von Habsburg begonnen hat, gestorben, die Bahn ist frei zur Aufteilung der habsburgischen Länder.

Nicht Kriege oder verlorene Schlachten, falsche Allianzen oder Aufstände haben die Habsburger ausgelöscht, nur die Natur, die mangelnde Medizin der Zeit haben der Linie nach fast 500 Jahren Regentschaft ein Ende bereitet. Maria Anna hätte vielleicht wie Maria Theresia in der Realgeschichte die Fähigkeiten gehabt, eine große österreichische Herrscherin zu werden, aber auch sie verschwindet als Fußnote in den Geschichtsbüchern und wird nur mehr als die Frau erwähnt, die Mutter des Kindes war, mit dessen Tod die Dynastie der Habsburger in Österreich erloschen ist.

Nun tritt Kaiser Karl VII. auf den Plan, und er hat eigene Vorstellungen die Zukunft Österreichs betreffend. Er macht den ratlosen Ministern am Wiener Hof klar, dass die Länder der Habsburgermonarchie aufgeteilt werden sollen. Die Ungarn machen sich dabei als Erste von sich aus selbstständig und errichten ein unabhängiges ungarisches Königreich. János Pálffy, der Palatin Ungarns, wird zum König Johann III. ausgerufen.

In Böhmen regieren die Wittelsbacher, seit sie 1741 den Titel eines böhmischen Königs angenommen haben, nun möchten sie auch Österreich regieren. Dies geht aber nur, wenn man den anderen europäischen Mächten genügend Gebiete abtritt, um die eigene Machtfülle nicht zu groß werden zu lassen.

Daher beruft Kaiser Karl VII. eine Generalkonferenz der europäischen Mächte für Ende September 1743 nach Augsburg ein, um die Staatenwelt Europas neu zu ordnen. Im Ergebnis folgt man dem französischen Vorschlag. Frankreich und Preußen können mit den Niederlanden, Luxemburg und Schlesien befriedigt werden, die Spanier erhalten die oberitalienischen Besitzungen, Bayern erhält die österreichischen Lande, muss sie aber als Erzherzogtum belassen, das dem Sohn des Kaisers, Maximilian III. Joseph, anvertraut wird. Als Kaiser Karl VII. überraschend am 20. Januar 1745 stirbt, erbt Maximilian auch Bayern, das in Hinkunft mit Österreich in Personalunion verbunden bleibt.

König August II. von Sachsen fühlt sich dabei übergangen. Er wollte im Austausch gegen seine Ansprüche auf Österreich das Königreich Böhmen bekommen und beginnt im Bündnis mit Friedrich II. von Preußen den Zweiten Österreichischen Erbfolgekrieg. Bayern verbündet sich mit England und die Sachsen und Preußen mit Frankreich, der Krieg dauert bis 1748 an, ehe im Frieden von Aachen die 1743 in Augsburg beschlossenen Gebietsaufteilungen wiederhergestellt werden.

Maximilian III. Joseph von Bayern erweist sich für Bayern-Österreich als Glücksfall. Als Herrscher sind ihm nicht Politik, Krieg oder Gebietsansprüche wichtig, er liebt es, sich mit Wirtschaft, Förderung der Künste, der allgemeinen Schulpflicht und der Gründung der Akademie der Wissenschaften zu beschäftigen. Er gründet die Porzellanmanufakturen in Nymphenburg und im Augarten in Wien und drängt den Einfluss des Klerus zurück. Er ist ein aufgeklärter Fürst, und seine Reformen in Medizin, Verwaltung, Steuerrecht und Justiz gelten als vorbildhaft in Europa. Er hätte für Österreich jene Rolle gespielt, welche in der Realität Joseph II., dem ältesten Sohn Maria Theresias, vorbehalten blieb.

Um den Konflikt um die Habsburgernachfolge in Böhmen mit Sachsen zu lösen, heiratet Maximilian am 9. Juli 1747 in München

Prinzessin Anna Sophia von Sachsen, die Tochter Königs August II. von Polen und dessen Gattin Maria Josepha von Österreich. Als er 1777 kinderlos an den Pocken stirbt, tritt die Pfälzer Linie der Wittelsbacher seine Nachfolge an. Auch diese Dynastie stirbt 1799 aus und wird von der Linie Pfalz-Zweibrücken-Birkenfeld-Bischweiler gefolgt, deren Mitglieder ab 1806 als Könige von Bayern regieren, Österreich bleibt Erzherzogtum in Personalunion mit Bayern.

Welche Konsequenzen hätte dieses Szenario, der frühe Tod Maria Theresias, die kurzzeitige Nachfolge durch Maria Anna und das Aussterben der Habsburger in Österreich im Jahr 1743 für Österreich und Europa gehabt?
Zunächst einmal hätte es keines der vielen Kinder Maria Theresias gegeben, welche im 18. Jahrhundert mit allen bedeutenden Fürstenhäusern Europas verheiratet wurden.
Zahlreiche Heiratsprojekte und die daraus resultierenden Nachkommen hätte es nicht gegeben. Betroffen wären davon die Heiratsprojekte zwischen Bourbonen und Habsburgern wie die Vermählung zwischen Erzherzog Joseph, dem späteren Kaiser Joseph II. von Österreich, mit Maria Isabella von Bourbon-Parma gewesen. Als Nächstes musste Josephs Bruder Leopold, der spätere Kaiser Leopold II., in die Pläne seiner Mutter einwilligen und Prinzessin Maria Ludovika von Spanien ehelichen. Der dritte Sohn, Erzherzog Ferdinand Karl und spätere Herzog Ferdinand von Modena-Este, wurde von Maria Theresia mit der Erbin von Modena, Herzogin Beatrix von Modena-Este, verheiratet. Während sich Erzherzogin Marie Christine von Österreich als Einzige ihren Ehemann, Herzog Albert von Sachsen-Teschen, selbst auswählen durfte, wurde Erzherzogin Maria Amalia von Österreich gegen ihren Willen und mit heftigem Widerstand seitens der jungen Frau mit Herzog Ferdinand II. von Bourbon-Parma verheiratet. Erzherzogin Johanna Gabriela von Österreich und ihre Schwester Erzherzogin Maria Josepha von Österreich starben beide an den Pocken, sodass Erzherzogin Maria Karolina den Platz als Braut von König Ferdinand III. von Neapel-

Sizilien einnehmen musste. Die Heirat von Maria Karolinas Lieblingsschwester, Erzherzogin Maria Antonia von Österreich, und dem späteren König Ludwig XVI. von Frankreich war das letzte und ehrgeizigste Eheprojekt von Maria Theresia. All diese dynastischen Verbindungen hätte es nicht gegeben, die europäischen Herrscherhäuser hätten sich anderwärtig verheiratet – mit aus heutiger Sicht unabsehbaren Konsequenzen.

Und natürlich hätte es niemals die Kaiser Joseph II. und Leopold II. gegeben, die durch ihre Reformen die Modernisierung Österreichs im Sinne der Aufklärung betrieben und dadurch ein Übergreifen der französischen Revolution auf Österreich verhindert haben.

Wien wäre unter einer Wittelsbacherdynastie, welche in München residierte, niemals so grandios ausgebaut worden, wie dies unter Maria Theresia geschah. Schönbrunn in seiner imperialen Form hätte es nicht gegeben, stattdessen wäre es ein kleines Jagdschloss geblieben, die österreichischen Adeligen hätten ihre barocken Stadtpalais in München und nicht in Wien gebaut.

Eine Entwicklung eines bayrisch-österreichischen Staates im 19. Jahrhundert ist schwer vorauszusagen. Ein solcher Staat wäre allein schon aufgrund seiner Wirtschaftskraft zu einem der Hauptgegner des revolutionären Frankreichs geworden, flächenmäßig wäre es der größte Staat des Reiches gewesen und hätte von Böhmen bis an die Adria und vom Rhein bis an die March gereicht. Hätte sich dieser Staat halten können, die Wittelsbacher regierten Bayern immerhin bis 1918, so scheint es fraglich, ob es in der zweiten Hälfte des 19. Jahrhunderts den Primatanspruch Preußens über die deutschen Fürstentümer und Kleinkönigreiche geben hätte können, ob sich dann ein Deutsches Reich unter der Führung Preußens entwickelt hätte oder ob nicht Bayern-Österreich führend geworden wäre.

Vielleicht hätte es auch eine Tripel-Monarchie gegeben, statt Österreich-Ungarn eine Monarchie Bayern-Böhmen-Österreich. Dieser Staat wäre der Hauptkonkurrent statt Österreich im Kampf mit Preußen um die Bildung eines deutschen Nationalstaates geworden. Vielleicht hätte es dann diesen niemals gegeben, dann gäbe es kein

Königgrätz, kein Sarajewo und keinen Ersten und Zweiten Weltkrieg. Aber dieses Szenario über fast zwei Jahrhunderte führt zu weit, die Anzahl der Variablen wird hier bereits zu groß. Was bleibt, ist die Tatsache, dass das Habsburgerreich in Österreich, Böhmen und Ungarn aufgeteilt worden und von der politischen Landkarte verschwunden wäre, es erscheint niemand, der die Kraft und die Legitimität gehabt hätte, es als Ganzes zu erhalten.

Realgeschichte

Zum Glück für die Habsburger war Maria Theresia mit einer außerordentlich robusten Gesundheit gesegnet. Sie selbst schreibt in ihrem 50. Lebensjahr von sich, dass sie bis dahin niemals krank gewesen sei. Die 16 Geburten scheinen ihr leicht gefallen und ohne Komplikationen verlaufen zu sein, es gibt keinen Grund anzunehmen, dass durch ihre weibliche Natur jemals der Bestand der Habsburgerdynastie gefährdet gewesen wäre. Allerdings muss man auch das Schicksal ihre Geschwister in Betracht ziehen. Ihr älterer Bruder starb mit sieben Monaten, ihre Schwester Maria Amalia erlag mit sechs Jahren den Pocken und ihre zweite Schwester Maria Anna starb 1744 tatsächlich im Kindbett.

Es ist also nicht so selbstverständlich, dass Maria Theresia ein Alter von 62 Jahren erreichte und dabei 16 Kindern das Leben schenkte, es hätte auch anders ausgehen können. Gesichert wurde die Habsburgerdynastie in Österreich ab 1741 durch die Geburt des Thronfolgers Joseph II., der als Kaiser das Land reformieren sollte und durch dessen Reformen revolutionäre Bewegungen ähnlich der französischen Revolution in Österreich nicht zum Tragen kamen. Sein Überleben war entscheidend für das Schicksal der Habsburger in Österreich, immerhin waren zwei seiner älteren Geschwister bereits als Kinder gestorben.

Maria Anna Josepha, die zweite Tochter Maria Theresias, hatte übrigens ein langes Leben. Sie starb unverheiratet 1789 in Klagenfurt als hoch geachtete Wissenschafterin, Sammlerin von Münzen und

Mineralien und Künstlerin und war Mitglied mehrerer Akademien der Wissenschaften in Europa.

Maria Theresia sollte eine der größten Herrscherinnen der österreichischen Geschichte werden, sie verteidigte ihr Land, musste zwar Schlesien an Preußen abtreten, gewann aber die Bukowina hinzu. Sie reformierte Österreich im Schulwesen, in der Medizin und im Rechtswesen und legte den Grundstein zu seiner noch länger als ein weiteres Jahrhundert andauernden Größe. Es ist daher nur recht und billig, dass sie in Wien auf einem der prominentesten Plätze und auf dem größten Denkmal der Stadt in all ihrer Glorie auf dem Thron sitzt, umgeben von ihren Ratgebern und Generälen. Und dennoch hätte es 1738 nur einiger Bakterien oder Mikroben bedurft, und es würde heute kein Denkmal für Maria Theresia geben. Wahrscheinlich würde sie in einem einfachen Zinnsarg in einer Ecke der Kapuzinergruft ruhen, sie hätte in unserem Szenario nicht einmal die Ehre gehabt, die letzte österreichische Herrscherin der Habsburger zu sein, sie wäre eine Fußnote in den Geschichtsbüchern, nur mehr den Historikern bekannt. Ihre robuste Gesundheit bewahrte Österreich zu einem Zeitpunkt in seiner Größe, als es auf eine einzige Person ankam, und dafür hat sie ihr Denkmal, das größte an der Wiener Ringstraße, wahrlich verdient.

24. Juli 1795

Die Jakobiner zu Wien – Die österreichische Revolution ist erfolgreich

Revolutionen in Österreich hatten das Schicksal, dass sie entweder gar nicht oder zu vorsichtig oder zu spät versucht wurden, ganz nach dem Grillparzer'schen Motto für Österreich: „Mit halber Kraft am halben Weg zum halben Ziel."
Als sich am Ende des 18. Jahrhunderts in Österreich die sozialen Verhältnisse verschlechterten und man in Frankreich keine Scheu davor hatte, auch gekrönte Häupter durch die Guillotine fallen zu sehen, bildeten sich in Österreich und Ungarn Vereine und Klubs, um eine ähnliche revolutionäre Bewegung zu initiieren wie in Frankreich, mit dem Ziel, die sozialen Verhältnisse zugunsten der kleinen Leute zu ändern.
Ein seltsames Gemisch aus Langsamkeit, Feigheit, Unentschlossenheit und Verrat brachte die österreichische Revolution, von der manche vielleicht geträumt haben mögen, die aber nie über das Denkstadium hinauskam, bereits im Vorfeld der Planungen zum Scheitern. Die Hauptakteure wurden hingerichtet oder eingekerkert, die „österreichische" Revolution fand nie statt. Was aber, wenn sie wie in Paris Erfolg gehabt hätte, wenn am Graben in Wien die Guillotine gestanden wäre und man hier vom Blutgerüst herab die abgeschlagenen Köpfe der Habsburger dem Volke gezeigt hätte?

Die Zeit

Nachdem am 14. Juli 1789 mit dem Sturm auf die Bastille in Paris die französische Revolution ihren Anfang genommen hatte, stießen auch in der Habsburgermonarchie die Ideen der Revolutionäre auf Interesse. Allerdings hatten hier die Reformen des Staates unter Joseph II. und Leopold II. in der Bevölkerung den Eindruck entstehen lassen, dass es möglich sein könnte, grundlegende Reformen bis hin zur Umwandlung des Staates in eine konstitutionelle Monarchie durch obrigkeitliche Verordnung und ohne Revolution zu erreichen.

Bereits unter Maria Theresia und besonders unter Joseph II. hatte sich der Staat neu orientiert. Man hatte die Reichsidee aufgegeben und durch eine österreichische Staatsidee ersetzt, deren Träger ein gebildetes und aufgeklärtes Staatsbeamtentum werden sollte. Dieses rekrutierte sich nicht mehr aus dem Adel, sondern aus dem gebildeten Bürgertum, das mit diesem Selbstbewusstsein zu einer der tragenden Stützen des Staates wurde und sich seiner neuen Bedeutung auch bewusst war.

Das politische Bewusstsein der neuen Mittelschichten hatte sich bereits unter Joseph II. ausgebildet und wurde von Leopold II. noch unterstützt. Es gab Forderungen der Bürger und Bauern zur Befreiung von den alten Feudallasten und für eine Vertretung in den politischen Körperschaften. In der Monarchie wurden Unterschriftensammlungen organisiert. Das Ziel dieser Aktivitäten war es, Adel und Klerus zu entmachten und das Bürgertum, das dem Kaiser treu ergeben sein sollte, zu stärken. Dazu wurde vom Herrscherhaus eine umfangreiche publizistische Tätigkeit begonnen, um diese politischen Vorstellungen zu verbreiten. Man verbilligte die Lebensmittel und übte eine strengere Kontrolle über die Polizei aus.

Als die Ideen der französischen Revolution auch nach Österreich gelangten, bemühte man sich, verschiedenste Vorschläge für ein neues Staatswesen auszuarbeiten. Der Ungar Ignaz Martinovics wollte die säkularisierten Kirchengüter den „nützlichen Klassen" zugänglich machen, Josef von Sonnenfels plante eine tief greifende Reform des österreichischen Rechts, und Andreas Riedel, einer der späteren Jakobiner und ehemaliger Erzieher des Kaisers Franz II., erarbeitete einen Verfassungsentwurf, der die Umwandlung der absoluten in eine konstitutionelle Monarchie vorsah. Auch in Ungarn sammelten sich Reformer. Hier verfasste Ignaz Martinovics einen Vorschlag, der die Teilung des Staates in eine Doppelmonarchie mit

Ungarn als eigenständigem, nur in Personalunion mit Österreich verbundenem Staat vorwegnahm.

Diese akademische Phase der Überlegungen zur Änderung des Staatswesens fand mit dem plötzlichen Tod Leopolds II. am 1. März 1792 und der Thronbesteigung von Franz II. ein jähes Ende. Alle staatlichen politischen Aktionen und Reformen wurden sofort eingestellt, was mit einem Schlag die Hoffnungen auf eine soziale Revolution von oben zerstörte. Die Reformer sammelten sich nun in Vereinigungen und Klubs, die sich an den Jakobinern des revolutionären Frankreichs orientierten. Da sie sich nicht mehr in der Öffentlichkeit treffen konnten, wurden die Versammlungen in Privatwohnungen verlegt, was zu einer Radikalisierung des Gedankengutes führte.

Solche Klubs existierten in allen Ländern und größeren Städten der Monarchie. In Wien gab es mehrere locker miteinander verbundene Gruppen, die sich um Franz Riedel, Oberleutnant Franz Hebenstreit von Streitenfeld, um den Dichter und Freimaurer Aloys Blumauer und um den Lotteriebesitzer Johann Hackel sammelten. Es waren Angehörige der gebildeten Mittelschicht – Beamte, Ärzte, Geistliche, Kaufleute, Handwerker, Schriftsteller und Studenten –, die hier zusammenkamen, um revolutionäre Gedanken zu diskutieren,.

Man sang in den Versammlungen revolutionäre Lieder und verfasste Schriften, Traktate und Aufrufe, die Gedanken über Reformen, aber auch schon die Diskussion eines gewaltsamen Umsturzes behandelten. Man sah die Revolution als Möglichkeit zur Änderung der bestehenden Verhältnisse und definierte sie, ganz österreichisch, als Aufhebung aller alten Gesetze und durch die Einführung neuer Gesetze, dann sei die Revolution zu Ende.

Die führende Persönlichkeit der Jakobiner in Wien war Franz Hebenstreit von Streitenfeld. Er wurde 1747 in Prag geboren, studierte Philosophie und trat den Ulanen der österreichischen Armee bei. Nach einer misslungenen Desertion aus der Armee – er wollte nach Amerika auswandern – musste er fünf Jahre in der preußischen Armee dienen und kehrte dann in österreichische Dienste zurück.

Zu Beginn der 90er-Jahre des 18. Jahrhunderts wurde er als Platz-oberleutnant nach Wien versetzt, wo er in einen Kreis gebildeter Bürger und Militärs geriet, die begeistert nach dem revolutionären Frankreich sahen. Hebenstreit galt als Organisationstalent, und die bis ins Detail ausarbeiteten Pläne für einen gewaltsamen Umsturz stammten aus seiner Feder.

Der Ideologe und Theoretiker der Wiener Jakobiner war Andreas Riedel. Er stammte aus einer Ingenieursfamilie, die ihn in der Maria-Theresianischen Kriegspflanzschule und dann an der Militärakademie in Wiener Neustadt erziehen ließ. Da er von schwächlicher Gesundheit, aber ein guter Mathematiker war, wurde er nicht zur Truppe eingezogen, sondern wirkte als Mathematikinstruktor und Landvermesser für die Armee. Wegen seiner mathematischen Kenntnisse wurde er 1779 nach Florenz gesandt, um die Kinder Leopolds II. zu unterrichten, wobei er mit dem späteren Kaiser Franz II., der ein schwer erziehbares Kind war und sein erbitterter Gegner werden sollte, in Konflikt geriet. 1790 kehrte Riedel nach Wien zurück, fand aber bei Hof keine Stelle mehr und wurde mit einer Freiherrenwürde abgespeist.

Schwer vom Kaiserhaus enttäuscht, begann Riedel in den politischen Klubs Gleichgesinnte um sich zu sammeln und schloss Freundschaft mit Franz Anton Mesmer, dem berühmten Magnetiseur seiner Zeit. Hier lernte er Hebenstreit und dessen Freunde kennen, den Schreiber der ungarischen Hofkanzlei Georg Ruzsitska und den Kriegsgerichtsaktuar Cajetan Gilowsky. Mit diesen sollte Riedel den harten Kern der Jakobiner in Wien bilden.

Ihr Gegner war Kaiser Franz II., der ab 1804 als österreichischer Kaiser Franz I. amtieren sollte. Als Erzherzog Franz Joseph Karl wurde er 1768 als ältester Sohn des Großherzogs Peter Leopold von Toskana, dem späteren Kaiser Leopold II., und der Maria Ludovica, gebürtige Prinzessin von Spanien, in Florenz geboren. 1784 verlangte Kaiser Joseph II., dass Franz zur Vollendung seiner Ausbildung zu ihm nach Wien kommen solle. Im achten Österreichischen Türkenkrieg war der junge Erzherzog auf Wunsch des

Kaisers bei der Armee, nach dem Tod seines Vaters Leopold folgte er ihm 1792 als Kaiser, König von Ungarn und Böhmen sowie Herr der übrigen Länder der Habsburgermonarchie nach. Am 14. Juli erfolgten seine Wahl zum deutschen König und die Krönung im Frankfurter Dom und gleichzeitig die Proklamation zum „Erwählten Römischen Kaiser Franz II.". Überschattet waren die Feierlichkeiten durch die französische Kriegserklärung vom 20. April 1792, die den Beginn des Ersten Koalitionskrieges einleitete. Franz II. machte Schluss mit den Reformen seines Onkels und seines Vaters, er vertraute auf die Polizei, die er unter Franz Josef Graf Saurau und Johann Anton Pergen, dem Polizeichef von Wien, zu einem wichtigen Machtinstrument ausbaute, das dann später von dem 1773 geborenen Wenzel Graf Metternich als Unterdrückungsinstrument aller demokratischer Gedanken im Vormärz und im Biedermeier zur Vollendung geführt wurde.

Hebenstreit beschäftigte sich zu dieser Zeit mit der Problematik des Eigentums und forderte die Enteignung der Mächtigen und Besitzenden, was ihm den Titel „Kommunist" eintrug, der für ihn erstmals verwendet wurde. Er war der Meinung, dass sich die Unterdrückten zur Tat aufschwingen und die Unterdrücker zur Rechenschaft ziehen sollten. Ihm zur Seite stand Georg Ruzsitska, der sich mit den Lebensverhältnissen der Bauern beschäftigte und sie zum Aufstand anstacheln wollte. Allgemein waren die Wiener Jakobiner der Ansicht, dass es Frieden mit dem revolutionären Frankreich geben sollte, da der Krieg den Reichen nur Vorteile bringe und die Armen unter Not und Teuerung zu leiden hätten.

Österreich hatte ab 1792 gemeinsam mit Preußen den Ersten Koalitionskrieg gegen Frankreich geführt, der im Sommer 1794 in Österreich zu allgemeiner Teuerung und zur Kriegsmüdigkeit der Bevölkerung führte. Hebenstreit entwarf in dieser Zeit einen Umsturzplan, der einen Aufstand mit 14 Abteilungen von Revolutionären vorsah, die von allen Seiten auf Wien losstürmen, die Stadtwachen überwältigen und die Soldaten in den Kasernen einsperren sollten. Dann wollte man die 300 führenden Adeligen in Wien enthaupten, den Monarchen und seine Familie gefangen setzen und eine revolutionäre Regierung ausrufen.

Die Wiener Jakobiner unter Riedel wollten auch einen Beitrag zum Sieg der französischen Revolutionäre im Koalitionskrieg leisten und sandten zwei Emissäre mit dem Modell einer Kriegsmaschine, die Hebenstreit entworfen hatte, nach Paris, ein weiteres Modell wurde dem polnischen Revolutionär Graf Soltyk verkauft. In Ungarn wandelte sich zu dieser Zeit der ehemalige Polizeispitzel Ignaz Martinovic zum überzeugten Revolutionär. Er wollte die Bauern befreien, den Adel abschaffen, Kaiser Franz II. die ungarische Königswürde aberkennen und eine ungarische Republik ausrufen. Alle anderen Nationalitäten der Monarchie sollten eigene Verfassungen bekommen und Österreich – offenbar standen hier die zehn Jahre zuvor unabhängig gewordenen Vereinigten Staaten von Amerika Pate – ein föderierter Bundesstaat und eine Republik werden. Martinovic plante, Waffen und Geld aus Paris zu beschaffen, ähnliche Vorstellungen hatten auch andere Jakobinerklubs in der Monarchie, die es aber nie verstanden, sich zu einer einzigen, umfassenden Bewegung zusammenzuschließen.

Eine jakobinische Verschwörung, die wirklich an den Grundpfeilern des Staates gerüttelt und die Unterstützung weiter Bevölkerungskreise gefunden hätte, gab es in der Monarchie nach 1792 niemals. Das josefinisch-leopoldinische Prinzip, dass die Revolution von oben zu kommen haben und erlaubt sein müsse, war stärker als die Spekulationen und Hirngespinste der Jakobiner in Österreich.

Der entscheidende Moment – Die Realität

Die Aktivitäten der Jakobiner in Wien, Ungarn und in anderen Teilen des Reiches waren der Polizei von Franz II. nicht unbemerkt geblieben. Zahlreiche Polizeispitzel überwachten die Möchtegern-Revolutionäre, einer dieser Informanten war der Wiener Buchhändler Joseph Vinzenz Degen. Dieser erhielt aus Frankreich das „Journal de Paris", dem er entnehmen konnte, dass der revolutionäre Wohlfahrtsausschuss aus dem Ausland den Plan einer neuen Waffe erhalten habe. Degen, der den Jakobinerklub um Hebenstreit kannte, schloss daraus, dass es sich dabei um Hebenstreits Erfindung handeln müsse. Degen ließ sich als Agent provocateur benutzen und wollte die Wiener Jakobiner dazu bringen, sich fester zu organisieren, damit sie später leichter aufgegriffen werden könnten. Er berichtete an den Polizeiminister Franz Joseph Graf von Saurau, dass Hebenstreit mit seinen Umsturzplänen schon weit gediehen sei und man unmittelbar mit dem Ausbruch einer Revolution rechnen müsse, weil „… die Opinion sei schon formiert, und jeder Handwerker und jeder Taglöhner fühle es bei sich, dass in der ganzen Monarchie die Arbeitenden nichts haben und die Nichtstuer dagegen viel". Am 24. und 25. Juli 1794 griff die Polizei zu und verhaftete Hebenstreit und zahlreiche Mitglieder der Jakobinerklubs, darunter auch Riedel und dessen Freunde. Zur selben Zeit wurden in Ungarn Martinovics und der frühere Geheimdienstchef Gotthardi verhaftet, damit waren die beiden Hauptgruppen der Jakobiner ausgeschaltet. Nachdem bekannt wurde, dass am 28. Juli 1794 in Paris Maximilien de Robespierre, das Oberhaupt der Jakobiner, hingerichtet worden war, brach die Jakobinerbewegung in Österreich völlig zusammen. Zwar hatte sie nur aus einer Handvoll Idealisten und Humanisten bestanden, die nie wirklich eine Gefahr für den Staat waren, dennoch verfolgte sie die Regierung von Franz II. unbarmherzig. Am Ende des Jahres 1794 war in Österreich und Ungarn jeglicher Gedanke an Revolution oder der gewaltsamen Verbesserung der sozialen Lage verschwunden.

Der entscheidende Moment – Die Fiktion

Nachdem der französische Nationalkonvent im Februar 1793 England und Holland den Krieg erklärt hatte, traten Russland, Spanien, Portugal, Sardinien, Neapel und die Staaten des Deutschen Reiches der Koalition gegen Frankreich bei. Diese Übermacht brachte Frankreich im Sommer des Jahres 1793 zahlreiche Niederlagen bei, die mit der Räumung Belgiens und der Rheinlande durch die Franzosen endeten. Man hob in Frankreich daraufhin neue Truppen aus, deren Elan so stark war, dass die Franzosen ab Oktober 1793 erneut das Blatt wenden konnten und mit Hilfe ihres enormen Patriotismus Schlacht um Schlacht gewannen. Das Elsass, Antwerpen, Savoyen und Nizza wurden zurückerobert, die Österreicher und Preußen an den Rhein zurückgeworfen.

Diese Niederlagen führten in Österreich dazu, dass vermehrt Truppen ausgehoben werden mussten, man erhöhte die Steuern, und die Inflation schmälerte die Einkommen der einfachen Leute. Nun beginnen die Forderungen der Jakobiner Gehör zu finden, immer mehr Menschen beschäftigen sich mit ihren Ideen und Reformvorschlägen, man liest ihre Predigten, Traktate und Flugschriften und diskutiert diese in den Kaffeehäusern, Salons und Gastwirtschaften.

Als am 24. Juli 1794 Hebenstreit und seine Genossen verhaftet werden, sind die Wiener Bürger, Handwerker, Dienstboten und Tagelöhner empört. Sie stürmen die Kaserne am Heumarkt, deren Soldaten zu ihnen überlaufen, und ziehen zum Kriegsratsgebäude am Platz Am Hof, das gestürmt wird, und man befreit Hebenstreit und die Jakobiner, die in der Getreidemarktkaserne inhaftiert sind. Diese ziehen mit den Arbeitern und Soldaten in die Stadt und quartieren sich als Wohlfahrtsausschuss in den Räumen des niederösterreichischen Landhauses in der Herrengasse ein. Man verlangt von Franz II. soziale und staatliche Reformen, zunächst noch moderat, aber dann immer radikaler und drängender.

Franz II. flieht aus der Hofburg nach Schönbrunn und versucht von hier aus den Widerstand gegen die revolutionären Wiener zu organisieren. Diese ziehen am 14. August 1794 mit einer großen Menschenmenge nach Schönbrunn, besetzen das Schloss und bringen den Kaiser und seine Familie nach Wien, wo sie, bewacht von Revolutionären, denen sich inzwischen die Mehrzahl der Wiener angeschlossen hat, in der Hofburg interniert werden.

In Ungarn haben sich die Jakobiner unter Ignaz Martinovics durchgesetzt und Ofen und Pest besetzt. Die führungslosen Truppen des Kaisers strecken lieber die Waffen und schließen sich den Revolutionären an, als auf ihre Landsleute zu schießen. Man richtet einen ungarischen revolutionären Nationalkonvent ein, der die Umwandlung Ungarns in eine Republik und deren Loslösung von Österreich vorbereiten soll.

Unter den Revolutionären in Wien ist inzwischen ein Richtungsstreit ausgebrochen. Die Bürgerlichen unter Riedel möchten die Revolution beenden und Franz II. zwingen, die Erklärung einer konstitutionellen Monarchie zu unterschreiben. Die Radikalen unter Hebenstreit, hauptsächlich Arbeiter, Taglöhner, Dienstboten und kleine Handwerker, möchten mit dem feudalen Regime abrechnen und verlangen nach französischem Vorbild die völlige Entrechtung des Adels und die Verbannung der kaiserlichen Familie.

Revolutionskomitees werden in einzelnen Städten der Monarchie eingerichtet, die ohne Recht und Gesetz beginnen, Adelige einzukerkern. Noch hält man sich zurück, als aber zahlreiche Adelige versuchen, nach Preußen oder Russland zu fliehen und die Gefängnisse nicht mehr ausreichen, kommt es zur Errichtung von Standgerichten. Man holt im Triumph die erste Guillotine aus Frankreich, und ab Herbst 1794 werden die ersten Adeligen von Revolutionsgerichten abgeurteilt und auf den Hauptplätzen von Wien, Tulln, Graz, Innsbruck, Linz und Ofen hingerichtet.

Der Kaiser versucht zu fliehen. In der Weihnachtsnacht 1794 kann er mit Hilfe einiger getreuer Kammerdiener die Hofburg verlassen. Er lässt seine Familie zurück und versucht zu Pferd Wien zu verlassen und Böhmen, das noch kaisertreu zu sein scheint, zu erreichen. Er wird jedoch an der Schlagbrücke am Tabor erkannt, in die Hofburg zurückgebracht und am nächsten Tag im Keller des Schweizertraktes inhaftiert.

Inzwischen sind zahlreiche aus Paris vertriebene Jakobiner nach Wien geflüchtet und heizen hier die Stimmung weiter an, es kommt zum offenen Richtungsstreit zwischen den Gemäßigten und den

Radikalen. In Wien können sich die Gemäßigten um Riedel mit Hilfe der bewaffneten Bürgergarde durchsetzen und schicken die radikalen Jakobiner auf die am Graben aufgebaute Guillotine. Als Erster muss sie Hebenstreit betreten, der tapfer und gefasst sein Schicksal hinnimmt. Seine letzten Worte sind: „Solventur vincula populi – Die Fesseln des Volkes sind gelöst."

Man zwingt Franz II. in seiner Funktion als Kaiser, das Kaisertum des Heiligen Römischen Reiches zu beenden, und gründet das konstitutionelle Königreich Österreich, in welchem dem König nur mehr die Rolle eines repräsentativen Oberhauptes zugewiesen ist. Franz II. wird auch als König von Böhmen und Ungarn und als Erzherzog von Österreich usw. zur Abdankung gezwungen und in Schloss Laxenburg interniert. Die Regentschaft der konstitutionellen Monarchie Österreich wird auf den 40-jährigen Erzherzog Ferdinand Karl, Sohn Maria Theresias, bisheriger Statthalter der Lombardei und wegen seines sozialen Engagements in der Bevölkerung beliebt, übertragen.

Im Frühjahr 1795 haben sich Böhmen und Ungarn als Republiken von Österreich losgesagt und eigene Nationalstaaten gegründet, werden aber in ihrer Existenz von Russland und Preußen bedroht. Daher sind sie aus strategischen Gründen gezwungen, mit Österreich einen Bundesstaat zu begründen. Die neue groß-österreichische Verfassung beginnt mit den Worten: „Alle Menschen sind frei geboren."

Das konstitutionelle Königreich Groß-Österreich besteht aus den Bundesstaaten Österreich, Böhmen, Mähren, Ungarn, Kroatien, Slawonien, Galizien, Siebenbürgen, Dalmatien, Venetien und der Lombardei. Die Staatsflagge besteht aus waagrechten Streifen abwechselnd in Schwarz und Gelb, in einem links oben eingesetzten schwarzen Feld wird für jeden Bundesstaat ein goldener Doppeladler gezeigt.

Groß-Österreich tritt aus der Koalition mit Preußen aus und verbündet sich mit Frankreich. Die europäischen Mächte Preußen und Russland sind alarmiert, besonders nachdem die Polen die Gunst der Stunde nutzen, gegen Preußen und Russland revoltieren und mit Hilfe Groß-Österreichs einen eigenen Nationalstaat schaffen können, der die zweite polnische Teilung von 1793 rückgängig macht und der sich mit Österreich und Frankreich verbündet.

In Österreich hat die Revolution zwar gesiegt, die Auswirkungen sind aber bei weitem nicht so radikal wie in Frankreich. Zwar haben auch hier die Guillotinen ihre Opfer gefordert, aber die Gemäßigten haben sich rasch durchgesetzt und die Revolution auf halbem Weg gestoppt. Es ist das halbe Ziel erreicht, oder wie der 22-jährige Metternich sagt: „Das bisserl Republik werden wir schon aushalten." Es ist eine österreichische Lösung geworden, keine ganze Monarchie mehr, aber auch keine ganze Republik, und das Staatengebilde wird zusammengehalten aus Furcht vor den Nachbarn.

Am Ende des Jahres 1795 herrscht in Europa eine Pattsituation. Die drei revolutionären Staaten, Frankreich, Groß-Österreich und Polen, haben ein Bündnis geschlossen, dem eine Koalition aus England, Preußen, Spanien und Russland gegenübersteht. In Frankreich regiert das erste Direktorat, in Österreich der Nationalkonvent mit Mitgliedern aus allen Bundesstaaten. König Ferdinand I. von Österreich hat nur mehr repräsentative Funktionen und sitzt einsam in der Hofburg, isoliert von den anderen Adelshäusern Europas, die ihm eventuell zu Hilfe kommen könnten. In Polen hat sich der reformbereite König Stanislaus II. August durchgesetzt und den Staat in eine konstitutionelle Monarchie umgewandelt, in der er einer polnischen Nationalversammlung vorsteht, die so lange auf Seiten der Revolutionsstaaten sein wird, wie Preußen und Russland den jungen Staat bedrohen.

Da die Situation Gefahr läuft, einen europaweiten Krieg hervorzurufen, findet ab 14. Juli 1795 in Wien der Wiener Kongress statt, um die europäische Staatenlandschaft neu zu ordnen. Man einigt sich auf eine Beibehaltung der Grenzen von 1795, es ist ein trügerischer, bewaffneter Friede, bei dem jeder jeden in Schach hält. Eine einzige Änderung kann das gesamte mühsam stabilisierte Gebäude Europa zum Einsturz bringen. Etwa der junge ehrgeizige General

Napoleon Bonaparte, der gerade dabei ist, seinen Einfluss auf das französische Direktorium auszubauen.

Konsequenzen und Bedeutung

Die Konsequenzen einer erfolgreichen Revolution in Österreich, die Ausrufung einer Republik oder die Einführung einer konstitutionellen Monarchie wären für die österreichische, europäische und auch für die Weltgeschichte enorm gewesen.

Beginnen wir mit der europäischen Perspektive. Ein revolutionäres Österreich hätte wohl kaum weiter Krieg gegen Frankreich geführt. Die Feinde Österreichs wären in Zukunft die monarchistischen deutschen Kleinstaaten sowie Preußen und Russland gewesen.

Diese Staaten hatten kein Potenzial für eine Revolution. In Preußen hatte das Militär den Staat fest im Griff, in Russland fehlte eine gebildete Mittelschicht, die groß genug gewesen wäre, eine Revolution zu tragen, und die russischen Bauern waren zu uninformiert, um zu revoltieren.

Anders die deutschen Kleinstaaten, die bereits teilweise vom Jakobinismus infiziert waren, deren Revolutionäre aber untereinander nicht die nötigen Verbindungen hatten, um einen gesamtdeutschen Aufstand einzuleiten.

Eine konstitutionelle Monarchie Österreich hätte in Verbindung mit seinen Bundesstaaten die Nähe Frankreichs gesucht. Damit wäre der Krieg in Oberitalien nicht zustande gekommen und General Napoleon Bonaparte hätte sich bei Marengo nicht den Ruhm erfochten, der ihn später veranlasste, gegen das Direktorium in Paris zu putschen und die Alleinherrschaft zu suchen. Napoleon hätte sich seine Sporen woanders verdienen müssen, vielleicht in einem Krieg gegen Preußen und die deutschen Kleinstaaten, aber es erscheint fraglich, ob es ihm unter dieser Konstellation möglich gewesen wäre, zum Kaiser der Franzosen aufzusteigen und sich am 2. Dezember 1804 in Notre Dame zu krönen.

Österreich hingegen hätte zu viele interne Schwierigkeiten zu lösen gehabt, um militärisch offensiv nach außen vorzugehen. Einen Staat aufzubauen und gleichzeitig Kriege zu führen, davor hätte man sich wohl gehütet. Auch Russland wäre ruhig geblieben, die Angst sich mit den Gedanken einer gesamteuropäischen Revolution zu infizieren, wäre Zar Alexander I. wohl zu gefährlich gewesen.

Das Kaisertum des Heiligen Römischen Reiches, das ja nur mehr ein nomineller Titel war, wurde von den Habsburgern zurückgelegt und nicht mehr erneuert. Allerdings hätte man auch kein Kaiserreich Österreich errichten können, da die Kaiseridee dem Mittelalter entstammte. Franz II. ließ sich in der Realität 1804 zum Kaiser Franz I. von Österreich krönen, um mit Napoleon gleichzuziehen, kein Kaiserreich Frankreich hätte auch kein Kaiserreich Österreich bedeutet. Eine konstitutionelle Monarchie Österreich mit einem Kaiser an der Spitze wäre dem Verständnis des österreichischen Nationalkonventes entgegengestanden, da die Kaiseridee ja auf dem Absolutismus basierte.

Die Konsequenzen wären ein politisches Patt in Europa gewesen, in dem sich die konservativen und revolutionären Nationen eifersüchtig belauert hätten, aber niemand bereit gewesen wäre, den ersten Schritt zu einer Änderung zu machen. Europa wäre unbeweglich in der Staatenlandschaft des 18. Jahrhunderts verharrt.

England, das sich stets außerhalb der kontinentalen Politik sah, wäre nicht gezwungen gewesen, eine gewaltige Flotte zur Durchsetzung der Kontinentalsperre gegen das napoleonische Reich aufzubauen, die sie später zur Supermacht des 19. Jahrhunderts machen würde. Dafür hätte England Zeit gehabt, sich wieder mehr mit seiner seit 1783 verlorenen und abtrünnigen Kolonie Amerika zu beschäftigen, und hätte für eine solche Auseinandersetzung mehr Soldaten und Schiffe bereitstellen können. Der Krieg Englands gegen die junge USA von 1812, der in der Realität seinen Grund in der Kontinentalsperre hatte, aber auch eine Revanche für die 1781 erlittene Niederlage bei Yorktown und die Aufgabe der englischen Kolonien in Amerika darstellte, wäre dann um die Auflösung der USA und

Wiedererrichtung der englischen Kolonien geführt worden und hätte zugunsten Englands ausgehen können.

Hätte es keinen Krieg England gegen Frankreich gegeben, dann hätte dies weitere Auswirkungen auf die amerikanische Geschichte haben können. In der Realität musste Napoleon 1803 wegen der Niederlagen seiner Armee auf Haiti und weil er dringend Geld für seine Kriegskasse brauchte, die französische Kolonie Louisiana in Nordamerika um 22,5 Millionen Dollar an die USA verkaufen, die damit ihr Staatsgebiet mehr als verdoppelten. In unserem Szenario wäre ein solcher Verkauf kaum notwendig gewesen, hätte aber zu einem Krieg zwischen den USA, die bereits seit 1800 versuchten New Orleans zu kaufen, und Frankreich um den Besitz von Lousiana führen können.

Eine erfolgreiche Revolution in Österreich und seinen Ländern hätte also allein schon durch die dadurch notwendigen Veränderungen der Allianzen gewaltigen Einfluss auf die europäische und die Weltgeschichte gehabt, allerdings sind hier die Faktoren so vielfältig, dass eine Langzeitprognose kaum möglich scheint. Wie lange sich das Gleichgewicht der Revolutionsstaaten und der reaktionären Staaten in Europa gehalten hätte, ist fraglich, die Varianten reichen von einem Stillstand bis weit in das 19. Jahrhundert hinein bis zu einer plötzlichen Explosion nach wenigen Jahren, die zu einem allgemeinen Krieg aller gegen alle und der kompletten Neuordnung Europas geführt hätte.

Ob es in Österreich auch eine reaktionäre Gegenbewegung bis zur Wiedereinführung der absoluten Monarchie im Stile eines Metternich gegeben hätte, scheint fraglich. Dem wären die Interessen der herrschenden Familie Habsburg-Este, die ja den österreichischen Thron, wenngleich nur in einer konstitutionellen Monarchie, besetzte, entgegengestanden.

Realgeschichte

In der Realität konnten die Jakobiner in Wien und Ungarn nicht einmal daran denken, eine erfolgreiche Revolution gegen die Habsburger zu beginnen. Eine Beamtenrevolution ohne Einbeziehung der armen Schichten hatte in Österreich nicht die geringste Chance. Daher wurde die Verhaftung der Jakobiner am 24. und 25. Juli 1794 in der Öffentlichkeit zwar zur Kenntnis genommen, aber nicht hinterfragt oder widersprochen. Im Gegenteil, die Habsburger verstanden es, Franz II. als gütigen Monarchen dastehen zu lassen, der von ruchlosen, aus dem Ausland finanzierten Revolutionären bedroht worden war. Man spielte geschickt die Karte des Patriotismus aus, und zwar Österreich gegen Frankreich, und es gelang damit, jegliche Solidarität der Bevölkerung mit den Jakobinern zu verhindern und ihre Gedanken als ausländische Propaganda darzustellen.

Franz II. wollte die Jakobiner vor einen Sondergerichtshof stellen und zum Tod verurteilen lassen, stieß dabei aber auf den Widerstand der österreichischen Juristen, die dieser Rechtsbeugung nicht zustimmen wollten. Daher wurden die Angeklagten vor ein ordentliches Gericht gestellt. Der Prozess und die Untersuchungshaft dauerten bis zum Urteilspruch Ende 1794. Die Anklage lautete auf Vorbereitungen zu einem Aufstand, dem Senden des Modells einer Kriegsmaschine nach Frankreich, Majestätsbeleidigung und Hochverrat. Die ungarischen Jakobiner sandte man zur Aburteilung nach Ofen, die Wiener Jakobiner und auch Andreas Riedel erhielten langjährige Festungshaft, Hebenstreit, Gilowsky und Baron Taufferer wurden zum Tod durch den Strang verurteilt. Das Urteil wurde am 8. Januar 1795 in Wien vor einer großen Menschenmenge, angeblich waren es 100.000 Personen, vollstreckt.

In Ungarn wurden 18 Angeklagte zum Tod verurteilt und fünf hingerichtet, darunter Martinovics und Gotthardi.

Riedel hatte das sonderbarste Schicksal aller Verschwörer. Nach langen Jahren grausamster Festungshaft auf dem Spielberg in Brünn wurde er von französischen Truppen unter General Davout befreit und konnte nach Paris flüchten, wo er sich mit der Unterstützung Mesmers, mit Unterricht und kleinen Publikationen bis zu seinem Tod 1837 durchschlug.

Die Wiener standen der Revolution zwiespältig gegenüber. Zwar verurteilten sie die Handlungen der „Klubisten", waren aber auch empört über den Pöbel, der die auf der Schandbühne gezeigten Demokraten mit Schmutz und Kot bewarf.

Die Akten betreffend die österreichischen Jakobiner wurden vom Staat gründlich unter Verschluss genommen und ihre Geschichte im franziszeischen Staat unter Metternich so konsequent totgeschwiegen, dass man sie bald vergessen hatte. Die bereits viel gefährlichere Revolution von 1848 hatte kaum noch Erinnerungen an sie und nahm sie auch nicht zum Vorbild. Die Wiener Jakobinerrevolution geriet in Vergessenheit, sie hätte die Welt ändern können, scheiterte aber schon in den Ansätzen. Dennoch sollte sie Konsequenzen zeigen. Der Polizeistaat unter Franz II., der ab 1804 als österreichischer Kaiser Franz I. regierte, wurde in Erinnerung an den Aufstand, der keiner war, rigide aufgebaut. Das System Metternichs sollte von Anfang an alle revolutionären Regungen verhindern, scheiterte aber schlussendlich, wie die Ereignisse von 1848 zeigten, an dieser Strenge. Es war dies vielleicht die letzte Rache der Jakobiner in Österreich an den Habsburgern gewesen.

18. August 1848

Die Revolution siegt – Österreich wird Republik

Revolutionen haben oft die Eigenschaft, dass sie wegen kleiner und nichtiger Gründe beginnen, dann eine immer stärkere Eigendynamik gewinnen und schließlich in einem völligen Chaos enden, aus dem nach einiger Zeit etwas Neues entstehen kann. Die österreichische Revolution von 1848 unterschied sich hier, es war eine brave, langsam abbrennende Revolution, mit wenigen leuchtenden Funken und Höhepunkten, gleichsam ein kleine Kette von Revolutiönchen, die niemals die Kraft fanden, sich zu vereinigen und das Alte völlig in die Luft zu sprengen.

Dennoch brachte die Revolution von 1848 den österreichischen Staat mit seinen vielen Völkern an den Rand der Auflösung, beseitigte fast das Geschlecht der Habsburger als Herrscher und hätte die Chance gehabt, in einer österreichischen Republik zu enden. Wäre 1848 Österreich ein Nationalstaat mit einer ethnisch einheitlich zusammengesetzten Bevölkerung ähnlich Frankreich gewesen, hätte die Revolution gelingen können. So strebten aber die Völker der Donaumonarchie in verschiedene Richtungen und gaben dem bedrängten Herrscherhaus die Gelegenheit, die Revolution Stück für Stück niederzuwerfen. Vielleicht hätte es aber auch anders kommen können.

Die Zeit

Aufstände und Unruhen hatten in der Habsburgermonarchie seit der französischen Revolution von 1830 zugenommen. In Mailand und Pavia hatte es Volksaufstände gegeben, in Eisenburg und Pest erhoben sich die Bauern gegen die Robotpflicht, in Böhmen drohten die Arbeiter mit der Zerstörung von Fabriken. Es war die Zeit des Vormärz zwischen 1830 und 1848, in der gesamten Monarchie gärte es.

Das Polizeistaatsystem Metternichs, die absolutistische Herrschaft von Kaiser Franz I. und danach von seinem regierungsunfähigen Sohn Ferdinand I. wurden immer mehr hinterfragt. 1844 protestierten die Bauern gegen Zehent und Robot, und das neu gebildete Arbeiterproletariat im Umkreis von Wien, das unter entsetzlichsten sozialen Verhältnissen zu leben hatte, musste immer wieder mit Militär niedergehalten werden.

Dazu kamen ab 1845 wirtschaftliche Probleme. In Österreich setzte eine schwere Agrarkrise mit Missernten ein, welche die Lebensmittelpreise ansteigen ließ, während die Löhne sanken. Viele Menschen starben an Hungertyphus, und ganze Orte entschlossen sich zur Auswanderung nach Amerika. In den Städten gab es, ausgehend von England, eine Industriekrise durch den Niedergang der Textilmanufakturen, die auf industrielle Fertigung umgestellt wurden und massenhaft Arbeitslosigkeit produzierten. Es entstand ein Lumpenproletariat im Umkreis der Städte, während der Mittelstand unter immer höheren Steuerlasten litt. Daneben bereiteten sich in den Ländern der Monarchie starke nationalistische Tendenzen den Weg, eine umfassende Staatskatastrophe stand unmittelbar bevor.

In Mailand, Brescia und Padua trat man im „Zigarrenrummel" offen gegen Österreich auf, und in Ungarn bekam der radikal-nationalistische Flügel der ungarischen Reformbewegung unter Stefan Graf Széchenyi und Lajos Kossuth immer mehr Zulauf.

Es fehlte nur noch der Funke im Pulverfass, und dieser wurde aus Frankreich überbracht, wo am 23. Februar 1848 ein Volksaufstand losgebrochen war. Dann ging es Schlag auf Schlag: Am 3. März forderte Kossuth in Ungarn in einer Rede die Befreiung von Österreich, am 6. März sprach sich der liberal gesinnte Niederösterreichische Gewerbeverein gegen „die herrschenden Verhältnisse" aus, man forderte Pressefreiheit, Einblick in die Staatsfinanzen und die Einführung neuer Rechtsnormen. Am 12. März forderten die Wiener Studenten die volle akademische Freiheit und die Abschaffung der Zensur.

Am 13. März kam es erstmals zu Gewalttaten, als das Militär in der Wiener Herrengasse auf Demonstranten schoss, was fünf Menschen das Leben kostete. Danach kam es zu Tumulten und Kämpfen in den Vorstädten. Der Hof musste Metternich fallen lassen und versprach eine demokratische Verfassung und die Pressefreiheit. Allerdings spaltete sich auch die Revolution in zwei Fraktionen, hier die Bürger und Studenten, da die Arbeiter, Dienstboten und Handwerker.

Am 15. März brach in Pest und Buda die Revolution aus, am 18. März in Mailand, am 22. März in Venedig. In Prag forderte man einen frei gewählten Landtag, die Einführung von Tschechisch als Amtssprache und die Vereinigung der böhmischen und mährischen Länder.

Die österreichische Regierung legte am 25. April einen neuen Verfassungsentwurf vor, den aber alle revolutionären Gruppen als aufgezwungen, als „oktroyiert" und unzureichend ansahen und ablehnten. Am 15. Mai zogen bewaffnete Studenten vor die Hofburg und forderten in der „Sturmpetition" die Rücknahme dieser Verfassung, worauf am 17. Mai Kaiser Ferdinand und der Hof nach Innsbruck flohen. Darauf riefen die Wiener Studenten die Republik aus, der österreichische Reichstag sollte dafür eine neue Verfassung ausarbeiten.

Der entscheidende Moment – Die Realität

Der entscheidende Moment in der Revolution von 1848 war erreicht. Ministerpräsident Pillersdorf versprach im Namen von Kaiser Ferdinand den Revolutionären die Einführung des allgemeinen und gleichen Wahlrechts und die Schaffung eines „konstitutionellen Reichstages", der eine demokratische Verfassung ausarbeiten sollte. Als Gegenleistung verlangte man die Auflösung der Akademischen Legion, welche bis dahin die Speerspitze der Revolution gewesen war, wogegen die Studenten heftigen Widerstand leisteten. Die kaiserliche Regierung stimmte der Einrichtung eines Sicherheitsausschusses, einer Art von Revolutionsregierung unter dem Vorsitz des Wiener Arztes Adolf Fischhof, neben der Staatsregierung zu. Und nun geschahen jene zwei Dinge, welche den Verlauf der Revolution entscheiden sollten. Der Sicherheitsausschuss wollte bürgerlich bleiben und verweigerte die Aufnahme der Vertreter der revolutionären Arbeiter aus den Wiener Vorstädten. Man war mit sich selbst beschäftigt, und es gelang nicht, die revolutionäre Bewegung auf die Landeshauptstädte auszuweiten. Die Bauern ließ man völlig außer Acht, man isolierte sich praktisch selbst in Wien.

Die kaiserliche Regierung taktierte besser als der revolutionäre Sicherheitsausschuss, man setzte auf Patriotismus und verteufelte die italienischen Revolutionäre. Statt sich mit den revolutionären Bewegungen in Italien und Böhmen gegen das Haus Habsburg zu verbünden, freuten sich die Wiener Revolutionäre über die Niederschlagung des italienischen Aufstandes und die Wiedereroberung von Mailand durch Feldmarschall Radetzky. Zu Pfingsten 1848 wurde der Aufstand der böhmischen Revolutionäre in Prag durch Fürst Alfred Windischgrätz blutig niedergeschlagen. Der böhmische Slawenkongress hatte die Schaffung eines konstitutionell regierten böhmischen und mährischen Königreiches gefordert, hatte dabei aber das Haus Habsburg nicht in Frage gestellt. Die nächsten Gegner, welche die Habsburger ausschalten konnten, waren die Italiener, die am 25. Juli die entscheidende Schlacht bei Custozza verloren. Nur mehr die Revolutionäre in Wien und die Ungarn hielten noch aus.

In Wien konnte sich der Sicherheitsausschuss noch immer nicht dazu überwinden, mit den Arbeitern gemeinsame Sache zu machen. Man konnte zwar im Reichstag die Bauern von ihren Untertanen- und Abgabepflichten befreien, als sich aber am 21. August die Arbeiter in Wien wegen Lohnkürzungen erhoben, ließ der Sicherheitsausschuss Bürgergarde und Bürgerkorps auf sie schießen. Die bisher abseits gestandenen Wiener Bürger hatten dagegen genug von den Streitigkeiten und Tumulten und kehrten in das Lager der Kaiserlichen zurück, der letzte Akt der Revolution stand bevor.

Der entscheidende Moment – Die Fiktion

Die Wiener und Österreicher hatten, anders als die Franzosen, keine Übung in der Organisation von Revolutionen. Die Franzosen waren bei ihrer Februarrevolution 1848 klüger vorgegangen und hatten zunächst den Schulterschluss zwischen dem liberalen Bürgertum und der Arbeiterschaft herbeigeführt. Auch hier hatte es Kämpfe zwischen der königlichen Armee und den Bürgern von Paris gegeben, die endeten, als der Bürgerkönig Louis Philippe abdankte und ins Exil ging. Nehmen wir an, es hätte jemanden in Wien gegeben, der die Weitsicht besessen hätte, die Revolution als Ganzes zu sehen, als einen Aufstand von Bürgertum, Arbeiterschaft und Bauern, mit dem Ziel, die Monarchie abzuschaffen und eine Republik auszurufen. Und nehmen wir an, es wäre auch gelungen, was eine Voraussetzung für eine erfolgreiche Revolution gewesen wäre, dass man die Flucht des kaiserlichen Hofes am 17. Mai 1848 nach Innsbruck verhindern hätte können. Mit dem Kaiser und seiner Familie als Faustpfand wäre es vielleicht möglich gewesen, all jene Kaisertreuen ruhig zu halten, die treu zur Monarchie standen.

Konsequenzen und Bedeutung

Gehen wir in unseren Annahmen weiter. Als am 22. Juli 1848 der Reichstag in Wien eröffnet wird, hält nicht ein Mitglied des Kaiserhauses – in der Realität war dies der beliebte steirische Erzherzog Johann – die erste Rede, sondern man lässt das jüngste Mitglied, den 24-jährigen Hans Kudlich, die Eröffnungsrede halten. Er beschwört die Einheit des Staates, er verspricht, dass der Reichstag den gesamten Staat erhalten und als Bundesstaat im Rahmen einer Republik organisieren möchte, und beschwört die einzelnen Nationalitäten, am Reformwerk mitzuarbeiten.

Die Lage ist inzwischen verworren. Ungarn und Böhmen haben zwar Vertreter im Reichstag sitzen, arbeiten aber in ihren Ländern auf die

Unabhängigkeit von Wien hin. In Prag hat man zwar zunächst nicht daran gedacht, sich von Österreich zu trennen, nun gewinnen aber die Nationalisten die Oberhand und fordern eine eigene Republik Böhmen und Mähren, unabhängig von Österreich. Zwar steht eine Armee unter Alfred Fürst Windischgrätz vor der Stadt, diese kann aber nicht ohne die Erlaubnis Kaiser Ferdinands eingreifen, der in der Hofburg der Gefangene der Revolutionäre ist.

Ähnlich auch in Ungarn. Hier hat Graf Szécheny bei einer Sitzung des Ministerrates einen Nervenzusammenbruch erlitten und ist in der Irrenanstalt gelandet. Ministerpräsident Graf Batthyány ist zurückgetreten, und Lajos Kossuth hat die Regierungsgewalt diktatorisch übernommen. Er weigert sich, für Ungarn weiter Steuern nach Wien zu bezahlen, gibt eine eigene Währung heraus und stellt eine ungarische Nationalarmee auf. Ungarn ist damit faktisch selbstständig, das Kaisertum Österreich ist in drei Republiken, Böhmen und Mähren, Ungarn und Österreich, zerfallen.

In Wien hat sich inzwischen die Lage zugespitzt, der Reichstag wird, wie oft in Revolutionen, immer radikaler bis hin zur Todesdrohung gegen den Kaiser. Dennoch gibt es unter den Abgeordneten auch besonnene Leute. Man einigt sich am 18. August 1848 darauf, das Haus Habsburg für abgesetzt zu erklären, die Vorrechte des Adels werden abgeschafft, und man plant, den Kaiser nach der Beruhigung der Lage ins Exil zu schicken. Man sendet Unterhändler nach Prag und Pest, um auszuloten, ob es möglich sei, aus Böhmen, Mähren, Ungarn und Österreich einen demokratischen Bundesstaat zu formieren.

Es ist dies die große Stunde der österreichischen Revolution, man sieht sich bereits als demokratischer Bundesstaat in der Mitte Europas und als Vorreiter der Revolutionen, die inzwischen im Deutschen Bund aufflackern. Zur Verteidigung der Revolution stellt man ein österreichisches Nationalheer auf, das aber schlecht geführt und bewaffnet ist, weil man es verabsäumt hat, das kaiserliche Arsenal in Schloss Neugebäude rechtzeitig zu übernehmen. Das Nationalheer erhält Zuzug von Möchtegernrevolutionären aus halb Europa, darunter sind auch Karl Marx und Friedrich Engels, die im Frühjahr 1848 ihr kommunistisches Manifest veröffentlicht haben und nun eine Revolution aus der ersten Reihe miterleben möchten.

Zwei Faktoren aber haben die Revolutionäre in Wien in ihre Überlegungen nicht einbezogen. Die deutsche Nationalversammlung, die seit dem 18. Mai in der Frankfurter Paulskirche tagt, und die österreichische Armee. Die Nationalversammlung, die seit Monaten über die Frage „kleindeutsche" oder „großdeutsche" Lösung debattiert, d. h. ein Deutschland unter österreichischer oder preußischer Führung, hat kein Interesse daran, das Kaisertum Österreich in kleine Republiken zersplittert zu sehen. Man befürchtet, dass diese schnell von der „slawischen Schutzmacht" Russland dominiert werden könnten. Daher verweigert die Frankfurter Nationalversammlung der revolutionären Regierung in Wien die Anerkennung, wenngleich sie auch keine militärischen Maßnahmen gegen diese einleiten kann.

Ein wesentliches Machtinstrument, das die revolutionäre Wiener Regierung nicht in die Hand bekommen kann, ist die österreichische Armee. Die kaiserlich-königlichen Linienregimenter in Ungarn sind auf die Seite Kossuths getreten, die Armee in Lombardo-Venetien wird vom 82-jährigen Joseph Wenzel Graf Radetzky kommandiert, der keine revolutionäre Agitation oder Umtriebe in seiner Armee duldet, und Fürst Windischgrätz steht mit seiner Armee vor Prag. Die Mehrzahl der Soldaten sind einfache Leute, Bauernburschen aus den Regionen des Reiches, aus denen man entweder auswandern oder Soldat werden muss, wenn man genug zu essen haben will. Aber sie gilt als eine der besten ihrer Zeit, sie ist gut ausgerüstet und diszipliniert und wird von charismatischen Feldmarschällen und Generälen geführt. Ein Übergreifen der revolutionären Gedanken der Wiener Regierung auf die Armee ist daher unwahrscheinlich, sie würde weiterhin treu zum Kaiserhaus stehen.

Dazu kommt, dass sich in einigen Teilen des Reiches Widerstand gegen die Wiener Regierung und die Revolutionäre in Ungarn zu formieren beginnt. In Ungarn hat Kossuth mit einer Politik der radikalen Magyarisierung von Slowaken und Kroaten begonnen, die wie die Siebenbürger Sachsen Selbstverwaltung fordern. In Kroatien formiert sich als Reaktion darauf eine nationale kroatische Armee unter Feldmarschallleutnant Josef Graf Jelačić, die gegen Ungarn marschiert und Pest bedroht.

In Oberitalien hat Radetzky entschieden, mit seiner Armee abzuziehen und das Land vorläufig wieder den italienischen Revolutionären zu überlassen. Ihm ist die Rettung der Kaiserfamilie in Wien wichtiger. Als ihm der österreichische Dichter Franz Grillparzer in sein Hauptquartier bei Verona schreibt, er möge doch nicht das Leben des Kaisers in Gefahr bringen, antwort Radetzky, man habe nur eine Monarchie, aber viele Habsburger – ein deutlicher Hinweis darauf, dass er lieber den Kaiser opfern würde als die Republik anzuerkennen.

Außerdem dient in seinem Stab der 18-jährige Franz Joseph, Sohn von Erzherzog Franz Karl, dem jüngeren Sohn von Kaiser Franz I., und dieser ist, sollte Ferdinand abdanken oder aus dem Leben scheiden, ein möglicher Thronanwärter. Mit diesem Faustpfand kann Radetzky die Kaisertreuen in Österreich um sich scharen, Kaiser Ferdinand ist entbehrlich.

In Böhmen steht ein kaisertreues Heer vor Prag, und Windischgrätz ist bewusst, dass er, will er sich gegen Ungarn oder Wien wenden, zunächst Böhmen wieder unter die Kontrolle der Kaiserlichen bringen muss. Innerhalb von fünf Tagen stürmt er nach schwerem Artilleriebeschuss die Stadt, wobei er seine Frau durch eine fehlgegangene Kugel verliert. Er löst den Slawenkongress auf, wirft dessen Mitglieder in den Kerker, etabliert einen kaisertreuen Statthalter und zieht mit seinem Heer in Richtung Ungarn ab, während Radetzky von Süden her gegen Wien vorrückt.

Anfang Oktober 1848 vereinigt Windischgrätz sein Heer mit den Kroaten unter Jelačić am Plattensee bei Kesztehely und trifft hier auf das Honvédheer von Kossuth. In einer erbitterten Schlacht schlagen die Kroaten und Kaiserlichen die Ungarn und treiben sie in der Folge über die Donau nach Osten zurück, während sie Pest und Buda einnehmen können.

Zur selben Zeit erreicht Radetzky die Umgebung von Wien. Südlich davon bei Baden stellt sich ihm die österreichische Nationalarmee entgegen, die der greise Feldmarschall aber vernichtend schlägt und deren Reste sich hinter die Stadtmauern von Wien zurückziehen. In der folgenden Panik stürmen die aufgebrachten Wiener die Hofburg, stecken sie in Brand und hängen Kaiser Ferdinand an einer Laterne am Michaelerplatz auf. Drei Tage später nimmt Radetzky nach heftigen Kämpfen, die Teile von Wien in Schutt und Asche legen, die Hauptstadt ein, die Revolution ist damit in Wien zu Ende.

Am 15. Oktober 1848 wird der junge Franz Joseph, dessen Vater Erzherzog Franz Karl auf Betreiben seiner Gemahlin Sophie auf den Thron verzichtet hat, in Schönbrunn zum Kaiser von Österreich und König von Böhmen gekrönt, Ungarn muss noch warten.

Hier hat sich das ungarische Heer nach der Niederlage von Kesztehely bei Arad nochmals neu organisiert. Der junge Kaiser Franz Joseph sendet nun Radetzky gegen Kossuth aus und bittet den russischen Zaren um Intervention, der ein Übergreifen der Revolution von Ungarn auf Russland fürchten muss. Die vereinigten Heere schlagen im Frühjahr 1849 Kossuth bei Arad, danach streckt die ungarische Revolutionsarmee unter General Görgey am 13. August 1849 bei Világos die Waffen.

Noch im selben Jahr kehrt Radetzky mit einer österreichschen Armee nach Oberitalien zurück, wo inzwischen das Königreich von Lombardo-Venetien für die Habsburger verloren gegangen ist. Die kriegserprobte österreichische Armee, die auf fast 150.000 Mann angewachsen ist, macht mit den Truppen des Königreichs Piemont-Sardinien, welche die Aufständischen unterstützen, kurzen Prozess. Radetzky schlägt sie in mehreren Schlachten in Verona, Vicenza, Custozza, Mortara und Novara und sichert das Land für seinen neuen Kaiser.

In Wien und Ungarn endet die Revolution blutig. Die neue Regierung unter Graf Schwarzenberg lässt die Revolutionäre, besonders die Mitglieder des Reichstages und der Revolutionsarmee in Ungarn, aburteilen und hinrichten, der Reichstag wird aufgelöst und alles, was den Namen Verfassung trägt, abgeschafft. Die Revolution ist gescheitert, das straffe zentralistische und absolutistische Prinzip wird, trotz einiger Reformen, wieder eingeführt.

Realgeschichte

Die Revolution von 1848 hatte in Österreich und den Kronländern keine Aussicht auf Erfolg. Die Ursachen dafür liegen im Umstand, dass Österreich keine ethnisch einheitliche und staatstragende Bevölkerung wie etwa Frankreich besaß und dass das Bürgertum, welches Träger der Revolution war, nicht liberal genug war, zu erkennen, dass es gemeinsame Sache mit Bauern und Arbeitern hätte machen müssen. Dazu kam, dass die einzelnen Nationen wie Böhmen, Mähren, Ungarn, Slowaken und Kroaten ihre eigene Version der Revolution anstrebten, die auf die Schaffung von Nationalstaaten oder wenigstens unabhängigen, selbstregierten Staaten einer Monarchie abzielten. Da man sich auch hier nicht einig war – die Böhmen wollten aus der Monarchie nicht ausscheren, die Ungarn wollten einen eigenen Nationalstaat, der wiederum durch seine nationalistische Politik Kroaten und Slowaken empörte –, kam nie eine einheitliche Front gegen die Habsburger zustande. Auch in Wien konnte sich der Reichstag niemals entscheiden, was er eigentlich sein wollte und wie er seine Anliegen durchsetzen könnte.

Es gab in Wien während der Revolution zwei Regierungen, eine revolutionäre und eine kaiserliche, wobei die Kaiserlichen es geschickt verstanden, die Revolutionäre zu isolieren, in Fraktionen aufzuteilen und ein gemeinsames Vorgehen gegen das Kaiserhaus zu verhindern.

Als sich die Revolutionäre endlich darauf einigten, dass es des bewaffneten Kampfes bedurfte, um ihre Anliegen durchzusetzen, war es zu spät. Sie hatten die Unterstützung der Wiener Bürger verloren, die in großer Zahl aus der Stadt flohen. Selbst als sie sich am

Ende doch noch mit den Wiener Arbeitern verbündeten, konnten die organisierten Armeen von Windischgrätz und Jelačić nicht aufgehalten werden.

Dies war ein weiterer Fehler der Revolution gewesen, dass man die Armee, traditionellerweise ein konservatives Element und die Stütze des Kaiserhauses, völlig außer Acht gelassen hatte. Nur eine gezielte Agitation unter den Soldaten schon vor 1848 hätte es ermöglichen können, dass diese auf die Seite der Revolution getreten wären. Eine solche war aber unterblieben, und die straffe Führung der Feldmarschälle Radetzky und Windischgrätz ließ revolutionäre Gedanken in der Armee nicht zu.

In der Realität kehrte der kaiserliche Hof mit Ferdinand I. am 12. August wieder nach Wien zurück, nachdem die Bürgergarde die revolutionären Arbeiter in der Praterschlacht blutig niedergeworfen hatte. Die Bürger in Wien hatten genug von der Revolution, man sehnte sich nach Ruhe und Ordnung.

Als aber am 6. Oktober Wiener Truppen gegen die heranrückenden Ungarn vom Wiener Nordbahnhof aus abgehen sollten, kam es zu Kämpfen in der Stadt, da Nationalgarde, Akademische Legion und Arbeiter den Truppentransport verhindern wollten. Dabei wurde der 68-jährige Kriegsminister Theodore Graf Baillet de Latour an einer Laterne am Platz Am Hof aufgehängt und sein Leichnam geschändet.

Der kaiserliche Hof verließ darauf abermals die Stadt, floh nach Olmütz in Mähren und gab Windischgrätz und Jelačić den Auftrag, in Wien mit Waffengewalt die Ordnung wiederherzustellen. Zwischen 23. und 29. Oktober 1848 wurde die Stadt belagert und einen Tag später wurde ein ungarisches Entsatzheer bei Schwechat geschlagen und vertrieben. Am 31. Oktober wurde die Innenstadt von Wien unter hohen Opfern der Zivilbevölkerung im Sturm genommen.

Am 2. Dezember trat Kaiser Ferdinand I. zugunsten seines Neffen Franz Joseph zurück, der aber als 18-Jähriger völlig unter dem Einfluss seiner Minister und Generäle stand, die im Jahr darauf Ungarn und Lombardo-Venetien blutig unterwarfen. Die Regentschaft von

Kaiser Franz Joseph I. begann mit einem Blutbad in Ungarn und Italien, was die ersten Jahre seiner Herrschaft überschatten sollte. Der Reichstag wurde aufgelöst, bis 1851 wurde alles Konstitutionelle wieder abgeschafft, es zog erneut ein absolutistischer Geist in Österreich ein. Die einzig bleibende Errungenschaft der Revolution war die Befreiung der Bauern, obwohl ihr Initiator Hans Kudlich dafür zum Tod verurteilt wurde und sich nur durch eine Flucht nach Amerika retten konnte.

Wir haben gesehen, dass die Revolution im Vorhinein zum Scheitern verurteilt war. Aber nehmen wir in einem Szenario an, die Revolution hätte gegen alle inneren und äußeren Widrigkeiten Erfolg gehabt. Die Ungarn wären dann mit Sicherheit ihren eigenen Weg gegangen und hätten dabei Slowaken und Kroaten blutig unterworfen und in eine Republik Ungarn eingegliedert. Böhmen und Mähren wären eventuell mit zahlreichen Sonderrechten bei Österreich geblieben, das wiederum seine italienischen Besitzungen verloren hätte.

Wahrscheinlicher ist, dass sich auch in Böhmen und Mähren die nationalistischen Kräfte durchgesetzt und die Länder von Österreich abgespalten hätten. Ein republikanischer Kleinstaat Österreich und die Republiken Ungarn und Böhmen wären aber für den Deutschen Bund und die Monarchien Russland, Preußen und Bayern ein Ärgernis gewesen, und man hätte wohl schnell darauf geschaut, mittels einer militärischen Intervention die alte Ordnung wiederherzustellen. Dies wäre auch notwendig gewesen, denn ohne ein Österreich mit Böhmen und Ungarn wäre das Mächtegleichgewicht in Europa zu sehr aus den Fugen geraten. Die Österreich umgebenden Länder konnten kein Interesse an einem Machtvakuum in der Mitte Europas haben. Spätestens 1850 wäre ein Koalitionsheer aus Russen, Preußen und Bayern erschienen und hätte die alte Ordnung mit Gewalt wiederhergestellt. Österreich hätte sich kaum dagegen wehren können, die Ungarn wären den Russen unterlegen, die Böhmen wären am ehesten dazu bereit gewesen, freiwillig zur alten Ordnung zurückzukehren.

Der neue Kaiser Franz Joseph I. hätte diese Unterstützung und seinen Thron mit zahlreichen Gebietskonzessionen und politischen Zugeständnissen bezahlt, eine kleindeutsche Lösung wäre dann ab 1850 nicht zu verhindern gewesen. Österreich und die Kronländer hätten noch auf Jahre unter den Nachwirkungen der Revolution gelitten. Sie wären niemals wieder zu einem geeinten Staat zusammengewachsen und hätten bei nächster Gelegenheit abermals versucht, sich zu trennen. Was in der Realität im Jahr 1918 erfolgte, die Auflösung der Monarchie, wäre dann vielleicht schon in der zweiten Hälfte des 19. Jahrhunderts Wirklichkeit geworden. Das Ende der Donaumonarchie hätte dann auch ein gütiger Kaiser Franz Joseph nicht mehr verhindern können.

Weder militärische Strenge noch absolutistische Herrschaft, noch das Angebot einer Reform unter Einbeziehung der Kronländer hätten den revolutionären Geist, von dem die Völker gekostet hatten, jemals wieder vertreiben können. Rechnet man die immer stärker werdenden Tendenzen des Nationalismus dazu, so war das Ende der Donaumonarchie vorgezeichnet. Das Scheitern der Revolution von 1848 gab der Habsburgermonarchie nochmals eine Chance, die aber bis 1918 nicht genutzt wurde.

18. Februar 1853

Die Rache der Revolutionäre – János Libényi ermordet Kaiser Franz Joseph I.

Manchmal ist es ein einziger kurzer Moment, der die Geschichte neu schreiben könnte. Diese Einzigartigkeit ist typisch für die Änderung der Geschichte durch Attentate. Hier entscheiden oft Sekunden. Wird der Messerstoß abgefangen oder trifft er, findet die Bombe ihr Ziel oder geht sie daneben oder verfehlt die Kugel das Opfer? Attentate lassen den Lauf der Welt für einen Moment anhalten, ehe sie sich weiterdreht. Es hat viele erfolgreiche politische Attentate gegeben, von Julius Caesar über den französischen König Henri IV. bis Abraham Lincoln. Es hat auch zahlreiche Attentate gegeben, die nicht gelungen sind, wie das Attentat auf Napoleon 1805 in Wien. Das Besondere am politischen Attentat ist, dass es langfristige Planungen in der Politik jäh unterbricht, nur ein einziger Moment kann alles ändern.

Umso verwunderlicher scheint es, dass man es nach der blutig niedergeschlagenen Revolution von 1848 einem von seinen Untertanen ungeliebten 23-jährigen österreichischen Kaiser erlaubt, nur mit einem Adjutanten in Wien spazieren zu gehen. Kaiser Franz Joseph war 1853 bei Weitem noch nicht die Integrationsfigur der k. k. Monarchie, die er später verkörpern sollte, und er war auch noch nicht durch seine Sturheit und sein absolutistisches Denken der Totengräber der Monarchie. Sein früher Tod hätte für liberal gesinnte Herrscher und Politiker rechtzeitig an der Spitze der Donaumonarchie Platz machen und die Geschichte Österreichs und Europas verändern können.

Die Zeit

Die Regentschaft des jungen Kaisers Franz Joseph, er war bei seiner Thronbesteigung am 2. Dezember 1848 nur 18 Jahre alt, entstand aus der Not der Revolution in Wien. Am 31. Oktober hatte Fürst Windischgrätz die k. k. Haupt- und Residenzstadt den Habsburgern zurückerobert und dem Aufstand ein blutiges Ende bereitet. Der Thronwechsel vom leicht beschränkten Ferdinand I. zum jungen Franz Joseph I. sollte den Völkern der Donaumonarchie das Ende einer alten und den Beginn einer neuen Ära signalisieren. Die Ungarn dachten gar nicht daran, dem „rothosigen Leutnant" die Ehre zu erweisen, am 8. Dezember 1848 beschloss der Reichstag in Budapest, den Thronwechsel nicht anzuerkennen. Zwar konnte der Feldmarschall Fürst Windischgrätz am 5. Jänner 1849 Budapest für die Kaiserlichen zurückerobern und Radetzky konnte die piemontesische Armee am 23. März 1849 in Novara vernichtend schlagen und so Österreich aus einem drohenden Zweifrontenkrieg befreien, dann aber fügte der ungarische General Artur Görgey den kaiserlichen Truppen im April 1849 empfindliche Niederlagen zu und Budapest fiel wieder in die Hände der Ungarn. Am 14. April erklärte der ungarische Reichstag in Debreczen Ungarn zum unabhängigen Staat und setzte das Haus Habsburg als Könige von Ungarn ab. Franz Joseph nannte sich zwar weiterhin König von Ungarn, die ungarische Republik des Lajos Kossuth war aber, zumindest für kurze Zeit, Realität geworden.

Franz Joseph holte sich Hilfe. In Warschau schmiedete er mit Zar Nikolaus von Russland eine Allianz, und ab Juli 1849 marschierten russische und österreichische Truppen in Ungarn ein. Görgey wurde bei Debreczen und Temesvar geschlagen und ergab sich bei Arad den Russen, die alle Generäle und maßgeblichen Politiker an die Österreicher auslieferten. Die Rache der Sieger war fürchterlich, 13 Generäle und sechs Zivilisten wurden im Oktober 1849 zu den Klängen des Kaiserliedes gehenkt und erschossen, Ungarn kam unter die brutale Militärverwaltung des Generals Haynau. Der Aufstand war niedergeschlagen, die Führer geflohen, die Ungarn aber sollten das blutige Jahr 1849 noch lange im Gedächtnis behalten. Kaiser Franz Joseph I., in seiner Jugend allgemein „Franzl" gerufen, das Joseph fügte er erst ab 1848 seinem Namen bei, um an den Volkskaiser Joseph II. anzuknüpfen, wurde am 18. August 1830 als Sohn von Franz Karl, dem jüngeren Bruder Kaiser Ferdinands, und der Prinzessin Sophie von Bayern geboren. Franz Karl war ein bequemer und schwacher Mensch, der der Kunst, der Wissenschaft und wohltätigen Vereinen zugetan war. Es war ihm klar, dass immer sein Bruder Ferdinand trotz dessen schwacher Geistesgaben herrschen würde, niemals aber er. Anders dachte seine Gemahlin, Prinzessin Sophie von Bayern, die streng und intelligent, ein durch und durch politischer Kopf und extrem ehrgeizig war. Als es mit der Zeit Gewissheit wurde, dass Ferdinands Ehe kinderlos bleiben würde, fasste sie den Plan, nicht ihren schwachen Mann, der in der Erbfolge an erster Stelle stand, sondern ihren ältesten Sohn Franz auf den österreichischen Kaiserthron zu bringen. Das Revolutionsjahr 1848 gab ihr die Gelegenheit dazu. Nach der Abdankung Ferdinands überredete sie ihren Mann zum Thronverzicht und machte damit ihren Sohn zum Kaiser.

Franz wurde streng und vor allem militärisch erzogen, er lernte fünf Sprachen und den Dienst in den Hauptwaffengattungen Infanterie, Kavallerie, Artillerie und Pionierdienst. Von seinem Großonkel Erzherzog Johann erbte er die lebenslange Liebe zur Armee. Franz sah sich als Erfüller der ihm auferlegten Pflichten: „Der Mensch ruhe nie aus Trägheit, sondern nütze die Zeit, sie ist sein kostbarstes Gut", schrieb er einmal in sein Kalligraphieheft.

Den Beginn der Revolution von 1848 erlebte der junge Erzherzog in Wien, ehe er im April zur italienischen Armee des Feldmarschalls Radetzky abging. Nach einer kurzen Zeit in Innsbruck erlebte er den blutigen 6. Oktober in Schloss Schönbrunn, ehe er mit dem kaiserlichen Hofstaat nach Olmütz floh, wo man ihn zum Kaiser machte.

Die ersten Jahre seiner Regierung waren keine glücklichen. Die Wiener, deren Stadt er unter Kriegsrecht hielt, liebten ihn nicht, die Ungarn hassten ihn so sehr, dass eine Reise durch Ungarn 1852 nur auf eisige Höflichkeit stieß. Sein Regierungsstil des Neoabsolutismus brachte keine politischen und sozialen Fortschritte für Österreich, und im Jahr 1853 war der 23-Jährige zwar anerkannt, aber bei weitem noch nicht die Symbolfigur der Monarchie, die er in seinen späten Jahren so sehr verkörpern sollte.

Zur selben Zeit fasste in Ungarn ein junger Mann den Plan, die Niederschlagung der ungarischen Revolution mit dem Tod des Kaisers zu rächen.

János Libényi wurde am 8. Dezember 1831 in Csakvar, Komitat Stuhlweißenburg, als Sohn eines Schneidermeisters und Hausbesitzers geboren. Er erlernte das Handwerk eines Schneiders und geriet nach der ungarischen Revolution von 1848/49 ab 1850 in ungarisch-nationalistische Kreise. 1851 kam Libényi nach Wien und fand hier Freunde in antimonarchistischen Zirkeln.

Der entscheidende Moment – Die Realität

1853 standen rund um Wien noch die Mauern und Basteien der Wälle, die 1683 den Türken getrotzt hatten. Diese Mauern hatten keine Verteidigungsfunktion mehr, waren aber ein beliebter Spazierweg der Wiener, die von hier aus auf die Vorstädte und das bepflanzte Glacis hinabblicken konnten. Auf der Kärntnertorbastei war die Mauer mit einer Allee junger Bäume bepflanzt, zwischen denen Bänke aufgestellt waren.

Gegen Mittag des 18. Februar 1853 erschien hier Franz Joseph in Begleitung des diensthabenden Flügeladjutanten, des irischen Grafen Maximilian O'Donnell. Sie hatten die Stadtmauer beim Rotenturmtor bestiegen und waren ihrem Verlauf bis zur Kärntnertorbastei gefolgt. Hier erregte Trommelwirbel, der vom Glacis heraufklang, das Interesse der beiden Herren, und sie beugten sich über die Brüstung, um den auf dem Glacis exerzierenden Soldaten zuzusehen. Dies war der Moment, auf den János Libényi seit Tagen gewartet hatte.

Nachdem sich seine Hoffnung, Kaiser Franz Joseph könnte während seines Besuches in Ungarn 1852 einem Anschlag zum Opfer fallen, nicht erfüllt hatte, hatte Libényi Ende Dezember 1852 bei einem Schleifer in der Leopoldstadt ein Messer gekauft und sich in der Folge mit den Gewohnheiten Franz Josephs vertraut gemacht, der öfters um die Mittagszeit einen Spaziergang auf den Basteien zu unternehmen pflegte. Am 18. Februar 1853 verließ Libényi schon zu Mittag seinen Arbeitsplatz und wartete an verschiedenen Stellen der Befestigungen, bis ihm auf der Kärntnertorbastei der Kaiser begegnete.

Libényi zog aus der Brusttasche seines Rockes ein zehn Zoll langes und an der Spitze scharf geschliffenes Messer und führte einen Stoß gegen Nacken und Kopf des Kaisers. Dieser, durch den Aufschrei einer in der Nähe stehenden Frau alarmiert, wendete den Kopf, sodass der Stoß am Hinterhaupt abglitt, wobei sich durch die Wucht des Stoßes die Klinge des Messers fast einen Zoll lang umbog. Libényi versuchte ein zweites Mal zuzustechen, aber inzwischen hatte O'Donnell die Situation erfasst, zog seinen Säbel und stürzte sich auf den Attentäter, der den ersten Hieb mit der Hand abwehrte, indem er an die Klinge fasste und sich die Hand zerschnitt. Dennoch gab er nicht auf, und es entstand eine wilde Rangelei. Der Wiener Bürger, Hausbesitzer und Fleischermeister Joseph Ettenreich kam dem Adjutanten zu Hilfe, traktierte den Attentäter mit Schlägen und rang ihn zu Boden.

Die alarmierte Wache kam, nahm den Ungarn in Gewahrsam und eskortierte ihn in die Oberpolizeidirektion, wobei dieser sich durch die Rufe „Eljen Kossuth" als Anhänger der ungarischen Revolution von 1848/49 zu erkennen gab.

Inzwischen kümmerten sich Ärzte um Franz Joseph, dessen ein Zoll lange und klaffende Wunde zunächst von O'Donnell – man hatte die Vorstellung, der Dolch könnte vergiftet gewesen sein, ausgesaugt worden war. Nach mehrtägigem Wundfieber hatte der Kaiser am 27. Februar die Krise überwunden, am 7. März erschien er erstmals wieder in der Öffentlichkeit, und am 12. März erfolgte ein offizieller Dankgottesdienst in St. Stephan. Der Kaiser hatte überlebt.

Der entscheidende Moment – Die Fiktion

Libényis Tat hat Erfolg. Er springt Franz Joseph von hinten an, sein Messer durchbohrt den Hals des Monarchen und durchtrennt dessen Halsschlagader. Die Wucht des Stoßes schleudert den Kaiser über die nur 90 Zentimeter hohe Brüstung in den Stadtgraben, wo er hilflos verblutet. Libényi fällt unter den Säbelhieben O'Donnels, schwer verletzt hängt man ihn wenige Tage später auf.

Konsequenzen und Bedeutung

Unmittelbar nach der Tat wird der um zwei Jahre jüngere Bruder Franz Josephs, Erzherzog Ferdinand Maximilian, zum Kaiser Maximilian I. von Österreich ausgerufen.

Erzherzog Ferdinand Maximilian wurde 1832 als zweiter Sohn von Erzherzog Franz Karl und Erzherzogin Sophie in Wien geboren. Seine Mutter ließ seinen älteren Bruder Franz wie einen künftigen Kaiser erziehen, obwohl ihn der junge Max an Intelligenz, Charme und Beliebtheit übertraf. Dennoch wurde Franz Joseph nach der Revolution 1848 Österreichs Kaiser, seinen Bruder fürchtete er und wollte ihn weit entfernt von Wien sehen. Einerseits mochte er, solange er selbst keinen Erben hatte, den vom Volk geliebten Max nicht als Thronfolger ansehen, andererseits gab es angeblich noch weit bedeutsamere Gründe, dem jungen Erzherzog Maximilian nicht zuviel Macht zukommen zu lassen. Immerhin gab es am Hof das Gerücht, dass das Blut Napoleon Bonapartes in dessen Adern floss. Napoleons Sohn Franz Bonaparte, der Herzog von Reichstadt, hatte

169

bis zu seinem Tod 1832 in Schönbrunn gelebt und soll eine innige Beziehung zu Erzherzogin Sophie, Maximilians Mutter, unterhalten haben, ehe er kurz nach Maximilians Geburt angeblich an Lungenschwindsucht starb.

Maximilian, der schon immer eine Vorliebe für die Seefahrt und das Reisen hatte, wurde Fregattenleutnant in der k. k. Kriegsmarine und von Franz Joseph so weit wie möglich vom Wiener Hof fern gehalten. Nun ist er plötzlich Kaiser eines Reiches von 60 Millionen Untertanen, er ist 21 Jahre alt, unsicher, ungefestigt und noch ein Spielball seiner Generäle und Minister.

Kaiser Maximilian I. ist noch unverheiratet. Man muss für ihn eine ideale Prinzessin suchen, welche die Kaiserin eines der bedeutendsten Reiche Europas sein kann. Das Reich ist unruhig, es soll möglichst schnell geheiratet und ein Thronfolger geboren werden. Damit hofft der Wiener Hof, die Völker der Donaumonarchie wieder an das Kaiserhaus zu binden. Man schlägt Maximilian die Wittelsbacher Prinzessin Helene vor und lädt sie nach Ischl ein, allerdings kann sie Maximilian nicht begeistern. Er lernt dort auch ihre jüngere Schwester Elisabeth, auch Sisi genannt, kennen. Er schreibt von ihr in sein Tagebuch, dass sie zwar entzückend, aber ein viel zu kompliziertes und kapriziöses junges Ding sei.

1856 reist Maximilian zu einer Flottenbesichtigung nach Oostende und lernt dort die Frau kennen, die sein Leben bestimmen soll – Charlotte von Belgien.

Charlotte von Belgien war die einzige Tochter von König Leopold I. von Belgien aus dem Geschlecht der Sachsen-Coburg und Gotha und der Marie Louise von Orlèans, die früh verstarb. Mit ihren zwei älteren Brüdern wuchs Charlotte in einer Männerwelt auf, sie musste früh erwachsen werden und den Haushalt organisieren und entwickelte sich zu einer ernsthaften jungen Dame mit dem brennenden Ehrgeiz ihres Vaters. In einer Heirat mit Maximilian sieht sie ihre Ambitionen erfüllt, denn sie ist sich sicher, dass sie und der österreichische Kaiser zu etwas Höherem bestimmt sind. Der Mann, für den sie schwärmte und den sie heiraten will, muss ein großer und bedeutender Herrscher werden. 1857 wurde in Wien mit großem Pomp geheiratet, allerdings blieb die Ehe kinderlos. Maximilian ist ein politischer Schwärmer mit konfus-romantischen Vorstellungen, dessen Ehrgeiz bis zur Ermordung Franz Josephs darunter gelitten hat, dass ihn zwei Jahre von der Krone trennten. Allerdings ist er politisch unbelastet, ihn verfolgen keine Hingerichteten von Wien und Arad und die Völker der Donaumonarchie verhalten sich zunächst abwartend.

An persönlichen Eigenschaften werden ihm neben Arbeitseifer, Güte, Intelligenz und umfassender Bildung auch übertriebener Ehrgeiz, Romantizismus und mangelnder Realitätsbezug zugeschrieben. Ähnlich charakterisiert ihn die „Neue Deutsche Biografie": Er sei „vielfältig interessiert",,,künstlerisch begabt", „geistig beweglicher", aber „unsteter" als sein Bruder Franz Joseph, zudem „leicht beeinflussbar" und „kein guter Menschenkenner". Seine „liberale Gesinnung" soll vom Bestreben herrühren, „solche Eigenheiten hervorzukehren, durch die er sich von seinem kaiserlichen Bruder unterschied".

Sein Interesse an Wissenschaft und Kunst wird ebenfalls dem Umstand zugeschrieben, dass er glaubte, es bliebe ihm „eine seinen Fähigkeiten angemessene politische Betätigung vorenthalten".

Nun ist Maximilian Kaiser und entwickelt sich unter dem Ehrgeiz Charlottes zum Realisten. Es ist oft feststellbar, dass sich jüngere Geschwister erst dann wirklich entwickeln können, wenn das ältere Geschwisterkind seinen bestimmenden oder einschränkenden Einfluss aufgegeben hat oder aufgeben musste. Maximilian ist nach dem Tod seines Bruders erstmals frei und fähig, sich selbst zu verwirklichen und sich zum ernsthaften Herrscher und Politiker zu entwickeln.

1859 muss er sich mit dem Aufstand in Lombardo-Venetien auseinandersetzen. Nach der österreichischen Niederlage bei Solferino gibt er die italienischen Besitzungen auf. Er erkennt, dass es für die Monarchie wichtiger ist, sich nach Böhmen, Ungarn und nach dem Balkan zu orientieren als nach Italien.

Maximilian ist weltoffen und technisch interessiert. Als der amerikanische Bürgerkrieg 1861 ausbricht, entsendet er wie Preußen zahlreiche Militärbeobachter in die Nord- und Südstaaten. Der amerikanische Bürgerkrieg brachte zahlreiche Neuerungen in der Kriegstechnologie. Man erfand das Maschinengewehr, baute die ersten Kriegsschiffe mit Stahlpanzerung und drehbarem Geschützturm und das erste funktionierende U-Boot. Man beobachtete den Feind von Ballons aus und erfand zu deren Abwehr das Luftabwehrgeschütz. Man entwickelte Wasserminen und Torpedos und elektrisch gezündete Landminen. Man montierte Geschütze auf Eisenbahnen, verwendete Repetiergewehre und Hinterlader, Zielfernrohre, Feldtelegraphen, Stacheldrahtverhaue und Flammenwerfer. Auch in der Organisation des Krieges gab es zahlreiche Novitäten. So wurden die Armeen beider Seiten von Pressekorps begleitet, die über jede Schlacht in den Zeitungen berichteten. Man schuf ein einheitliches Gesundheitswesen für die Soldaten mit Feldlazaretten, Hospitalschiffen, Militärärzte- und Schwesternkorps, die erstmals Anästhetika verwendeten. Für die Gläubigen unter den Soldaten gab es eigene Feldkaplane.

Noch vor Ende des amerikanischen Bürgerkrieges 1865 lässt Maximilian die österreichische Armee gegen den Widerstand der alternden Generäle, die er reihenweise in die Pension schickt, nach dem Vorbild der siegreichen amerikanischen Unionsarmeen reformieren. Er erkennt ab 1863 den Wert der in Amerika entwickelten neuen Waffen und Strategien. Er kauft teuer die Baupläne der siebenschüssigen Spencer-Karabiner und lässt nach dem Ende des amerikanischen Bürgerkrieges die dort nicht mehr gebrauchten Waffen in großer Zahl nach Österreich importieren und die Armee damit ausrüsten.

Die reorganisierte österreichische Armee erlebt ihre Feuertaufe 1866, als Kaiser Wilhelm I. und Kanzler Otto von Bismarck versuchen, Preußen als deutsche Führungsmacht in Europa zu etablieren und eine kleindeutsche Lösung, also einen deutschen Nationalstaat unter Führung Preußens und ohne Österreich, zu schaffen. Die österreichischen Armeen schlagen die Preußen mit ihren amerikanischen Waffen und der Taktik der amerikanischen Nordstaaten knapp bei Königgrätz. Zwar haben auch die Preußen unter Moltke auf moderne Hinterladergewehre umgestellt, die aber nur einzelne Patronen verschießen. Königgrätz geht für die Preußen verloren, weil, wie ein preußischer Infanterist später sagt, die Österreicher mit dem Spencer-Karabiner eine Waffe hatten, die „man nur einmal laden musste, um eine Woche lang damit zu schießen".

Maximilian könnte nun darangehen, den Deutschen Bund unter die Vorherrschaft Österreichs zu stellen. Er ist aber Realist geworden und sieht die Gefahr eines beständigen Kriegszustandes zwischen Preußen, das die Niederlage nicht akzeptieren kann, und Österreich, das die deutschen Staaten im Bund auf Dauer und auf Kosten von Menschen und Material nicht effektiv vor Preußen beschützen kann. Maximilian hat für Österreich wichtigere Pläne am Balkan, er verzichtet auf den Führungsanspruch Österreichs im Deutschen Bund und zieht sich daraus zurück, Österreich bleibt aber weiter die Schutzmacht der deutschen Kleinstaaten.

Als liberal denkender Monarch möchte er auch Österreichs Staatswesen reformieren und tut dies 1867 gegen den entschiedenen Widerstand Ungarns, aber mit Unterstützung der Slawen im Reich mit der Schaffung einer konstitutionellen Monarchie mit Bundesstaaten nach amerikanischem Muster, wobei er Ungarn und Böhmen dazu zwingt, ihre Länder nach den Ethnien in einzelne, kleinere Bundesstaaten aufzuteilen, die in ihren Partikularinteressen besser von Wien aus zu steuern sind.

Maximilian hat ein weiteres Interesse. Als Flottenoffizier möchte er Österreich zur bedeutenden Seemacht aufrüsten. Er gründet eine neue österreichische Marine und lässt die Flotte modernisieren, die bald aufgrund ihrer technischen Neuerungen zur modernsten in Europa zählt. Maximilian ist auch an Kolonien in Übersee interessiert. Um diese ohne Konflikte mit England zu gewinnen, schließt er einen Flottenvertrag zur Begrenzung der österreichischen Flotte mit England, das Bedenken wegen der Seerüstung Österreichs hatte, und erwirbt als Gegenleistung mit Englands Unterstützung Kolonien in Südwestafrika und Ostafrika.

Mit der Zeit wird das wieder erstarkende Preußen zum politischen und militärischen Hauptgegner der Österreicher. Diese schließen 1870 einen Bündnisvertrag, den Vierbund, mit Frankreich, England und Russland, um die imperialen Bestrebungen Preußens, das sich mit Italien und dem Osmanischen Reich im Dreibund vereinigt, zu unterbinden.

Als Preußen 1871 Frankreich angreift, wird es vom Vierbund, dem sich auch Bayern anschließt, besiegt. In der Folge wird der Deutsche Bund aufgelöst, und es entstehen mit den Königreichen Preußen, Bayern und Hannover drei deutsche Nationalstaaten, die aufgrund ihrer geringen Größe und Wirtschaftskraft von den Nachbarstaaten kontrolliert werden können.

Maximilian ist ein großer Bewunderer des französischen Kaisers Napoleon III., seine Frau Charlotte ist eng mit Kaiserin Eugénie befreundet. Auch in Kunst und Literatur orientiert sich das Kaiserhaus stark nach Frankreich, daher kommen vermehrt französische Künstler nach Wien. Der französische Impressionismus findet hier ab 1875 zahlreiche Anhänger, die bedeutendsten österreichischen Impressionisten werden Hans Makart und Gustav Klimt.

Schon 1860 unterstützt Maximilian den Plan Napoleons III., Philipp von Flandern, den älteren Bruder Charlottes, zum Kaiser von Mexiko zu machen. Dieser kann sich mit Hilfe französischer und österreichischer Truppen bis 1866 halten, ehe die Franzosen und Österreicher auf Druck der USA abziehen müssen. Philipp wird 1867 in Querétaro von den revolutionären Mexikanern unter Benito Juárez erschossen.

Wien wird nach dem Vorbild von Paris umgestaltet, wofür man 1870 den französischen Städteplaner Georges Eugène Haussmann engagiert, der quer durch Wien große Boulevards legen lässt, nachdem man die Stadtmauer abgerissen und das Glacis verbaut hat. Der Vorschlag, anstelle der Stadtmauern eine ringförmige Straße um die Wiener Innenstadt zu bauen, wird von Haussmann als zu provinziell abgelehnt.

Als Maximilian 1889 im Alter von 57 Jahren stirbt, hinterlässt er einen geordneten Staat, der in ein effektives Bündnissystem in Europa mit England, Frankreich und Russland eingebettet ist. Dies hat ihm ermöglicht, das imperialistisch orientierte Preußen zu neutralisieren und die Expansionsbestrebungen Italiens in Richtung Südtirol und Trient zu stoppen.

Maximilian ist kinderlos geblieben, seine Nachfolge wird zum Problem. Seine beiden jüngeren erbberechtigten Brüder Karl Ludwig von Österreich und Ludwig Viktor von Österreich kommen für die Thronfolge nicht in Frage. Ersterer leidet an religiösem Wahn und segnet die Passanten von seiner Kutsche aus, der zweite gilt offen als homosexuell und als nicht präsentabel. Man einigt sich innerhalb der Habsburgerfamilie auf den 26-jährigen ältesten Sohn Karl Ludwigs von Österreich, Erzherzog Franz Ferdinand, der als Kaiser Franz II. den österreichischen Thron besteigt.

Franz II. ist ein entschiedener Vertreter des Bundesstaatsgedankens und möchte besonders die Bundesstaaten an der Südgrenze des Reiches gegen das Königreich Serbien aufwerten, was ihm dessen Feindschaft einbringt. Als sein Neffe und designierter Thronfolger Karl am 28. Juni 1914 in Sarajevo ermordet wird, kommt es zu einem kurzen, aber heftigen Krieg Österreichs gegen Serbien, der aber lokal beschränkt bleibt, da Russland aufgrund seiner Bündnisverpflichtungen gegenüber Österreich nicht eingreift. Die bereits kriegsbereiten Staaten Preußen und Italien werden durch den Vierbund von einem Eingreifen abgehalten, Europa geht einem relativ friedlichen 20. Jahrhundert entgegen.

Weltweite Konsequenzen hätte eine erfolgreiche Tat Libényis für Mexiko gehabt. Ein österreichischer Kaiser Maximilian I. hätte sich niemals auf das mexikanische Abenteuer von 1864 bis 1867 eingelassen. Es hätte die Schüsse von Querétaro nicht gegeben, vielleicht hätte sich ein anderer europäischer Prinz auf das Experiment eingelassen, das Ende wäre wohl ein Gleiches gewesen. Genauso hätte es aber auch keinen Mythos rund um Kaiserin Sisi und auch nicht den von Mayerling gegeben.

Realgeschichte

Nach dem erfolglosen Attentat wurde Libényi einem strengen Verhör unterzogen, bei dem er gestand, dass er die Tat aus Hass auf den Kaiser, hervorgerufen durch dessen Justiz an den Revolutionären von 1848/49, begangen hatte. Die verhörenden Beamten wollten unbedingt an eine weit verzweigte Verschwörung glauben und ließen Libényi Stockstreiche verabreichen, um die Namen seiner Mitverschwörer aus ihm herauszupressen, dieser blieb jedoch bei seiner Behauptung, die Tat allein geplant und durchgeführt zu haben. Libényi wurde am 23. Februar zum Tod durch den Strang verurteilt, das Urteil wurde am 26. Februar vollzogen. Libényis Attentat hatte weit reichende Konsequenzen für Wien und die Monarchie. Zum einen bewirkte der Mitleidseffekt, dass die Beliebtheit Franz Josephs bei seinen Untertanen zu steigen begann. Franz Joseph hätte gerne das Todesurteil gegen Libényi verhindert, um keine Märtyrerlegende entstehen zu lassen und um durch offensichtliche Milde weiter in der Gunst des Publikums zu steigen, hier konnte er sich aber gegen seine Generäle, die Blut sehen wollten, nicht durchsetzen. Der Kaiser nutzte allerdings die neu erworbene Popularität geschickt aus und ließ den Belagerungszustand in Wien, der seit 1848 gegolten hatte, aufheben.

Zum Dank für die Errettung seines Bruders rief Erzherzog Ferdinand Maximilian eine Spendenaktion zum Bau einer Kirche ins Leben. 300.000 Spender zahlten für den Bau der Votivkirche in einen Fonds ein, die Österreichs Westminster Abbey werden sollte und 1879 eingeweiht wurde.

Es ist schwer zu sagen, ob ein Kaiser Maximilian I. von Österreich sich von der ihm nachgesagten Trägheit und Lethargie hätte befreien können. Die treibende Kraft für ihn hätte Charlotte sein können, die einen ähnlichen Ehrgeiz besaß wie die französische Kaiserin

Eugénie und die durch ihre belgische Herkunft starke Verbindungen nach Frankreich hatte. Es ist daher nicht so unwahrscheinlich, dass sich Maximilian mehr nach Frankreich als nach Deutschland orientiert, aufgrund seiner liberalen Geisteshaltung dem Prinzip des Absolutismus abgeschworen und Österreich bundesstaatlich reformiert hätte. Daraus wäre eine völlig andere Bündnissituation in Europa entstanden, die den Aufstieg Preußens zur größten imperialistischen Macht in Europa verhindern hätte können, mit allen Konsequenzen wie dem Ausfall des Ersten und Zweiten Weltkrieges. Und das alles, wenn ein kleiner ungarischer Schneider besser gezielt hätte.

3. Juli 1866

„Benedek, das Genie" – Österreich gewinnt die Schlacht von Königgrätz

Das 1853 fehlgeschlagene Attentat auf Kaiser Franz Joseph ließ die Herrschaft eines Mannes andauern, der in einem sich immer mehr modernisierenden Jahrhundert den Wunsch hatte, dass möglichst alles beim Alten blieb, der extrem konservativ war, sich als absolutistischer Herrscher und als oberster Staatsdiener sah und der mit seiner Regierung fast 60 Jahre lang keine Konzepte fand, sich einer stetig verändernden deutschen Staatenlandschaft anzupassen. Moderne Errungenschaften der Militärtechnik, neue soziale Strömungen wie Sozialismus und Nationalismus wurden zunächst ignoriert und nur halbherzig zur Kenntnis genommen.

Es ist also nicht verwunderlich, dass sich mit Preußen ein dynamischer, industriell orientierter Staat aufmachte, den Traum eines deutschen Nationalstaates zu verwirklichen. Wilhelm I. sah sich schon als deutscher Kaiser, der über ein einheitliches Reichsgebiet und Staatsvolk herrschen wollte, Franz Joseph, der den Gedanken einer mittelalterlichen Kaiseridee vertrat, wollte als Kaiser über einen Verband von Fürsten herrschen. Dieses „sanftere" Konzept war im 19. Jahrhundert, zu einer Zeit, in der Nietzsche den „Übermenschen" propagierte, der alles mit dem „Willen zur Macht" ohne moralische Hemmung erreichen konnte, zum Untergang verurteilt. Wenn man so will, war dies die erste europaweite Auseinandersetzung zwischen Föderalismus und Zentralismus, ein Kampf, der sich bis heute in der europäischen Staatenlandschaft in ihrem Verhältnis zu einem geeinten Europa fortsetzt. Das zentralistische Prinzip hat 1866 gewonnen, 50 Jahre später zur Katastrophe des Ersten Weltkrieges geführt und den Europäern vermutlich für immer die Angst vor einem zuviel an Zentralismus eingeprägt.

Die Zeit

Die Frage nach dem weiteren Schicksal der deutschen Staaten und Österreichs wurde nach der Revolution von 1848 zur wichtigsten politischen Frage in Mitteleuropa. Nachdem sich 1806 das Heilige Römische Reich aufgelöst hatte, wurde auf dem Wiener Kongress von 1815 als Nachfolgeinstitution der Deutsche Bund ins Leben gerufen. Ihm traten 38 Staaten bei, 34 Fürstentümer und vier freie Städte. Österreich und Preußen brachten nur jene Gebiete ein, die schon zuvor Teile des Reiches gewesen waren.

Allerdings sollte der Deutsche Bund stets ein zahnloser Staatenbund bleiben, der in der Entwicklung zum deutschen Bundesstaat durch die hegemonialen und souveränen Interessen der Mitglieder, und hier besonders von Preußen und Österreich, gehindert wurde. Besonders die Verweigerung einer gemeinsamen Außenpolitik, das Fehlen von ausreichenden Bundesorganen und einer eigenen Bundessymbolik sollten zu langsamen Entscheidungsfindungen bis zur völligen Handlungsunfähigkeit führen. Allein im militärischen Bereich konnte ein höherer Organisationsgrad mit einem 300.000 Mann starken Bundesheer und der Einrichtung von Bundesfestungen, die sich besonders gegen Frankreich richteten, erreicht werden. Diese Bundestruppen konnten gegen ausländische Mächte, oft aber auch zur Beseitigung demokratischer Strömungen in den Bundesstaaten eingesetzt werden.

Mit der Zeit und besonders zwischen 1830 und 1848 erhielt der Bund den Charakter eines bevormundenden Polizeistaates, dem es darum ging, in seinen Bundesstaaten Konservativismus, Ruhe und Ordnung durchzusetzen.

Ein weiteres Mittel zum Zusammenrücken der deutschen Staaten sollte die Gründung von Zollvereinen sein, welche ausgehend vom Norden bis 1834 in einen gesamtdeutschen Zollverein mündeten.

In der Revolution von 1848 konnten sich die liberalen Oppositionen in fast allen deutschen Kleinstaaten rasch durchsetzen, Ausnahmen blieben Österreich und Preußen. Die Revolutionen gefährdeten den

Deutschen Bund, dessen konservative Institutionen einer modernen deutschen Ordnung im Wege standen. Es kam zu einem massiven Legitimationsverlust des Deutschen Bundes, der durch die am 18. Mai 1848 in Frankfurt zusammentretende Nationalversammlung entmachtet wurde, obwohl er noch weiter bestand. Im Juli 1848 erklärte die Bundesversammlung ihre Tätigkeit für beendet, nachdem die deutsche Nationalversammlung in Frankfurt eine provisorische Zentralgewalt und den österreichischen Erzherzog Johann zum Reichsverweser eingesetzt hatte. Allerdings scheiterte in der Folge die Nationalversammlung daran, einen demokratischen deutschen Nationalstaat zu schaffen. Der Sieg der Gegenrevolution in den deutschen Staaten und in Österreich führte 1849 zur Wiederherstellung des Deutschen Bundes.

Allerdings begann ab nun jener Konflikt, der bis 1866 Preußen und Österreich zum Krieg bringen würde – die Frage, wer den Deutschen Bund dominieren sollte. Preußen wollte die „kleindeutsche Lösung", ein Deutsches Reich durch den Zusammenschluss des „Dritten Deutschland", das sind die deutschen Staaten außer Preußen und Österreich, unter preußischer Hegemonie. Österreich suchte die „großdeutsche Lösung" mit dem „70-Millionen-Projekt", einem übernationalen deutschen Staatenblock unter Einbeziehung von Österreich und Preußen. Geführt werden sollte dieses Reich von einem Staatenhaus, in das jede Nation ihre Delegierten nach Einwohnerzahl entsandte, wobei Österreich dadurch die Majorität zugefallen wäre. Die Preußen, Slawen und Ungarn lehnten diesen Plan ab. Ebenso kam der Plan einer mitteleuropäischen Zollunion, die nicht nur die Zoll-, sondern auch die Währungs- und Steuersysteme des Deutschen Zollvereins und Österreichs angleichen und damit die großdeutsche Lösung vorantreiben sollte, nicht zustande. Ab der Mitte des Jahrhunderts begann sich der Konflikt zwischen Preußen und Österreich immer weiter zuzuspitzen. Treibende Kraft hinter dem Bemühen Preußens, zu einer kleindeutschen Lösung zu kommen, wurde ab 1862 der deutsche Ministerpräsident Otto von Bismarck, der zunächst das Ziel hatte, die vollständige Gleichstellung Preußens mit Österreich im Deutschen Bund durchzusetzen. Dazu sollte es einen wechselnden Vorsitz der beiden Mächte im Deutschen Bund geben, der bisher allein Österreich zugestanden war. Preußen und Österreich sollten ein Vetorecht in der Bundesversammlung haben, und die Mainlinie sollte die Grenze zwischen österreichisch und preußisch dominierten Staaten des Deutschen Bundes bilden. Ab 1862 forderte Bismarck auch ein frei gewähltes deutsches Parlament. Es wurde immer klarer, dass Preußen eine kleindeutsche Lösung suchte, Österreich würde dieser Forderung aber nicht kampflos nachgeben, damit standen die Zeichen auf Krieg.

Ein letztes Mal sollte sich der Deutsche Bund 1864 militärisch vereinigen, als Dänemark das Herzogtum Schleswig in einen dänischen Staat einbeziehen wollte. Österreich und Preußen bekriegten Dänemark, besiegten es im Rahmen einer Bundesexekution und eroberten die Herzogtümer Schleswig und Holstein. Kurz danach gerieten Österreich und Preußen über die Frage der politischen Zukunft dieser Herzogtümer in Streit, da Preußen diese seinem Staatsgebiet eingliedern wollte und in Holstein einmarschierte.

Preußen schloss dazu als Rückendeckung ein Abkommen mit dem Königreich Italien, das Gebietsabtretungen von Österreich an Italien vorsah, was gegen die Bestimmungen des Deutschen Bundes war, der kein Militärbündnis gegen ein Mitglied erlaubte. Österreich setzte im Deutschen Bund eine Bundesexekution gegen Preußen durch, darauf erklärte Bismarck die Bundesakte für erloschen. Damit war Preußen aus dem Deutschen Bund ausgetreten und erklärte ihn einseitig für aufgelöst. Die Lösung des Konfliktes sollte nun durch einen Krieg Preußens gegen Österreich erfolgen.

Die Armeen der beiden Staaten wurden von außergewöhnlichen Persönlichkeiten befehligt. Die österreichische Armee stand unter dem Oberbefehl von Ludwig August Ritter von Benedek. 1804 als Sohn eines Arztes in Ödenburg, Ungarn, geboren, absolvierte er die Militärakademie in Wiener Neustadt und erwarb sich erste Verdienste in Italien und Galizien. Im ersten italienischen Unabhängigkeitskrieg kämpfte er siegreich bei Mortara und Novara. 1849 nahm er an der Niederschlagung des ungarischen Aufstandes teil, 1853 wurde er zum Feldmarschallleutnant befördert und diente in Lemberg. Im zweiten italienischen Unabhängigkeitskrieg siegte er in der Schlacht von San Martino und wurde zum Feldmarschall befördert, danach war er Zivil- und Militärgouverneur in Ungarn, Oberkommandant der österreichischen Truppen in Venetien und Mitglied des österreichischen Herrenhauses.

1866 beauftragte man ihn mit der Führung der österreichischen Nordarmee gegen die Preußen, einer Aufgabe, der er nur ungern nachkam, da er weder das Terrain noch die Nordarmee kannte. Zudem war ihm bewusst, dass er kaum eine Möglichkeit hatte, mit seinen militärtechnisch unterlegenen Truppen gegen die modernste Armee Europas erfolgreich zu sein.

Ihm gegenüber stand Helmuth Karl Bernhard von Moltke. Er stammte aus einem mecklenburgischen Adelsgeschlecht und diente als Kadett und Leutnant im dänischen Heer, ehe er nach Preußen wechselte. Nach seiner Generalstabsausbildung wirkte er drei Jahre als Instrukteur der osmanischen Armee in Konstantinopel und nahm an Feldzügen gegen die Kurden und Ägypten teil. In Preußen wurde Moltke Adjutant des Prinzen Karl Heinrich von Preußen in Rom und ab 1856 Adjutant des späteren Kaisers Friedrich III., ehe er zum Generalstabschef befördert wurde.

Moltke galt als genialer Stratege und war maßgeblich an der Ausarbeitung der Pläne für den Deutsch-Dänischen Krieg 1864 beteiligt. Dabei erkannte er früh die Bedeutung moderner Waffen, wie des Zündnadelgewehrs, und effizienter Transportmittel, wie der Eisenbahn für den Aufmarsch großer Heere.

Der entscheidende Moment – Die Realität

Innerhalb kürzester Zeit hatten Preußen und Österreich ihre Verbündeten organisiert. Auf Seiten Preußens standen neben Italien noch Oldenburg, Mecklenburg und Braunschweig sowie einige deutsche

Kleinstaaten. Auf Seiten Österreichs kämpften der Deutsche Bund mit Sachsen, Bayern, Baden, Württemberg, Hannover, Hessen und Nassau.

Österreich war allerdings im Nachteil. Nach den Niederlagen gegen Piemont-Sardinien 1859 hatte man begonnen, die hohen Kosten für die Rüstung zu reduzieren. Man setzte noch immer auf ein stehendes Berufsheer, während Preußen bereits die allgemeine Wehrpflicht eingeführt hatte. Dazu kam, dass man sich aus Kostengründen scheute, in der Waffentechnik von Vorderladern auf die ausgereiften Hinterlader umzustellen. Das preußische Heer hatte bereits allgemein das Zündnadelgewehr, einen Hinterlader, eingeführt und sich an der Taktik der Armeen im amerikanischen Bürgerkrieg orientiert, welche den kräfteschonenden Eisenbahntransport von Truppen und den Einsatz von unabhängig operierender Kavallerie vorsah. Noch dazu musste Österreich sein Heer in eine Nord- und eine Südarmee teilen, um einen Zweifrontenkrieg gegen Italien und Preußen zu führen.

Feldmarschall Ludwig von Benedek erkannte bereits nach den ersten Gefechten mit hohen österreichischen Verlusten, die durch das preußische Zündnadelgewehr hervorgerufen worden waren, dass aufgrund der numerischen und technischen Überlegenheit der Preußen dieser Krieg nicht zu gewinnen war. Er riet Kaiser Franz Joseph daher, rasch Frieden zu schließen. Dennoch stellte er sich am 3. Juli 1866 den Preußen bei Königgrätz nördlich von Prag zum Kampf. Bis am späten Nachmittag war die Schlacht entschieden, und die Österreicher mussten unter hohen Verlusten hinter die Elbe zurückweichen, nachdem sie den Preußen einen harten Kampf, der diese bis an den Rand der Niederlage brachte, geliefert hatten. Benedek konnte die Armee nach Pressburg zurückführen und vor der Auflösung bewahren. Als die Niederlage in Wien bekannt wurde, soll der Kaiser „Benedek, der Trottel" ausgerufen haben.

In Italien war zur selben Zeit das Königreich Italien gegen Österreich aufmarschiert, wurde aber bei Custozza geschlagen und vertrieben. Kurz danach sicherte sich die österreichische Flotte unter

Admiral Wilhelm Tegethoff bei Lissa die Vorherrschaft in der Adria, beide Siege wurden aber durch die Niederlage der Nordarmee bei Königgrätz entwertet.

Der entscheidende Moment – Die Fiktion

Die Entscheidungen, die für einen Sieg Österreichs bei Königgrätz nötig gewesen wären, hätten bereits Jahre vorher getroffen werden müssen. Nehmen wir an, das österreichische Finanzministerium hätte in den Jahren vor Königgrätz darauf verzichtet, den Militäretat um ein Drittel zu senken, weil es keine Bedrohung Österreichs sah. Man hätte beizeiten das Hinterladergewehr einführen können, bereits 1864 gab es das Angebot, 48.000 Gewehre anzukaufen. Man hätte rechtzeitig mit Italien in Verhandlungen treten müssen, um den drohenden Zweifrontenkrieg zu vermeiden. Es wäre hier abzuwägen gewesen, was für Österreich wichtiger war, Gebietsabtretungen zugunsten Italiens für eine Dominanz in Deutschland oder der Erhalt der politisch unzuverlässigen italienischen Besitzungen gegen die Gefahr einer kleindeutschen Lösung.

Nehmen wir weiters an, es wäre den Habsburgern gelungen, im Deutschen Bund jene Stimmung zu verstärken, die darauf hinauszielte, das Heilige Römische Kaiserreich wiederzuerrichten und einen Habsburger zum Kaiser zu machen, ein Plan, der stets schon in den Anfängen von Preußen auf das Heftigste bekämpft worden war. Die deutschen Staaten auf Seiten Österreichs hätten sich williger und mit mehr Unterstützung am Krieg gegen Preußen beteiligen können, besonders Bayern hatte darauf verzichtet, seine Armee zu mobilisieren und an der Seite der Österreicher in den Kampf zu führen. Auch Frankreich war untätig geblieben und hatte sich neutral erklärt. Wäre es aber gelungen, Frankreich auf die Seite Österreichs zu ziehen, wäre es vermutlich überhaupt nicht zum Krieg gekommen, da die Preußen das Risiko eines Zweifrontenkrieges nicht eingegangen wären.

Am 3. Juli stehen sich die beiden Armeen in Königgrätz gegenüber, die österreichische Armee ist gut ausgerüstet, verfügt über schnell schießende Hinterladergewehre und wird durch Bundestruppen aus Bayern verstärkt. Benedek hat, wie auch in der Realgeschichte, eine strategisch günstige Position gewählt und beherrscht mit seinen Kanonen das Zentrum der Schlacht.

Das österreichische Heer ist vollständig aufmarschiert, auch die Südarmee hat rechtzeitig den Kampfplatz erreicht, da Italien sich ruhig verhält. Die preußische Armee ist noch nicht völlig zusammengezogen und wartet auf die Kronprinzenarmee, als die Österreicher angreifen. Benedek wirft die Armee Erzherzog Friedrich Karls zunächst auf die preußische Elbarmee und treibt diese in die Flucht, auch die um 14 Uhr eintreffende Kronprinzenarmee kann das Vordringen der Österreicher nicht aufhalten und muss sich hinter die Bistritz zurückziehen. Die Österreicher haben die Schlacht von Königgrätz oder Sadowa eindeutig gewonnen, ohne aber die preußischen Armeen vernichtet zu haben.

Konsequenzen und Bedeutung

Kaiser Franz Joseph hat nun mehrere Optionen. Er kann den Krieg weiterführen und nach Preußen hineintragen, ein riskantes Unterfangen angesichts der Tatsache, dass Preußen noch zahlreiche Reserven mobilisieren kann. Auch scheint nicht gesichert, ob Frankreich einem solchen Vorstoß und einer Machtausweitung Österreichs tatenlos zusehen wird.

Franz Joseph hat noch weitere Bedenken. Bismarck hatte schon vor Königgrätz Verbindungen zu Ungarn aufgebaut, und es besteht die Gefahr, dass Ungarn, das die zunehmende politische und militärische Macht Österreichs fürchtet, zu einem neuen Aufstand angestachelt wird.

Statt den geschlagenen Preußen mit hohem Risiko nachzusetzen und die Sache ein für alle Mal im Sinne Österreichs zu bereinigen, entscheidet sich die Regierung in Wien, Preußen Friedensgespräche anzubieten. Bei diesen Verhandlungen am 26. Juli in Nikolsburg wird bald klar, dass Preußen auf seiner Führungsrolle in Deutschland besteht und lieber einen weiteren Krieg riskieren würde als nachzugeben.

Man einigt sich im Frieden von Prag am 23. August darauf, Deutschland in Einflusssphären aufzuteilen, eine erste deutsche Teilung. Preußen kann seine Hegemonie auf die deutschen Staaten nördlich des Mains mit dem Königreich Hannover, Großherzogtum Mecklenburg-Schwerin, Oldenburg und Holstein und Schleswig, Nassau und Hessen ausdehnen und gründet mit diesen die Norddeutsche Union. Südlich davon verbindet sich Österreich mit Bayern, Württemberg, Baden und Sachsen zum Deutsch-Österreichischen Bund, auch „Groß-Österreich" genannt, einem föderalen Staatenbund, der auch jene Gebiete Österreichs umfasst, die ursprünglich außerhalb des Deutschen Bundes gelegen waren.

Ungarn und Böhmen erhalten ab 1867 in Österreich im „Ausgleich" einen Sonderstatus, der diesen Ländern starke Sonderrechte einräumt, Heer, Finanzen und Außenpolitik bleiben aber gemeinsam. Zwar wollten die Ungarn zunächst nur eine Doppelmonarchie „Österreich-Ungarn" akzeptieren, der Sieg bei Königgrätz hat aber den Kaiser so gestärkt, dass er die Einbeziehung der Slawen durchsetzen kann. Das Ergebnis ist die Tripel-Monarchie Österreich-Ungarn-Böhmen.

Mit dem Frieden von Prag können weder Preußen noch Österreich zufrieden sein, da er den Keim neuer Auseinandersetzungen bereits in sich trägt. Dennoch schließt man ein Friedens- und Bündnisabkommen und vereinbart, dass alle Entscheidungen innerhalb der jeweiligen Einflusssphären autonom und ohne Einmischung von außen getroffen werden können.

In den folgenden Jahren rüstet Preußen weiter auf und wird mit Hilfe seiner Stahl- und Eisenindustrie bald zum bestgerüsteten Staat in Europa. König Wilhelm I. annektiert in rascher Folge das Königreich Hannover und die kleinen Fürstentümer in Norddeutschland und schafft so ein einheitliches Reichsgebiet vom Rhein bis nach

Polen. 1871 erklärt sich Wilhelm I. im Marmorsaal von Schloss Sanssouci in Potsdam zum deutschen Kaiser und fordert alle deutschen Staaten auf, seinem Kaiserreich beizutreten.

Die deutschnationale Begeisterung führt zu Revolutionen und Umsturzbewegungen in zahlreichen Staaten Groß-Österreichs, die nur mit Mühe niedergehalten werden können.

Inzwischen ist die Diplomatie nicht untätig geblieben. Österreich hat sich mit Frankreich verbündet, einerseits um das Königreich Italien zu neutralisieren und andererseits um den Hegemoniebestrebungen Preußens entgegenzutreten. England, das in der „Splendid Isolation" verharrt und keine Interessen am Kontinent hat, verhält sich neutral, dagegen verbündet sich Russland, das sich mit Österreich wegen seiner Rolle als slawischer Schutzmacht am Balkan in einer Krise befindet, auf Betreiben Bismarcks mit dem Deutschen Kaiserreich.

Als 1873 in Frankreich Kaiser Napoleon III. stirbt und es zu sozialen Unruhen durch die Kommune in Paris kommt, nutzt Preußen die Gelegenheit und greift Frankreich an. Die Staaten Groß-Österreichs versuchen ihren Bündnisverpflichtungen nachzukommen und Frankreich zu Hilfe zu kommen, was aber in den deutschen Staaten durch Revolutionen zugunsten Preußens und durch eine Kriegsandrohung Russlands verhindert wird. Frankreich wird besiegt. Im Spiegelsaal von Versailles proklamiert sich Wilhelm I. zum Kaiser aller Deutschen, worauf sich Groß-Österreich durch den Austritt der deutschen Mitgliedsstaaten auflöst, nur Bayern und die österreichische Tripel-Monarchie bleiben vereinigt.

1880 gelingt es Preußen durch den Abschluss des Dreibundes mit Italien und Russland, Bayern und Österreich weiter zu isolieren. Als im darauf folgenden Jahr Krieg ausbricht, werden Bayern und Österreich an drei Fronten angegriffen und verlieren den Krieg. Bayern wird gezwungen, sich dem Deutschen Kaiserreich anzuschließen, Österreich verliert die oberitalienischen Besitzungen Trient und Südtirol an Italien und Galizien und Lodomerien an Russland.

Als das 20. Jahrhundert anbricht, sind die europäische Staatenlandschaft und ihre Bündnissysteme neu geordnet. Österreich-Ungarn-Böhmen ist mit Frankreich und England verbündet, Deutschland mit Italien und Russland. Als 1914 der österreichische Thronfolger in Sarajevo ermordet wird, kann Österreich nur mit einer scharfen Protestnote in Serbien reagieren, ein militärisches Eingreifen ist, da Serbien über Russland mit dem Deutschen Kaiserreich in Allianz steht, nicht möglich, der Erste Weltkrieg entfällt.

In diesem Szenario wird angenommen, dass – selbst wenn Österreich bei Königgrätz gesiegt hätte – es über kurz oder lang Preußen gelungen wäre, ein einheitliches Deutsches Kaiserreich unter Ausschluss von Österreich zu schaffen. Die Idee des Nationalismus und der einheitlichen Nationalstaaten hatten im 19. Jahrhundert bereits eine solche Dynamik erreicht, dass das Konzept eines fast mittelalterlich anmutenden, dem alten Kaiserreich ähnlichen Staatenbunds nicht mehr zeitgemäß war.

Nur Bayern und Österreich, die allein schon aufgrund ihrer territorialen Größe Nationalstaaten darstellten, können sich eine Zeit lang dem Zusammenschluss entziehen, müssen aber am Ende nachgeben. Die kleindeutsche Lösung war für die zweite Hälfte des 19. Jahrhunderts in Deutschland unabwendbar, sie fand auch Unterstützung im liberalen und deutsch-nationalen Bürgertum. Dem konnten die kleinen Adelshäuser Deutschlands, die nur ihren Besitzstand wahren wollten, aber keine politischen Visionen anbieten konnten, am Ende nichts mehr entgegensetzen. Geändert hätte sich die Bündnispolitik in Europa, die Preußen gezwungen hätte, sich mit Russland zu verbünden, während Österreich ein Bündnis mit Frankreich hätte eingehen müssen, was es zweifelhaft macht, ob es einen Ersten Weltkrieg gegeben hätte.

Vielleicht hätte es am Beginn des 20. Jahrhunderts einen gesamteuropäischen Krieg gegeben, der dann aber von Italien, Preußen und Russland gegen Österreich, Frankreich und, falls das Deutsche Reich in Belgien und den Niederlanden einmarschiert wäre, auch gegen England geführt worden wäre. Das Osmanische Reich wäre aufgrund seiner lang andauernden Gegnerschaft zu Russland auf Seiten der Tripel-Monarchie gestanden. Der Ausgang eines solchen Krieges erscheint ungewiss, hätten der deutsche Kaiser und seine Verbündeten gewonnen, wäre Österreich-Ungarn-Böhmen vermutlich zerstückelt und aufgeteilt worden, bei einem Sieg Frankreichs und seiner Verbündeten hätte die Tripel-Monarchie erhalten werden können.

Auf alle Fälle hätte eine österreichische Tripel-Monarchie unter Einbeziehung der Slawen eine größere innere Stabilität gehabt und vielleicht auch ernste außenpolitische Krisen und Kriege, ob gewonnen oder verloren, überstanden.

Realgeschichte

Tatsächlich musste Österreich nach der Niederlage von Königgrätz im Vorfrieden von Nikolsburg anerkennen, dass „Seine Majestät der Kaiser … die Auflösung des bisherigen Deutschen Bundes anerkennt und seine Zustimmung zu einer neuen Gestaltung Deutschlands ohne Beteiligung des österreichischen Kaiserhauses gibt". Damit war Österreich aus der gesamtdeutschen Politik ausgeschieden und musste mit Ungarn 1867 den Ausgleich schließen, der die Slawen von einer Mitbestimmung weitgehend ausschloss und zum Untergang der Monarchie beitragen sollte. Bismarck verhinderte allerdings Gebietsverluste Österreichs und drängte Kaiser Franz Joseph zum Abschluss eines deutsch-österreichischen Bündnisabkommens, das viele Jahre später unter anderem zum Ausbruch des Ersten Weltkrieges beitragen sollte.

Österreich musste den neu gegründeten Norddeutschen Bund anerkennen, Preußen annektierte Schleswig, Holstein, das Königreich Hannover, das Herzogtum Nassau, das Kurfürstentum Hessen und die freie Stadt Frankfurt, Sachsen geriet in preußische Abhängigkeit. Unabhängig blieben weiterhin Bayern, Württemberg, Baden und das Großherzogtum Hessen, die alle mit Preußen Schutz- und Trutzbündnisse gegen Angriffe von außen abschlossen.

189

Als es 1870 wegen einer dynastischen Nachfolgefrage in Spanien zum Deutsch-Französischen Krieg kam, der durch geschicktes Taktieren Bismarcks von Frankreich erklärt wurde, konnte Preußen die Bündnisverpflichtungen der süddeutschen Länder einfordern und nutzte nach dem Sieg über Frankreich die nationale Euphorie im Spiegelsaal von Versailles zur Proklamation des Zweiten Deutschen Kaiserreiches. In Zukunft würden die Allianzen England – Frankreich – Russland gegen Deutsches Reich – Österreich-Ungarn – Italien – Osmanisches Reich lauten und durch den übersteigerten Nationalismus der Zeit zum Ausbruch des Ersten Weltkrieges 1914 führen.

Zusammenfassend lässt sich sagen, dass auch eine Niederlage Preußens bei Königgrätz den Aufstieg der Hohenzollern zur deutschen Führungsmacht nicht verhindert hätte. Er wäre vielleicht um einige Jahre verlangsamt worden und Österreich hätte noch eine Zeit lang eine prominentere Rolle in Deutschland gespielt, am Ende aber hätte der deutsche Nationalismus triumphiert. Die Suche und das Verlangen, mit den großen europäischen Nationalstaaten wie England, Frankreich und Österreich gleichzuziehen, hätten über kurz oder lang zur Vereinigung der deutschen Staaten unter preußischer Führung geführt. Allerdings wäre Preußen dann gezwungen gewesen, andere Allianzen einzugehen und Rücksichten zu nehmen und das hätte sich positiv auf eine friedliche Entwicklung in Europa ausgewirkt.

Wäre es dadurch zum Entfall des Ersten Weltkrieges gekommen, hätte Österreich-Ungarn-Böhmen nach dem Tod Kaiser Franz Josephs unter einer neuen Führung die Chance gehabt, sein eigenes Nationalitätenproblem zu lösen und sich um seinen Erhalt zu kümmern. Mit der Niederlage Österreichs bei Königgrätz trat aber mit Preußen eine neue und aggressive Nation in den Vordergrund der europäischen Geschichte, die 50 Jahre später wesentlich zur ersten Katastrophe des 20. Jahrhunderts beitragen sollte. Österreich hätte das 1866 vielleicht verhindern können, wären seine Regierenden in den Jahren davor ausgabefreudiger, technisch aufgeschlossener und bei seinen Verbündeten überzeugender gewesen.

3. Jänner 1888

Ein Jagdunfall – Kronprinz Rudolf erschießt Kaiser Franz Joseph I. in Mürzsteg

Krankheiten wie Pest, Pocken oder Cholera haben immer wieder den Lauf der Weltgeschichte beeinflusst. Wenig wissen wir über psychische Erkrankungen, über Trauer und Depressionen, welche politische und historische Entscheidungen beeinflusst haben. Der englische König George III. war so ein Fall. Durch seine fortschreitende Geisteskrankheit wurde er regierungsunfähig, sodass man für ihn einen Regenten einsetzen musste. Ein anderer Herrscher von geringeren Geistesgaben, für den eine Staatskonferenz regierte, war der österreichische Kaiser Ferdinand I., der aber einsichtig genug war, 1848 zugunsten seines Neffen Franz Joseph abzudanken, um das Habsburgerreich nach den Wirren der Revolution von 1848 zu retten.

Problematisch war, dass man es selten von Staats wegen wagte, Herrschern offen eine Geistesverwirrung oder psychische Erkrankung zuzugestehen. Es schmälerte das Ansehen des Herrscherhauses, machte Heiraten in andere Dynastien nicht möglich. Andererseits gab es kaum Möglichkeiten, diese Krankheiten zu behandeln, zumeist begnügte man sich damit, den kranken Herrscher als Symbolfigur auf dem Thron zu belassen und mittels einer Regierung oder eines Regenten die Regierungsgeschäfte zu führen.

Betrachtet man die Jugend und Erziehung des österreichischen Thronfolgers Rudolf, so wird klar, dass dieser kaum die Chance hatte, ein psychisch gesundes Leben zu führen. Wäre er in dem Geisteszustand, der besonders seine letzten Lebensjahre überschattete, zum Kaiser von Österreich-Ungarn geworden, hätte dies in der zweiten Hälfte des 19. Jahrhunderts in Europa, mit seinen komplizierten Bündnis- und Machtverhältnissen, zum Kollaps der k. k. Monarchie führen können, außer man hätte einen Weg, um an Ru-

dolf vorbeizuregieren, und einen Arzt gefunden, der es verstanden
hätte, Rudolf wieder gesunden zu lassen.

Die Zeit

Rudolf von Österreich wurde am 21. August 1858 in Schloss Laxenburg, südlich von Wien gelegen, als Sohn des österreichischen
Kaisers Franz Joseph I. und seiner Gemahlin Elisabeth, einer Wit-
telsbacherin, geboren. Er war das dritte Kind, aber der erste Sohn
des Kaiserpaares und damit zum Thronfolger ausersehen.
Seine Eltern hätten unterschiedlicher nicht sein können. Sein Vater
Franz Joseph, Kaiser seit 1848, war ernst und verschlossen, unnah-
bar selbst für die engsten Familienmitglieder. Er war Kaiser, nicht
Mensch und also solcher selbst seiner jungen Frau gegenüber kalt
und abweisend, zudem stand er unter dem Einfluss seiner Mutter
Sophie.
Elisabeth war bei der Geburt Rudolfs noch jung, gerade 21 Jahre
alt, sie war offen und herzlich gewesen, als sie mit 16 Jahren den
Kaiser in Ischl kennen gelernt hatte. Nun stand auch sie unter dem
Diktat ihrer strengen Schwiegermutter und begann sich immer weiter von dem auch ihr fremd gebliebenen Gemahl zu entfernen.
Rudolf wuchs in einem Haushalt auf, in dem er von einer Unzahl
von Bediensteten, aber kaum von Mutter und Vater umsorgt wurde.
Bereits mit drei Jahren begann sein Unterricht, dazu kamen Exer-
zierübungen und offizielle Termine an der Seite seines Vaters. Mit
sechs Jahren vertraute man seine Erziehung Generalmajor Leopold
Graf Gondrecourt an, der das sensible und schwache Kind ein Jahr
lang mit militärischer Strenge quälte. Um seine Angst beherrschen
zu lernen, musste Rudolf allein im Lainzer Tiergarten stehen, während ihm Gondrecourt zurief, dass ein Wildschwein käme. Nachts
ließ der Erzieher neben Rudolfs Bett Pistolenschüsse abfeuern, er
verpasste ihm Kaltwasserkuren und ließ ihn stundenlang exerzie-
ren.

Rudolf litt darunter, er wurde krank, verschlossen und immer schwächer, bis sich seine Mutter endlich aufraffte und seine Erziehung aus den Händen der Familie nahm, den Kaiser zwang, Gondrecourt zu entlassen und einen neuen Erzieher zu suchen. Es war Joseph Latour von Thurmburg, der Rudolfs Ersatzvater werden sollte. Von seinen richtigen Eltern hatte er nur wenig Liebe und Zuneigung zu erwarten. Franz Joseph schrieb ihm zwar herzliche Briefe, die sich vor allem mit der Jagd und dem Militär beschäftigten, die Mutter aber war zumeist auf Reisen und lebte von ihrem Gemahl getrennt. Rudolf vereinsamte, er zeigte krankhaft gesteigerte Ängste, Unehrlichkeit und eine aufdringliche Liebe zu seinen wenigen Bezugspersonen.

1866 erlebte er, wie sein von ihm verehrter Vater eine bittere Niederlage gegen die Preußen hinnehmen musste, eine Erfahrung, die ihn für sein ganzes Leben in seinen Ressentiments gegen das Deutsche Reich prägen sollte. 1867 beschränkte der Ausgleich mit Ungarn die Macht seines Vaters weiter.

In den folgenden Jahren erhielt Rudolf eine bürgerliche Erziehung, wobei Latour Erzieher auswählte, die liberal und großösterreichisch eingestellt waren. Rudolf erhielt ausgezeichneten Unterricht in den Naturwissenschaften, die Liebe zur Ornithologie sollte ihm sein Leben lang erhalten bleiben. Er wurde tolerant erzogen und verachtete zeit seines Lebens die antisemitischen Strömungen, die sich in der Monarchie breitmachten. Er war vertraut mit den Neuerungen seiner Zeit, er kannte die Darwinsche Lehre und beschäftigte sich mit der Elektrizität. Politisch wurde er zu einem überzeugten Anhänger der konstitutionellen Monarchie. Mit 18 Jahren waren seine politischen Ansichten ausgeprägt, und er begann, erste Schriften zu sozialen und politischen Themen zu verfassen.

Eigentlich wollte der Kronprinz nach der Schule ein wissenschaftliches Studium beginnen, aber der Kaiser hatte seinen Lebensweg schon bestimmt, Rudolf musste Soldat werden. Zunächst hatte er aber ein Jahr zu reisen, und er wurde angehalten, nicht mehr so viel zu studieren, sondern sich auch zu vergnügen, was in späteren

Jahren zu einer für ihn verderblichen Vergnügungssucht ausarten sollte. Rudolf reiste in die Schweiz und nach England, wo er von der königlichen Familie herzlich aufgenommen wurde, sich aber auch für die sozialen und wirtschaftlichen Gegebenheiten Englands interessierte. Daraus entstand eine Schrift, in der er die Lebensumstände des österreichischen Adels angriff, der keine Ahnung vom Leben der anderen Stände hätte. Hier begann sich ein erster Konflikt mit seinem Vater abzuzeichnen. Rudolf war bewusst, dass die Monarchie zum Erhalt ihres Bestehens soziale Reformen brauchte, es war ihm aber nicht möglich, diese Gedanken mit dem Kaiser zu diskutieren.

Weitere Reisen führten Rudolf nach Spanien, Gibraltar und Tanger, wobei ihn der Tierforscher Alfred Brehm begleitete, der als Freimaurer und Liberaler bekannt war und großen Einfluss auf Rudolf ausübte. Eine Reise nach Ägypten und Palästina rundete diese Phase in Rudolfs Leben ab.

1878 rückte Rudolf als Oberst beim Infanterieregiment Nr. 36 in Prag ein, wo er rasch seine Liebe zur slawischen Kultur und Mentalität entwickelte. Er erkannte, dass der österreichisch-ungarische Dualismus das Land an den Rand des Unterganges bringen würde, wenn man die Slawen weiter von der Mitsprache in der Monarchie fernhielt. Es wurde ihm bewusst, dass ein dauerhafter Einfluss Österreichs am Balkan nur über die Verständigung mit den Slawen erhalten werden konnte.

In den nächsten Jahren versuchte Rudolf immer wieder, dem Kaiser seine politischen Vorstellungen vorzutragen. Aber dieser grenzte ihn immer mehr aus den Entscheidungsprozessen des Staates aus, weil Rudolf einen Ruf als Liberaler hatte. Rudolf glaubte, dass Österreich ein Bündnis mit Frankreich statt mit dem Deutschen Reich eingehen sollte. Dann könnte man einen Krieg mit Russland wagen, das im Moment innenpolitisch und militärisch schwach schien, um dessen Einfluss am Balkan zu begrenzen. Rudolf war ein Anhänger der Idee Groß-Österreichs und wollte das Land unter stärkerer Einbeziehung der Slawen reformieren. All diese Pläne, all seine Schreiben mit politischen Gedanken an seinen Vater, alle heimlich unter Pseudonymen verfassten Zeitungsartikel waren nutzlos. Der Hof, der Kaiser und die Regierung wollten nicht auf ihn hören, man umgab ihn mit Spitzeln und isolierte ihn immer mehr. Dazu kam eine unglückliche, arrangierte Ehe mit der belgischen Prinzessin Stephanie, um die sich Rudolf anfangs zwar bemühte, die Ablehnung durch seine Frau und die immer stärker werdende Genusssucht ließ ihn aber häufig die Betten anderer Frauen aufsuchen. Es scheint kein Zweifel zu bestehen, dass Rudolf ab 1886 körperlich und seelisch krank war. Er fing sich eine Geschlechtskrankheit ein, mit der auch seine Frau ansteckte, die sich daraufhin völlig von ihm abwandte. In seiner Psyche seit seiner Kindheit geschädigt, begann er zu trinken, nahm Morphium und verfiel geistig und körperlich immer mehr. Seine Mutter, die er abgöttisch liebte, kümmerte sich kaum um ihn, sein Vater, den er verehrte und bewunderte, von dem er sich aber stets abgewiesen fand, hielt ihn fern von sich. Rudolf ließ vermehrt geistige Defizite erkennen, während er seinen Körper mit harter Arbeit und nächtelangen Vergnügungen auslaugte. Er hatte zehn Jahre lang versucht, gegen den übermächtigen, ihn ablehnenden, aber dennoch geliebten und bewunderten Vater zu rebellieren. Rudolf hatte deshalb Schuldgefühle und war wegen seines Scheiterns, für Österreich einzutreten, verzweifelt. Er hatte spätestens seit 1886 begonnen, sich auf jenen Weg zu begeben, der ihn 1889 in einer eisigen Jännernacht nach Mayerling führen sollte.

Das entscheidende Ereignis – Die Realität

Das Hauptvergnügen Kaiser Franz Josephs war die Jagd, im Laufe seines Lebens soll er 120.000 Stück Wild erlegt haben, und er sah es als selbstverständlich an, dass ihn Rudolf dabei begleitete. Rudolf dagegen schätzte die Jagd wenig und war kein talentierter Jäger und Schütze. Am 3. Jänner 1888 war zur Jagd ins kaiserliche Jagdrevier nach Mürzsteg eingeladen worden. Kaiser und Kronprinz wählten am Abhang der Lachalpe sorgfältig ihre Ansitze, die eine gute Sicht und Sicherheit gewähren sollten. Nach einiger Zeit des Abwartens verließ Rudolf gegen alle weidmännische Vernunft seinen Ansitz, um auf ein fliehendes Tier zu schießen. Es mag sein, dass er übersehen hatte, dass er damit auch den Ansitz seines Vaters, des Kaisers, in der Schusslinie hatte. Jedenfalls verfehlte er das Wild, die Kugel flog weiter, ging um Haaresbreite am Kaiser vorbei und verletzte einen Leibjäger. Der Vorfall erregte Aufsehen, man brach die Jagd ab und qualifizierte das Verhalten des Kronprinzen als Irrtum, obwohl bald danach erste Gerüchte entstanden, es habe sich dabei um einen Anschlag des Kronprinzen auf seinen Vater gehandelt. Die Schuldgefühle und Depressionen, die Rudolf beherrschten, müssen damit einen wesentlichen Schub erfahren haben. Einerlei, ob er den Schuss gewollt oder ungewollt in Richtung Franz Joseph abgegeben hatte, ließ dieser Vorfall doch auch ein wenig in das Unterbewusstsein des Kronprinzen blicken, in dessen Tiefen neben der Verzweiflung vielleicht auch die Lust auf Rache am Vater zu finden war.

Der entscheidende Moment – Die Fiktion

Es ist der 3. Jänner 1888 in Mürzsteg. Die Jagdgäste haben ihre Ansitze bezogen und warten darauf, dass man ihnen das Wild vor die Flinten treibt. Rudolf entfernt sich von seinem Ansitz. Als Wild vorbeizieht, feuert er, verfehlt das Tier und trifft den Kaiser in die Brust. Man bringt den 58-jährigen Franz Joseph in das kaiserliche Jagdschloss nach Mürzsteg, wo der eiligst herbeigerufene Gemeindearzt nur mehr den Tod des Kaisers feststellen kann. Rudolf ist damit als Rudolf I. Kaiser der österreichisch-ungarischen Doppelmonarchie.

Offiziell spricht man bei Hof, und das wird auch so an die Presse weitergeleitet, von einem tragischen Jagdunfall. Bald aber wird bekannt, wie sich der Unfall wirklich zugetragen hat. Man beruft eine gerichtliche Kommission ein, um den neuen Kaiser auch rechtlich reinzuwaschen. Alle Beteiligten werden auf absolute Verschwiegenheit eingeschworen. Noch vor der Krönung am 20. Mai 1888 in

Wien, am 27. Mai in Pressburg und am 3. Juni in Prag soll Rudolfs Ruf wieder untadelig sein.

Konsequenzen und Bedeutung

Rudolf tritt seine neue Würde mit großen Plänen an und geht mit Energie daran, sein Reich nach den Vorstellungen zu reformieren, die er seinem Vater immer wieder vergeblich vorgetragen hat. Sein ehemaliger Erzieher Latour wird zum Ministerpräsidenten ernannt, die Ministerien mit liberal denkenden Ministern besetzt. Seine Bekanntschaft mit dem französischen Politiker George Clemenceau will er dazu nutzen, um sich Frankreich anzunähern und die Abhängigkeit von Deutschland zu verringern. Der Dreibundvertrag von 1882 mit Deutschland und Italien soll daher nicht verlängert werden. Rudolf hat auch innenpolitische Pläne, er strebt eine Reform der Doppelmonarchie zum Trialismus unter Einbeziehung der Slawen an. Er möchte am liebsten alles gleichzeitig reformieren, Allianzen ändern, am Balkan eingreifen, einen Krieg gegen Russland vorbereiten.

Mitten in dieser hektischen Phase, die ein Davonlaufen vor sich selbst und den Schuldgefühlen wegen der Tötung des Vaters ist, kommt es aufgrund seiner bestehenden Nervenzerrüttung zur Krise. Rudolf erleidet einen völligen körperlichen und psychischen Zusammenbruch und muss unter beständige medizinische Überwachung gestellt werden. Nachdem nach einigen Wochen klar wird, dass der Kaiser an einer ernsten psychischen Krankheit leidet, die ihn auf längere Zeit regierungsunfähig macht, wird am 1. Jänner 1889 Erzherzog Albrecht Friedrich von Österreich zum Reichsregenten bestellt.

Albrecht Friedrich, geboren 1817 in Wien als ältester Sohn des Erzherzogs Karl von Österreich, ist Soldat durch und durch. Er hat in Italien gekämpft, die Ungarn nach dem Aufstand von 1849 niederhalten und sich große Verdienste um die Reorganisation des österreichischen Heeres nach Königgrätz erworben. Er ist zugleich ein erfolgreicher Agrarindustrieller mit großen Gütern in Ungarn. Albrecht Friedrich ist Militär und kein Politiker, aber durch seine industriellen Interessen durchaus liberal eingestellt. Zum Regieren beruft er mit Ministerpräsident Eduard Graf Taaffe einen liberalen Sozialreformer ins Amt, der großes Verständnis für die slawenfreundliche Politik Rudolfs gezeigt hat und diese in dessen Sinne fortführt, während Albrecht Friedrich das Heer in kurzer Zeit modernisiert und ausbaut.

Aufgrund der Staatskrise ist es nicht möglich, den von Rudolf bereits geplanten Wechsel der Allianz zu Frankreich durchzuführen, Österreich bleibt im Dreibund mit dem Deutschen Reich und Italien. Dennoch ist aufgrund der Reformen Taaffes im Inneren und der Armeereform des Reichsregenten das Reich im Moment gesichert. Selbst die sonst nur wenig gelb-schwarz eingestellten Ungarn erkennen, dass diese Krise den Bestand der Monarchie und damit auch Ungarns gefährden könnte und bleiben loyal zum Reichsregenten.

Der Fall des „hysterischen" österreichischen Kaisers Rudolf I. erregt natürlich ganz Europa. Einer der bedeutendsten Nervenärzte des Kontinentes ist Jean Martin Charcot, der „Napoleon der Hysteriker", der am Spital Salpetrière in Paris wirkt. Dieser hatte 1885 Besuch vom jungen österreichischen Arzt Sigmund Freud gehabt, der gemeinsam mit dem Arzt Josef Breuer glaubt, mittels einer „Sprechtherapie" eine neue Behandlungsmöglichkeit für seelische Krankheiten und Zustände gefunden zu haben. Charcot empfiehlt dem Wiener Hof Freud als den richtigen Arzt zur Behandlung des Kaisers.

Anfang 1889 haben Nervenärzte wie Richard von Krafft-Ebing und Julius Wagner-Jauregg Rudolf als hoffnungslosen Fall aufgegeben und wollen ihn nicht behandeln, weil sie einen Misserfolg erwarten und um ihre Reputation fürchten. Latour hingegen gelingt es am Hof durchzusetzen, dass man die Empfehlung Charcots wenigstens probiert. Fast genau ein Jahr nach dem Schuss von Mürzsteg bringt daher Rudolfs Leibfiaker und Vertrauter Bratfisch Freud erstmals unter völliger Geheimhaltung – man fürchtet die Agitation der Wiener antisemitischen Kreise – aus seiner neuen Ordination in der Berggasse 19 nach Schönbrunn. Freud ist zu diesem Zeitpunkt 33 Jahre alt. Er stammte aus Freiberg in Mähren und ist Jude. 1873 hatte er begonnen, in Wien Medizin zu studieren und 1881 promoviert. Durch seinen Besuch bei Charcot anlässlich seiner Studienreise 1885 nach Paris angeregt, beschäftigte er sich mit psychischen Krankheiten und war seit 1885 Dozent für Neuropathologie an der Universität in Wien. Zu diesem Zeitpunkt nimmt er bereits an, dass es in der menschlichen Psyche so etwas wie ein „Unbewusstes" geben müsse, welches für einen Großteil der menschlichen Handlungen verantwortlich ist.

Freud ist verunsichert, er als Jude soll den allerkatholischesten Herrscher mit einer noch unerprobten und nicht anerkannten Therapie behandeln, sieht aber dann doch – Eitelkeit ist ihm nicht fremd – darin die Chance seines Lebens. Die beiden Männer sind sich schnell sympathisch, Freud beginnt mit einer Sprechtherapie, und schon nach einigen Sitzungen bittet der Kaiser, sich auf eine Couch im Behandlungszimmer legen zu dürfen, da er sich wegen seiner körperlichen Schwäche hier besser mit seinem Arzt unterhalten könne.

Freud experimentiert bei Rudolf auch mit Hypnose und Kokain als Medikament, und es gelingt ihm herauszuarbeiten, dass sich Rudolf von seinem Vater permanent angezogen und abgestoßen gefühlt hat und mit der Zeit Hassgefühle gegen seinen Vater, die er zu unterdrücken suchte und sich nicht erlauben und eingestehen wollte, aufgebaut hat. Gleichzeitig verehrt er seine Mutter, die sich aber für ihn unverständlicherweise immer weiter von ihm entfernt und all ihre Liebe der letztgeborenen Tochter Marie Valerie zukommen gelassen hat.

Die Behandlung dauert zwei Jahre, aber 1891 erzielt Freud nach vielen Gesprächen einen Durchbruch. Rudolf spricht ehrlich aus, dass er den Schuss auf seinen Vater bewusst, aber nicht gezielt abgegeben hat. All seine Wut und Enttäuschung hat sich an diesem

Tag entladen. Er wollte den Vater nicht töten, aber mit dem Gewehr in der Hand diesem einmal Macht demonstrieren. All der Frust und die Wut Rudolfs entladen sich in den Sitzungen, aber erstmals kann er das aussprechen, was seit dem verhängnisvollen 3. Januar 1888 seine Seele bedrückt hat. Freud hat seinen ersten großen Fall gelöst. Rudolf liebt und verehrt seine Mutter aus der Ferne abgöttisch und er hat den Vater, ohne es zu wollen, getötet. Freud erkennt in diesem Fall die Parallelen zur antiken Sage des Ödipus und benennt das Krankheitsbild nach dem Sohn des Laios als Ödipuskomplex. Er kennt auch das Zitat bei Schiller, in dem dieser die Erkenntnis des Ödipus, der in der Rückschau seines Lebens die Zusammenhänge seines Unglückes erkannt und aufgelöst hat, eine „tragische Analyse" nennt, und beschließt, die Behandlungsmethode der Gesprächstherapie als „Psychoanalyse" zu benennen. Trotz des Drängens der Hofkreise behält er das Geheimnis Rudolfs für sich, als Arzt nimmt er die ärztliche Schweigepflicht in Anspruch.

Es ist aber unübersehbar, dass es seit dem Durchbruch 1891 mit Rudolf wieder seelisch und gesundheitlich bergauf geht. Er kann seine abgeschotteten Privatgemächer in Schönbrunn wieder verlassen, erscheint in der Öffentlichkeit und nimmt wieder am Familienleben teil, verweigert aber konsequent alle Regierungsverantwortung. Als der Reichsregent Albrecht Friedrich 1895 stirbt, wäre er trotz seiner weiter bestehenden Kokainabhängigkeit wieder fähig, die Regierungsgeschäfte zu übernehmen. Er lehnt dies ab, erklärt seine Abdankung als Kaiser, und in Ermangelung eines männlichen Erben ernennt er Erzherzog Franz Ferdinand von Österreich-Este zum Nachfolger. Er selbst zieht sich ins Privatleben zurück und stirbt auf Schloss Miramar bei Triest 1911 im Alter von 53 Jahren an Leberzirrhose. In seinem Testament lehnt er ein Begräbnis in der Kapuzinergruft in Wien „zu Seiten seines Vaters" ab, er findet sein Grab im Grazer Dom im Mausoleum von Ferdinand II.

Franz Ferdinand ist als Kaiser Franz II. von Österreich gerade rechtzeitig an die Macht gekommen. Er ist wie Rudolf ein Vertreter der Stärkung des Slawentums in Österreich und auch Kriegsgegner. Zugleich ist er kein Freund des Deutschen Reiches. In der Bündnispolitik geht er am Ende des 19. Jahrhunderts neue Wege, die sich an Rudolfs Gedanken orientieren. Zunächst reformiert er Österreich als trialistischen Staat „Groß-Österreich", indem er die südslawischen Reiche zu einem eigenen Königreich Groß-Kroatien zusammenfasst. Dann sucht er in einer „Umkehrung der Allianzen" den Ausgleich mit Russland und Frankreich, um sich von der zu freundschaftlichen Umklammerung des Deutschen Reiches zu befreien und die Ambitionen des Königreiches Italien auf Trient und Südtirol abzuwehren. Er führt die Heeresreformen Albrecht Friedrichs weiter. Als das neue Jahrhundert anbricht, hat Kaiser Franz II. die Grundlagen für den Weiterbestand der Donaumonarchie als Vielvölkerstaat im Rahmen einer parlamentarischen Monarchie auch im 20. Jahrhundert gesichert.

Sigmund Freud entwickelt seine Methode der Psychoanalyse weiter, steht aber unter striktem Verbot, den Fall des „Jägermeisters" zu publizieren. Erst nach seinem Tod 1939 in Wien, der Hauptstadt Groß-Österreichs, findet man in seinem Nachlass eine Schrift, die den Fall eingehend beschreibt. In Österreich auf Betreiben des Kaiserhauses erfolgreich unterdrückt, kann sie erst fast 50 Jahre nach dem Tod Rudolfs im „American Journal of Psychiatry" erscheinen und erregt, obwohl Freud alle biographischen Hinweise auf Rudolf getilgt hat, Aufsehen in der Fachwelt, die sehr wohl in der Figur des „Jägermeisters" Rudolf erkennt.

Es hat sich nach 1891 in Wien bald herumgesprochen, dass es Freud war, der den Kaiser heilen konnte, und immer mehr Patienten besuchen Freud in seiner Praxis in der Berggasse 19. Seine Methode gilt bald als anerkannt und erobert noch vor 1910 die Welt. Die Couch wird zum Symbol der Psychoanalyse, Freud hat in seiner Praxis als Geschenk die Originalcouch Rudolfs stehen. Niemand weiß, dass sie einst dem österreichischen Kaiser gehörte.

Realgeschichte

In der Realität schoss Kronprinz Rudolf am 3. Jänner 1888 in Mürzsteg daneben und traf den neben dem Kaiser stehenden Leibjäger. Es galt offiziell als Unfall, und auch der Kaiser bemühte sich, den peinlichen Zwischenfall hinunterzuspielen. Bis heute ist nicht klar, was dieser Schuss wirklich bedeutete. War es der bewusste oder unbewusste Versuch Rudolfs, sich vom übermächtigen Vater zu befreien? Hat er in all seiner Wut und Frustration auf den Vater geschossen und hat ihn sein Über-Ich schlussendlich doch davon abgehalten, den Vatermord zu begehen? Oder hat er, einfach weil er ein schlechter Schütze war, das Wild verfehlt und sich unweidmännisch verhalten?

Jedenfalls könnte es das letzte Aufbegehren des Kronprinzen gegen den Kaiser gewesen sein. Ab dem Sommer 1888 schien er sich mit Selbstmordgedanken zu tragen. Er fand in der jungen Baronesse Mary Vetsera eine Partnerin, die gewillt war, mit ihm in den Tod zu gehen. Die Welt widerte ihn an, seine Hoffnungen auf eine Veränderung der europäischen Politik wurden 1888 durch den Tod des deutschen Kaisers Friedrich III., mit dem er die selben Interessen teilte, und der Thronbesteigung von Wilhelm II., einem kriegslüsternen Militaristen, zunichte gemacht. In der Presse griff man ihn als „Judenknecht" an, seine Ehe war auf dem Tiefpunkt und man dachte an Scheidung und Auflösung der Verbindung.

Rudolf schien sich mit seinem Schicksal abgefunden zu haben, er zog mit seinem Leibfiaker Bratfisch durch die Vorstadtlokale und unterhielt Beziehungen zu mehreren Frauen, darunter auch zu Mizzi Caspar, der er seinen letzten Abschiedsbrief widmen sollte.

Er wusste, dass er im Leben gescheitert war. Zu seinem Vater konnte er wegen einiger geheimer politischer Aktivitäten in seinem letzten Jahr nicht mehr gehen, seine Mutter war abwesend und wenig an ihm interessiert. Er war zermürbt von Krankheit und politischen Angriffen. Er wusste, dass – selbst wenn er jetzt Kaiser werden würde – er keinen Rückhalt in der Bevölkerung finden konnte. Weihnachten 1888 erlebte er noch in der eisigen Atmosphäre des Hofes. Am 28. Jänner 1889 fuhr er mit Mary Vetsera nach Mayerling, in der Nacht zum 30. Januar erschoss er die Baronesse, die in den Todespakt offensichtlich eingewilligt hatte, schrieb noch mehrere Stunden neben der Leiche an Abschiedsbriefen, ehe er sich eine Kugel in den Kopf jagte.

Sein Tod erschütterte die Monarchie und den Kaiser. Für fast ein Jahrhundert rätselte man ob, es Mord, Attentat oder Selbstmord gewesen war. Sein Tod brachte Erzherzog Franz Ferdinand an die Stelle des Thronfolgers, der aber ebenfalls ohnmächtig zusehen musste, wie der immer greiser werdende Kaiser in der Hofburg die Monarchie verspielte. Der Schuss von Mürzsteg hätte diese vielleicht retten können, er hätte rechtzeitig die Regentschaft von Franz Joseph I. beenden können, der unfähig gewesen war, die neuen Zeiten zu erkennen und darauf zu reagieren. Wäre er 1888 gestorben, wäre die Monarchie, ob unter Rudolf oder unter Franz Ferdinand, vielleicht noch zu retten gewesen. Der Welt wäre der Konflikt des Ersten Weltkrieges, mit all seinen furchtbaren Konsequenzen für das 20. Jahrhundert, erspart geblieben. Was immer Rudolf bewogen hatte, in Richtung seines Vater zu feuern, ein Treffer hätte die Welt verändern können. Der Jagdunfall oder Mordversuch blieb unvollendet – wie das Leben der vielleicht tragischsten Figur der Habsburgerdynastie, die danach all die Aggression, die sie nicht gegen den Vater richten konnte, gegen sich selbst richtete und ihr Leben schmählich in Mayerling beendete.

28. Juni 1914

Gavrilo Princip schießt daneben – Der Erste Weltkrieg findet nicht statt

Unter allen alternativen Welten oder kontrafaktischen Geschichten ist die fehlgeschlagene Ermordung des österreichischen Thronfolgers Erzherzog Franz Ferdinand in Sarajevo die populärste und meistdiskutierte. Dies kommt nicht von ungefähr. Es gibt kaum einen Tag in der Geschichte der letzten 100 Jahre, wie jenen 28. Juni 1914, der so exakt bestimmt war, die Welt völlig aus den Angeln zu heben, sie zu drehen und zu wenden und ihr dann eine neue Richtung zu geben, die vier Jahre zuvor niemand so gesehen hätte. Die Ermordung Franz Ferdinands änderte die Geschichte der Welt innerhalb von Sekunden, alles, was das 20. und das 21. Jahrhundert bestimmen sollte, kam aus dem Pistolenlauf des kleinen bosnischen Studenten Gavrilo Princip. Die beiden Weltkriege, Hitler, Stalin, Mao, der kalte Krieg mit seinen vielen Schauplätzen, die Vernichtung der jüdischen Zivilisation in Europa, die erste Mondlandung waren das Ergebnis dieses Ereignisses. Vielleicht noch mehr und für uns in allen Konsequenzen noch gar nicht zu erkennen. Der rasante technische Fortschritt, der durch die Weltkriege und den Kalten Krieg ausgelöst wurde, hat die Welt schneller verändert, als die Menschen sich ihr oft anpassen konnten, vielleicht gäbe es heute keine globale Klimakrise ohne den 28. Juni 1914?

Die Zeit

Die drei durch den preußischen Ministerpräsidenten und späteren Reichskanzler Otto von Bismarck vorbereiteten und organisierten „deutschen Einigungskriege" gegen Dänemark 1864, gegen Österreich 1866 und gegen Frankreich 1870/71 ermöglichten nach dem

Sieg Preußens über Frankreich die Gründung des Zweiten Deutschen Kaiserreiches. Unter Ausschluss Österreichs und unter preußischer Führung gingen die deutschen Einzelstaaten in einem gemeinsamen Nationalstaat auf.

Bismarck war sich bewusst, dass die neue Machtverteilung in Europa nicht unwidersprochen bleiben würde, und hatte daher nach dem preußischen Sieg über Frankreich 1871 ein flexibles Bündnissystem der europäischen Großmächte geschaffen. Ziel dieser Allianzen war es, das geschlagene Frankreich von einem Bündnis mit der Kontinentalmacht Russland abzuhalten, um die Gefahr eines zukünftigen Zweifrontenkrieges von Deutschland abzuwenden.

Die Bismarcksche Bündnispolitik scheiterte, als Deutschland 1890 nach der Absetzung Bismarcks durch den jungen Kaiser Wilhelm II. den erst 1887 abgeschlossenen Rückversicherungsvertrag, ein geheimes Neutralitätsversprechen zwischen Russland und Deutschland für den Fall eines französischen Angriffes auf Deutschland und eines österreichischen auf Russland, nicht erneuerte. Die Verbindung, welche die drei konservativen Monarchien Österreich, Deutschland und Russland seit dem Drei-Kaiser-Abkommen von 1873 eingegangen waren, wurde auch aufgrund der Differenzen ab 1875 zwischen Russland und Österreich-Ungarn wegen der Balkanfrage damit gelöst.

In den Jahrzehnten vor der Jahrhundertwende entstanden zwei Machtblöcke in Europa. Auf der einen Seite der Dreibund mit Deutschland, Österreich-Ungarn und Italien, auf der anderen Seite die Triple Entente mit Russland, Großbritannien und Frankreich. Das Ende des deutschen Einvernehmens mit Russland, vor dem Bismarck gewarnt hatte, brachte die Annäherung von Russland und Frankreich, was 1894 in einem formellen Allianzvertrag vereinbart wurde.

Russland spürte ein wachsendes Bedürfnis zur Wiedererlangung der alten Machtposition und entwickelte eine selbst ernannte Schutzmachtfunktion über die Slawen Europas, die auf dem Balkan zunehmend in Konflikt zum österreichisch-ungarischen Konzept des Vielvölkerstaates geriet.

Frankreich hingegen wollte nach der Niederlage gegen Deutschland 1871 die als demütigend empfundenen Friedensbedingungen aufheben und das stark industrialisierte Elsass-Lothringen wiedergewinnen. Trotzdem sollte Frankreich bis zum Kriegsausbruch 1914 eine eher passive und wenig aggressive Rolle spielen. Die Außenpolitik des Deutschen Reiches nach 1890 bereitete auch Großbritannien Sorgen. Die Machtbasis Englands war sein koloniales Weltreich, die stark industrialisierte Wirtschaft, der weltweit wichtigste Kapitalmarkt und die mächtige Flotte. Ein Konflikt mit anderen europäischen Mächten hätte die britischen Interessen gefährden können, sodass London bemüht war, in keinen Krieg auf dem Kontinent verwickelt zu werden. Nach dem Krimkrieg 1854 bis 1856 gegen Russland hatte sich die parlamentarische Monarchie in London in die Rolle eines an der Wahrung des europäischen Gleichgewichts interessierten Beobachters zurückgezogen. Diese „Splendid Isolation" gab Großbritannien erst auf, als das neue Deutsche Kaiserreich sein Streben nach einer hegemonialen Stellung in Europa und den Willen zur eigenen „Weltpolitik" zum Ausdruck brachte. Da Großbritannien befürchten musste, dass sich mit dem Deutschen Reich ein ernsthafter wirtschaftlicher und militärischer Konkurrent mit globalen Ansprüchen entwickeln könnte, näherten sich London und Paris aneinander an und schlossen 1904 die gegen das Deutsche Reich gerichtete Entente cordiale.

Der Balkan wurde in diesem Spannungsfeld zur Problemzone. Hier verschränkten sich außenpolitische Konflikte unter den Großmächten mit politischen, religiösen und ethnischen Problemen der Region, da sich hier die Interessenssphären Österreich-Ungarns mit denen Russlands überschnitten.

Nach dem Verlust seiner italienischen Gebiete und seiner Vormachtstellung in Deutschland war Österreich 1867 gezwungen, mit Ungarn zu einem „Ausgleich" zu kommen. Ungarn wurde die Sonderverfassung von 1848 garantiert, und es entstand die Doppelmonarchie Österreich-Ungarn. Jeder der beiden Staaten erhielt eine eigene Verfassung, der österreichische Kaiser war zugleich König von Ungarn. Gemeinsame Angelegenheiten waren Außenpolitik, Finanzen und Kriegswesen. In den österreichischen Kronländern verstärkte sich nach 1867 der Kampf der Nationalitäten. Bereits 1868 forderten die Tschechen nach dem Muster des Ausgleiches die Eigenstaatlichkeit der Länder der böhmischen Krone, die Polen Galiziens wollten durch ein eigenes Ministerium in der Regierung vertreten sein. Auf dem Balkan geriet die österreichisch-ungarische Monarchie in immer größere Schwierigkeiten, weil die slawische Bevölkerung eher Russland zuneigte. Durch die Okkupation Bosniens und der Herzegowina 1908 verschob sich die ethnische Zusammensetzung der Bevölkerung der Monarchie zugunsten der Slawen, wodurch sich der Nationalitätenkampf immer mehr zuspitzte. Außenpolitisch war eine gewisse Sicherheit durch den Abschluss eines Bündnisses, des Zweibunds, mit Deutschland gegeben, jedoch wurde durch die bulgarische Krise 1885 die Spannung zwischen Österreich-Ungarn und Russland immer größer. Der 1882 abgeschlossene Dreibund mit Deutschland und Italien barg wegen Trient und Südtirol von Anfang an Konfliktstoff in sich. Zwei- und Dreibund wurden durch Verträge mit Rumänien, durch das Mittelmeerabkommen mit England und Italien sowie durch ein besseres Einvernehmen mit Serbien gestärkt.

Das eigentliche Problem der Doppelmonarchie war, dass sich die slawischen Völker in ihr nicht ausreichend vertreten sahen. 1905 forderten Serben und Kroaten aus dem Reichsgebiet politische Eigenständigkeit aufgrund der slawenfeindlichen Politik der Ungarn. Sie wurden durch Serbien unterstützt, das den Plan eines großserbischen Nationalstaates verfolgte. Die Frage war, ob die südslawischen Gebiete ihre Einigung innerhalb oder außerhalb des Kaiserreichs vollziehen würden. Der Thronfolger Franz Ferdinand plante daher die Zusammenfassung der südslawischen Gebiete unter kroatischer Führung. Das hätte einen österreichisch-ungarisch-slawischen Trialismus zur Folge gehabt, den die Ungarn entschieden ablehnten, um nicht Teile ihrer Machtposition in der Donaumonarchie aufgeben zu müssen. 1908 erfolgt die förmliche Eingliederung Bosniens und der Herzegowina ins Gesamtreich durch Annexion. Franz Ferdinand wollte damit den Dualismus von Österreich und Ungarn überwinden und ein groß-österreichisches, föderalistisches Staatsgebilde schaffen, übersah aber dabei, dass er damit einen neuen Konfliktherd schuf, da sich der Großteil der Bosnier mehr nach Serbien als nach Österreich zugehörig fühlte.

Das vom greisen Kaiser Franz Joseph I. regierte Österreich-Ungarn drohte angesichts der slawischen Unabhängigkeitsbewegungen gegen die als Unterdrückung empfundene Herrschaft zu zerfallen. Unter den Slawen im nördlichen Böhmen, Mähren und auf dem Balkan schwanden Autorität und Integrationskraft des Habsburgerreiches. Da man Serbien als treibende Kraft hinter diesem Panslawismus ansah, plädierte eine Fraktion von „Falken" im österreichisch-ungarischen Generalstab um Conrad von Hötzendorf beständig für einen „Präventivkrieg" gegen Serbien, obwohl es klar war, dass dieser Krieg zu einem Eingreifen Russlands führen könnte. Hötzendorf vertraute auf Deutschlands Bündnistreue und dass der Dreibund Russland von einem Krieg um Serbien abschrecken würde. Franz Ferdinand hingegen fürchtete den Krieg mit Russland aufs äußerste. Er erkannte, dass, wenn Österreich sich gegen Serbien wenden würde, ein Eingreifen Russlands aufgrund imperialistischer und nationaler Interessen wahrscheinlich wäre.

1914 waren in Europa alle Staaten zum Krieg gerüstet, was fehlte, war der zündende Funke. Viele Menschen warteten auf den Krieg, man sah in ihm ein „Stahlbad" oder ein „reinigendes Gewitter", das die Verderbtheit und Unsicherheit der modernen Welt hinwegfegen und Europa neu ordnen sollte. Es sollte diesen Krieg geben, und der Auslöser war der Mann, der ihn fürchtete: Franz Ferdinand von Österreich-Este.

Geboren am 18. Dezember 1863 in Graz, war er der Neffe Kaiser Franz Josephs. Schon als Kind hatte er das Herzogtum Modena geerbt. 1878 trat er in die Armee ein, 1899 wurde er zum General befördert. Während seiner Militärzeit erkrankte er mehrmals an Lungentuberkulose, die ausgedehnte Kuraufenthalte, auch in Ägypten, notwendig machte. Von 1892 bis 1893 unternahm er eine Weltreise, die ihn nach Indien, Indonesien, Australien, Japan, Kanada und in die USA führte.

Nach dem Selbstmord von Kronprinz Rudolf 1889 in Mayerling und dem Tod seines Vaters Karl Ludwig wurde er 1896 österreichischer Thronfolger. 1900 heiratete er die vom Wiener Hof als nicht ebenbürtig angesehene Sophie Gräfin Chotek und musste wegen dieser morganatischen Ehe auf alle Thronansprüche seiner Kinder verzichten.

Politisch war er ein Anhänger des Trialismus und plante, die südslawischen Gebiete der Monarchie in einem eigenen Reichsteil zusammenzufassen. Damit konkurrierte er die Pläne Serbiens, das hier ein südslawisches Königreich unter serbischer Führung sehen wollte. Langfristig spekulierte Franz Ferdinand mit der Umwandlung der Doppelmonarchie in die Vereinigten Staaten von Groß-Österreich, was ihm die Feindschaft des Wiener Hofes und besonders der Ungarn einbrachte. Er galt als Gegner eines Krieges mit Russland, weil er sah, dass dies die Gefahr ins sich trug, beide Monarchien aufzulösen.

Aber bevor er noch die Möglichkeit hatte, seine Pläne umzusetzen, sollte der bosnische Student Gavrilo Princip das Leben des Erzherzogs beenden und der Geschichte des 20. Jahrhunderts eine völlig neue Richtung geben.

Princip, geboren am 13. Juli 1894, war eines von neun Kindern, von denen sechs bereits in der Kindheit starben. Sein Vater war Briefträger, die Familie lebte in armen Verhältnissen. Princip war österreichischer Staatsbürger und besuchte eine Handelsschule in Tuzla in Bosnien und anschließend das Gymnasium in Sarajevo. Er wurde Mitglied der nationalen Schüler- und Studentenbewegung „Junges Bosnien", die für die Unabhängigkeit Bosniens kämpfte. Im Mai

1912 verließ er Bosnien, um in Belgrad seine Ausbildung fortzusetzen. Er war ein guter Schüler und galt als intelligent und belesen. Als er aus einer österreichischen Zeitung vom Besuch des österreichisch-ungarischen Thronfolgers in Sarajevo erfuhr, beschloss er, ihn bei dieser Gelegenheit zu töten. Er weihte zwei seiner Freunde in den Plan ein und sicherte sich ihre Unterstützung. Die Gruppe wurde von der serbischen Geheimgesellschaft „Schwarze Hand" ausgebildet und mit Waffen ausgestattet.

Der entscheidende Moment – Die Realität

Der Besuch von Franz Ferdinand in Sarajevo stand von Anfang an unter einem schlechten Stern, dennoch hätte es viele Möglichkeiten gegeben, das Attentat zu verhindern.
Im Juni 1914 beschloss der österreichische Generalstab, Manöver in Bosnien-Herzegowina abzuhalten, und lud dazu auch Franz Ferdinand, den Truppengeneralinspektor, ein. Allerdings langten Berichte in Wien ein, in denen man riet, auf den als provokant empfundenen Besuch des Thronfolgers zu verzichten, vor allem da Sarajevo politisch unruhig war und der Besuch noch dazu am Nationalfeiertag Serbiens stattfinden sollte, der an die serbische Niederlage gegen die Türken auf dem Amselfeld im Jahr 1389 erinnerte. Franz Ferdinand überlegte den Besuch abzusagen, auch der Kaiser schien ihm dazu geraten zu haben. Das Oberkommando beschloss dennoch, die Manöver abzuhalten, und so fuhren der Thronfolger und seine Frau Sophie, die von dunklen Vorahnungen gequält wurde, nach Sarajevo. Am Abend des 27. Juni bat Karl von Rumerskirch, der Kämmerer von Franz Ferdinand, diesen nochmals, den Besuch abzusagen, der Thronfolger wurde aber von General Oskar Potiorek umgestimmt.
Am nächsten Tag trafen Franz Ferdinand und Sophie in Begleitung von Potiorek am Bahnhof von Sarajevo ein und wurden zu einem offenen Wagen geleitet, um zum Rathaus von Sarajevo zu fahren. Am Appel Kai warf der serbische Anarchist Nedeljko Čabrinović

eine Bombe auf das Fahrzeug des Thronfolgers, traf aber nur das Dach, die Bombe rollte ab, explodierte unter dem nachfolgenden Auto und verletzte einige Offiziere. Statt nun den Besuch abzusagen, beschloss Franz Ferdinand, die Fahrt zum Rathaus fortzusetzen. Nach dem Empfang sollte er auf direktem Wege zum Bahnhof zurückfahren, er wollte aber zuerst noch die Verletzten des Bombenattentates im Militärspital besuchen. Die Fahrt ging wieder über den Appel Kai, als das Führungsfahrzeug der Kolonne falsch abbog. Potiorek, der im Wagen von Franz Ferdinand saß, befahl dem Fahrer anzuhalten, nicht abzubiegen, ein Stück zurückzusetzen und auf den Appel Kai weiterzufahren. In diesem Moment nahm Princip, der an der Straßenkreuzung gestanden war und eigentlich, wäre das Fahrzeug des Thronfolgers nicht ungeplant zum Stillstand gekommen, keine Chance auf ein Attentat gehabt hätte, den Revolver aus seiner Jacke. Ein Polizist sah die Waffe und versuchte, sie Princip zu entreißen, wurde aber von einem Komplizen Princips niedergeschlagen. Princip feuerte zweimal aus nächster Nähe in den Wagen und traf das Thronfolgerpaar tödlich.

Der entscheidende Moment – Die Fiktion

Es hätte zahlreiche Möglichkeiten gegeben, das Attentat zu verhindern. Princip hätte den Anweisungen seiner Führungsoffiziere aus Belgrad Folge leisten können, die das Attentat abgesagt hatten. Die österreichischen Behörden in Sarajevo hätten die zahlreich einlangenden Drohungen ernst nehmen und stärkere Sicherheitsmaßnahmen treffen können, Franz Ferdinand hätte auf seine Berater, den Kaiser und seine Frau hören und den Besuch in Sarajevo absagen können. Nach der Zeremonie im Rathaus hätte sich Franz Ferdinand entscheiden können, direkt zurück zum Bahnhof zu fahren anstatt ins Militärspital. Das Führungsfahrzeug hätte nicht falsch abbiegen müssen, dann wäre der Wagen des Thronfolgers schnell an Princip vorbeigefahren und dieser hätte kaum eine Chance gehabt, sicher zu treffen. Und Princip hätte natürlich auch daneben schießen können und statt Franz Ferdinand den Feldzeugmeister Potiorek oder nur Sophie treffen können. In diesen Fällen hätte es wahrscheinlich eine schwere diplomatische Krise zwischen Serbien und Österreich gegeben, aber wohl kaum einen Krieg.

Nehmen wir also an, Franz Ferdinand kehrt mit seiner Frau sicher nach Wien zurück, hätte es für irgendjemanden im Sommer 1914 einen Grund gegeben, zum Krieg zu rufen? Wohl kaum, denn im Moment war die Staatenlandschaft in Europa friedlich. Auch eine versuchte und gescheiterte Ermordung Franz Ferdinands wäre noch kein Kriegsgrund gewesen, Österreich hätte kaum Sympathien gefunden, einen Krieg zu beginnen.

Konsequenzen und Bedeutung

Es gab im Sommer 1914 trotz der europäischen Kriegsbereitschaft keinen Grund, einen europaweiten Krieg wegen des gescheiterten Attentates in Sarajevo zu beginnen. Wäre es aber möglich gewesen, dass ein Krieg etwa zu dieser Zeit aus anderen Gründen ausgebrochen wäre? Wir haben bereits gesehen, dass das Deutsche Reich Angst haben musste, in einen Zweifrontenkrieg gegen Frankreich und Russland gezogen zu werden, bestand daher die Möglichkeit eines Präventionskrieges? Und wenn ja, wo wäre der Schlag erfolgt?

Deutschland hätte nur ein Interesse an einem Krieg gehabt, wenn es sich sicher gewesen wäre, sich damit aus der französisch-russischen Umklammerung zu befreien. Gegen Russland wäre ein Erstschlag Deutschlands in Polen ohne die Unterstützung Österreichs sinnlos gewesen, Russland hätte sich bei einer deutschen Offensive in das weite Hinterland zurückgezogen und die deutschen Armeen ins Leere laufen lassen. Hätte Deutschland aber nur Frankreich angegriffen, so hätte die Gefahr eines gleichzeitigen russischen Angriffes von Osten her bestanden. Das Deutsche Kaiserreich war also, wenn auf sich allein gestellt, eigentlich militärisch handlungsunfähig.

Frankreich hätte hingegen den Moment nutzen können, um Deutschland anzugreifen, aber dann wäre Frankreich als Aggressor dagestanden und England hätte wohl kaum auf seiner Seite eingegriffen. Bleibt noch das Szenario eines österreichischen Angriffes auf Russland wegen dessen Unterstützung Serbiens. Auch das ist eher unwahrscheinlich, weil die österreichische Armee im Sommer 1914 nicht bereit war, es mit Russland aufzunehmen, und zahlreiche Soldaten Ernteurlaub bekommen hatten.

Man kann also sagen, dass, selbst wenn alle Mächte Europas auf einen Krieg vorbereitet waren, ohne den Zündfunken, ohne die erste Kriegserklärung Österreichs an Serbien, es ein friedliches Jahr 1914 geworden wäre. Es mag schon sein, dass alle Mächte Europas den Krieg zur Lösung der europäischen Probleme als notwendig und kommend ansahen, aber für jeden strategischen Vorteil gab es auch Nachteile und Ängste, und dies hätte wohl alle Mächte gezwungen, noch für eine Zeit lang den Frieden zu bewahren.

Erst als es klar war, dass Österreich und Deutschland gemeinsam agieren würden, konnte überhaupt an Krieg gedacht werden. Das Deutsche Reich brauchte die Kriegserklärung Österreichs an Serbien, weil dann, so hoffte man, Russland mobil machen würde und dann auch Deutschland mobil machen konnte, ohne als Aggressor dazustehen.

Österreich hätte Serbien sicher nicht ohne eine Rückversicherung Deutschlands den Krieg erklärt, wenn es angenommen hätte, dass daraufhin Russland massiv mobil machte. Russland hätte nicht mobil gemacht, wenn es geahnt hätte, dass das Deutsch Reich daraufhin so heftig reagieren würde. Es sollte diese Reihe von Misskalkulationen sein, welche den Ersten Weltkrieg schlussendlich auslösten.

Wie hätte also ein Europa aussehen können, wenn es keinen Ersten Weltkrieg mit Beginn 1914 gegeben hätte? Eigentlich hätte Europa nur zwei Jahre ohne Krieg überstehen müssen, dann hätten sich die politischen Allianzen vermutlich grundlegend geändert.

In Österreich wäre 1916 nach dem Tod von Kaiser Franz Joseph Erzherzog Franz Ferdinand Kaiser geworden. Für ihn wäre es eine Aufgabe gewesen, den politischen Einfluss Ungarns in der Monarchie zu verringern und die Slawen als dritte Kraft in das Reich einzubinden. Die Dokumente, die er bereits für diesen Fall vorbereitet hatte, zeigen, dass er in Ungarn das allgemeine Wahlrecht einführen wollte, um die Minoritäten zu Lasten der ungarischen Mehrheit zu stärken. Das hätte mit Sicherheit eine starke Reaktion Ungarns hervorgerufen, eventuell hätten weitere Versuche Franz Ferdinands, den Ausgleich von 1867 zu unterminieren, Österreich-Ungarn an den Rand des Bürgerkrieges gebracht. Auf keinen Fall hätte Österreich-Ungarn in den Jahren des Thronwechsels die Möglichkeit gehabt, in irgendeiner Form Serbien oder eine andere europäische Macht mit Krieg zu bedrohen. Österreich wäre also ab 1916 als offensiver Teilnehmer an einem gesamteuropäischen Krieg ausgefallen, damit wäre das Deutsche Reich allein dagestanden und zu einer defensiv orientierten Politik gezwungen gewesen.

Deutschland hätte sich trotz des großspurigen Geredes von Kaiser Wilhelm II. militärisch zurückhalten müssen, die Angst vor einem Zweifrontenkrieg gegen Frankreich und Russland hätte alle Versuche des Generalstabes zum Losschlagen vereitelt. Hätte in dieser Zeit Frankreich im Verband mit Russland den Krieg gesucht, hätte ihn das Deutsche Reich wohl allein und defensiv ohne die Hilfe Österreichs ausfechten müssen.

Es ist anzunehmen, dass es Deutschland durch seine militärische Stärke in der Defensive gelungen wäre, beiden Angreifern schwere Verluste beizubringen, sodass man durch die Vermittlung der USA und Großbritanniens, die an einem ungehinderten Handel in Europa interessiert waren, bald Frieden geschlossen hätte. In diesem Szenario bleibt der Status quo der europäischen Staatenlandschaft erhalten, nur Russland wird durch den Krieg so geschwächt, dass es reif zur Revolution wird. Da das Land aber 1918 nicht, wie in der Realität, völlig am Boden liegt, scheint es zweifelhaft, ob die rote Revolution unter Lenin Erfolg gehabt hätte oder ob es nicht der bürgerlichen Revolution unter Alexander Kerenski gelungen wäre, die Oberhand zu behalten.

Wie hätte Europa also im 20. Jahrhundert ohne die Ermordung Franz Ferdinands und ohne Ersten Weltkrieg aussehen können? Möglich scheinen hier zwei Szenarien, ein eher optimistisches und ein eher pessimistisches.

Im optimistischen Szenario bringt die Vermeidung des Ersten Weltkrieges eine lange Periode wirtschaftlicher Stabilität, wenn die Regierungen bereit gewesen wären, die Arbeiterschaft als politischen Faktor anzuerkennen. Osteuropa ohne Kriege und ohne Kommunismus hätte sich dem Westen schneller angenähert und von seinem Reichtum profitiert. Eine Revolution in Russland scheint auch in diesem Szenario unumgänglich, bleibt aber halb demokratisch und führt zu einem autoritären, aber kapitalistischen Regime, Russland verliert aber Teile seines Reiches im Osten und Süden. Österreich-Ungarn überlebt als Staat, steht aber stets im Konflikt mit seinen unterdrückten nationalen Minderheiten und muss sich verstärkt in Richtung eines föderalen Bundesstaates reformieren. Deutschland bleibt Kaiserreich, wird aber demokratischer ausgerichtet und zur parlamentarischen Monarchie.

Europa gibt im 20. Jahrhundert seine Kolonien ab, da es aber keinen Kalten Krieg gibt, erfolgt der Rückzug der Kolonialmächte friedlich, die neuen Staaten unterhalten weiterhin gute Beziehungen zu ihren ehemaligen Herren. Europa bleibt das wirtschaftliche, wissenschaftliche und künstlerische Zentrum der Welt. Es muss sich aber immer mehr der amerikanischen und japanischen Konkurrenz stellen, was zu engeren internationalen Verflechtungen und zur Ausbildung erster supranationaler Organisationen führt.

Durch das Fehlen großer Kriege hat sich der wissenschaftliche und technische Fortschritt verlangsamt und gibt den Menschen mehr Zeit, sich den Neuerungen anzupassen. Die große Grippeepidemie von 1918 fand zwar statt, hat aber unter der gesunden und gut ernährten Bevölkerung nur wenige Opfer gefunden.

Es gibt zwar weiterhin einen latenten Antisemitismus und Nationalismus in Europa, die Menschen interessieren sich aber, da sie vermehrt am allgemeinen wirtschaftlichen Aufschwung teilnehmen und profitieren können, mehr für ihren persönlichen Wohlstand als für eine radikale Politik.

Unter den wirtschaftlichen Gewinnern jener Zeit ist auch der Kunstmaler Adolf Hitler, der vom zunehmenden Tourismus in Wien profitiert. Er kann sich 1920 in der Augustinerstraße in Wien einen kleinen Andenkenladen aufbauen, in dem er unter anderen Souvenirs auch seine selbst gemalten Aquarelle mit Wiener Ansichten erfolgreich verkauft.

Im pessimistischen Szenario gibt es ebenfalls keinen Ersten Weltkrieg. Dennoch kommt es in Russland zur kommunistischen Revolution, die auch Österreich-Ungarn zu destabilisieren droht. Die Doppelmonarchie überlebt durch repressive Maßnahmen gegenüber der eigenen Bevölkerung und durch die Flucht in einen Krieg gegen Serbien, das ohne die Hilfe Russlands unterliegt, worauf Österreich-Ungarn seine Hegemonie auf den gesamten Balkan ausdehnen kann.

Das Deutsche Reich wird durch seine militärische und wirtschaftliche Macht immer mehr zur unilateralen Supermacht in Europa. Demokratische Reformen unterbleiben oder werden unterdrückt. Um 1920 kommt es in Europa zu einer Wirtschaftskrise, das Äquivalent zur großen realen Depression von 1920 bis 1935. In dieser Zeit kommen in Frankreich, Spanien und Italien autoritäre Regime an die Macht, die sich mit Deutschland arrangieren.

Groß-Österreich ist gezwungen, sich wieder an Deutschland anzunähern. Es kann sich aber durch seine wirtschaftliche Autonomie und durch sein starkes wissenschaftliches und künstlerisches Potenzial, das auch von einem aufgeklärten Judentum getragen wird, welches die autoritären Staaten Österreich ablehnen lässt, weitgehend dem Deutschen Einfluss entziehen. Auch unter den Nationalitäten der Donaumonarchie gewinnt die Staatsidee wieder an Bedeutung und trägt zur Erhaltung Groß-Österreichs bei, das sich als blockfrei betrachtet.

Großbritannien wird in Europa zunehmend isoliert und sucht in den USA seinen Verbündeten. Es entstehen zwei Superblöcke, ein autoritär regiertes Europa unter deutscher Führung und ein liberaler und demokratischer anglo-amerikanischer Block, diese Situation führt zu einem jahrzehntelangen Kalten Krieg, der Eiserne Vorhang ist der Ärmelkanal. Im Osten nutzt Japan die Ausrichtung der USA auf Europa und erwirbt ein Großreich im Pazifik und in China und bedroht Russland von dieser Seite her, sodass dieses in der europäischen Politik handlungsunfähig ist. Die Kolonien werden mit militärischen Mitteln als weltweit verteilte strategische Stützpunkte unter Unterdrückung der einheimischen Bevölkerung gehalten, bisher blockfreie Staaten werden von beiden Seiten umworben und in die Machtblöcke eingegliedert.

Gegen Ende des 20. Jahrhunderts werden fast gleichzeitig in den beiden Superblöcken die ersten Atomwaffen gebaut. Als das 20. Jahrhundert zu Ende geht, sprechen alle vom Krieg. Man meint, dass nur eine militärische Auseinandersetzung die Probleme lösen würde, und eigentlich wartet man nur auf den Zündfunken, der einen weltweiten Krieg auslösen könnte. In dieser Konkurrenzsituation kommt es zum raschen Fortschreiten der Technologie, der erdnahe Weltraum wird schnell erobert und militärisch genutzt. Im Kampf um Produktionskapazitäten bleibt der Umweltschutz auf der Strecke, und bereits um 1980 sind die ersten Auswirkungen einer globalen Erwärmung zu verspüren.

Realgeschichte

In der Ermordung des Erzherzogs Franz Ferdinand und seiner Gattin Sophie von Hohenberg am 28. Juni 1914 sahen die Befürworter eines Krieges in Berlin und Wien die Chance zum Handeln gekommen. Erwünscht waren in dieser Situation zunächst nur eine Abrechnung mit Serbien und ein begrenzter Krieg auf dem Balkan. Ein

Krieg des Dreibundes mit Russland und Frankreich wurde von den Entscheidungsträgern in Berlin und Wien zwar in Kauf genommen, dass aber auch England bei einer Verletzung der belgischen Neutralität in den Krieg eingreifen würde, war den Generalstäben zu diesem Zeitpunkt nicht bewusst.

Wien ersuchte das Deutsche Reich um Unterstützung für eine Strafaktion gegen die serbische Regierung, der die Unterstützung der Attentäter von Sarajevo zur Last gelegt wurde. Inwiefern diese Vermutung berechtigt war, ist bis heute nicht einwandfrei geklärt. Fest steht, dass der Chef des serbischen Geheimdienstes die Terrororganisation „Schwarze Hand", die Princip ausgebildet hatte, leitete. Höchstwahrscheinlich war die serbische Regierung über das bevorstehende Attentat unterrichtet gewesen, hatte aber ebenso wenig wie die Regierungen in Wien und St. Petersburg, die konkrete Hinweise auf die bevorstehende Gefahr hatten, etwas zur Verhinderung des Attentats unternommen.

Die Betonung der Bündnistreue zwischen Wien und Berlin war zur Abschreckung des mit Serbien verbündeten Russlands gedacht. Am 5. Juli sicherte Deutschland Österreich im „Blankoscheck" volle Unterstützung zu und drängte auf rasches und entschlossenes Handeln, da die Welle internationaler Empörung über das Attentat von Sarajevo ein günstiges Klima für eine militärische Strafaktion gegen Serbien geschaffen hatte. Durch schnelles und dennoch diplomatisches Vorgehen sollte verhindert werden, dass die Bündnisse der Entente-Staaten zum Tragen kommen. Wilhelm II. war der Ansicht, Russland werde nicht auf der Seite Serbiens eingreifen und auch Frankreich werde sich daraufhin zurückhalten.

Entsprechend der mit Berlin abgestimmten Strategie eines begrenzten Krieges mit Serbien sandte Wien mit Verspätung am 23. Juli ein Ultimatum an Belgrad, dessen Bedingungen bewusst so gesetzt waren, dass sie von Serbien nie zur Gänze hätten erfüllt werden können, ohne seine staatliche Souveränität aufzugeben.

Wider Erwarten akzeptierte Serbien fast alle Punkte des Ultimatums bis auf jene, die seine staatliche Souveränität gefährdeten. Die diplomatisch geschickte Antwort aus Belgrad auf das harsche Ultimatum aus Wien und die seit dem Attentat verstrichene Zeit ließen die öffentliche Meinung umschwenken, sodass nun Österreich-Ungarn als der Kriegstreiber angesehen wurde.

Für den Fall eines Eingreifens Russlands auf Seiten Serbiens gab es in Deutschland keine anderen militärischen Planungen als eine vorläufige Defensive gegen Russland in Ostpreußen und einen Angriff auf Frankreich. Der Schlieffen-Plan war der einzige militärische Einsatzplan des deutschen Generalstabes für einen europäischen Krieg. Er sah eine gigantische Umfassungsoperation gegen Frankreich vor. Unter Bruch der belgischen Neutralität sollten die deutschen Truppen im Westen in Nordfrankreich einfallen, Paris bedrohen und der französischen Armee eine vernichtende Niederlage beibringen. Danach wollte man größere Verbände noch vor der endgültig abgeschlossenen Mobilmachung Russlands für den Krieg im Osten frei machen. Statt eines Zweifrontenkrieges sollten zwei schnelle und unabhängige Operationen nacheinander gegen Frankreich und Russland durchgeführt werden.

Angesichts des Überfalls auf das neutrale Belgien wurde aber der Kriegseintritt Großbritanniens unabwendbar. Obwohl London seit 1832 eine weit reichende Garantieerklärung für Belgien aufrecht erhielt und zudem immer wieder unmissverständlich zu verstehen gegeben hatte, dass es eine deutsche Vorherrschaft über Europa unter keinen Umständen dulden könne, hatten die Planer in Berlin und Wien geglaubt, dies ignorieren zu können.

Am 28. Juli begann Österreich-Ungarn unter dem Vorwand, die Regierung in Belgrad habe die Forderungen des Ultimatums nicht erfüllt, den Angriff auf Serbien. Nachdem die österreichischen Truppen am 29. Juli mit der Beschießung Belgrads begonnen hatten, ordnete Zar Nikolaus II. am 30. Juli 1914 die Gesamtmobilmachung der russischen Truppen an und lieferte damit Kaiser Wilhelm II. den willkommenen Anlass, Russland für die deutsche Öffentlichkeit als Aggressor brandmarken zu können. Tatsächlich hatte man in Berlin nur darauf gewartet und handelte erst, nachdem Russland ein deutsches Ultimatum, seine Mobilmachung rückgängig zu machen, verstreichen ließ. Nun konnte der deutsche Kaiser am 1. August 1914 die deutsche Mobilmachung als Akt der heroischen Vaterlandsverteidigung gegen den Aggressor aus dem Osten in Szene setzen. Am selben Tag erfolgte die Kriegserklärung an Russland, und am 3. August erklärte Deutschland Frankreich den Krieg und marschierte in Belgien ein. Am 4. August ließ Deutschland ein britisches Ultimatum verstreichen, in dem der sofortige Rückzug aus dem neutralen Belgien verlangt wurde, um Mitternacht erfolgte die britische Kriegserklärung an das Deutsche Reich. Am 6. August erklärte Österreich-Ungarn Russland den Krieg. Das große Sterben hatte begonnen.

Gavrilo Princip, der 1918 in österreichischer Gefangenschaft sterben sollte, hatte sein Ziel, den Beginn der Neuordnung der politischen Verhältnisse am Balkan, erreicht, aber es wäre vermessen, ihm allein die Schuld am millionenfachen Tod in den Kriegen des 20. Jahrhunderts zuzuschreiben. Seine beiden Kugeln hatten zwei Menschen getötet und einen vordergründigen Anlass zum Krieg geliefert, die Politiker des alten Europas hatten das, was er begonnen hatte, in die Tat umgesetzt. Dennoch bleibt, dass ohne die Schüsse von Sarajevo die Weltgeschichte anders verlaufen wäre. Ob es eine bessere oder schlechtere Welt gewesen wäre, ist von Seiten des Historikers, wie bei allen in diesem Buch vorgestellten kontrafaktischen Szenarien, nicht zu bewerten, darf aber von jedermann hinterfragt werden.

Chronologie und Glossar zu den einzelnen Kapiteln

11. Juni 172
Das Regenwunder findet nicht statt – Marc Aurel unterliegt den Germanen

Chronologie

161–169	Gemeinsame Regierung von Marc Aurel und Lucius Verus
161–166	Partherkrieg, Avidius Cassius besiegt die Parther
165–190	Antoninische Pest
167	Einfälle der Markomannen am Donaulimes ins Römische Reich
169	Belagerung von Aquileia, Tod des Lucius Verus
169–180	Alleinregierung von Marc Aurel
170–175	Erster Markomannenkrieg
170	Offensive der Römer in Germanien scheitert
11. 6. 172	Regenwunder im Quadenland
175	Aufstand des Avidius Cassius und dessen Ermordung
175	Waffenstillstand zwischen Römern und Germanen
177–180	Zweiter Markomannenkrieg
180	Tod des Marc Aurel, Friedensschluss mit den Germanen durch Commodus

Glossar

Aguntum	Heute: Lienz, Osttirol
Arianismus	abweichend christliche Lehre im 4. Jh. n. Chr.
Aquileia	Stadt in Oberitalien in Friaul
Dakien	Römische Provinz, heute etwa Rumänien
Germanen	Sammelbegriff für zahlreiche Völker in Nord- und Osteuropa, dazu gehören die Markomannen, Quaden, Sarmaten, Goten, Vandalen, Hermunoduren, Sueben, Naristen, Burgunder, Langobarden u. a.
Hadrianopolis	Heute: Edirne, Türkei

Hunnen	Um 400 in Europa eingewandertes zentralasiatisches Reitervolk
Limes	Befestigte römische Reichsgrenze
Pannonien, Noricum,	Römische Provinzen im Gebiet des heutigen
Rätien	Österreichs
Parther	Antikes iranisches Volk (1.–3. Jh. n. Chr.)
Sueton	Römischer Geschichtsschreiber und Biograph (70–ca. 140)
Severin	Heiliger, Missionar und Klostergründer in Noricum (410–482)
Severer	Römische Kaiserdynastie (193–235)
Sirmium	Mitrovica an der Save
Tacitus	Römischer Geschichtsschreiber (55–116)
Teurnia	Heute: St. Peter in Holz, Kärnten
Völkerwanderung	Wanderungsbewegung germanischer und asiatischer Völker von ca. 250–900 n. Chr.

11. Dezember 1241
Großkhan Ögödei überlebt ein Trinkgelage – Die Mongolen brechen in Europa ein

Chronologie

Um 1165	Geburt Dschingis Khans in der Inneren Mongolei
1194	Geburt Kaiser Friedrichs II. in Jesi bei Ancona
1211	Geburt Herzog Friedrichs II. in Wiener Neustadt
1227	Tod Dschingis Khans, sein Enkel Batu wird Khan der Goldenen Horde
1238–1240	Batu Khan unterwirft die russischen Fürstentümer
1240	Batu Khan unterwirft die Kyptschacken
9. 4.1241	Schlacht bei Liegnitz
11. 4. 1241	Schlacht bei Muhi
Sommer 1241	Eroberung Ungarns durch die Mongolen
Winter 1241/42	Mongolen überwintern in der Nähe von Wiener Neustadt
11. 12. 1241	Tod des Großkhans Ögödei in Karakorum
1242	Die Mongolen kehren nach Karakorum zurück

| 1246 | Herzog Friedrich II. fällt in der Schlacht an der Leitha gegen Béla IV. |

Glossar

Alexander Newskij	Russischer Fürst (um 1220–1263), Nationalheld und Heiliger der orthodoxen Kirche
Arpaden	Erste Herrscherdynastie Ungarns, regierte von 1001 bis 1301
Byzanz	Heute: Istanbul, von 326 bis 1453 Hauptstadt des Byzantinischen Reiches
Dschingis Khan	Mongolenfürst (um 1165–1227)
Goldene Horde	Mongolisches Teilreich in Osteuropa und Südrussland
Interregnum	Zeit im Heiligen Römischen Reich von 1250 bis 1273 unter mehreren nicht durchsetzungsfähigen Kaisern
Kumanen	Teilvolk der turkmenischen Kyptschacken
Kaiser	Herrschertitel des Heiligen Römischen Reiches von 800 bis 1806
Khanat	Staatengebilde der turkmenischen und mongolischen Völker
Karakorum	Hauptstadt des mongolischen Reiches von 1220 bis 1388, westlich von Ulaan Bataar gelegen
Kirchenbann	Ausschluss aus der Kirche und vom Erhalt der Sakramente, auch als Exkommunikation bezeichnet
Pruzzen oder *Prußen*	Baltischer Volksstamm zwischen Weichsel und Memel im Mittelalter
Přemysliden	Böhmisches Herrschergeschlecht vom 9. Jh. bis 1306
Reflexbogen	Doppelt geschweifter, aus mehreren Lagen Holz und Bein zusammengesetzter Bogen der Mongolen
Reichsheer	Heeresaufgebot des Heiligen Römischen Reiches
Reichsacht	Ächtung von Personen im Gebiet des Heiligen Römischen Reiches
Richard Löwenherz	Englischer König (1157–1199)

Ritterorden	Mönchisch organisierte Ritterverbände zum Kampf gegen Nicht-Christen und Ketzer, dazu gehören u. a. die Templer und Deutschordensherren
Turkstämme	Sammelbezeichnung für turksprachige Steppenvölker

26. August 1278
Rudolf von Habsburg – Ein deutscher König stirbt in der Schlacht von Dürnkrut und Jedenspeigen

Chronologie

1246	Tod Herzog Friedrichs II., die Babenberger sterben in Österreich aus
1250	Tod Kaiser Friedrichs II., Beginn des Interregnums
1252	Ottokar von Böhmen heiratet Margarete, die Schwester Herzog Friedrichs II., Ottokar wird als Herzog in Österreich gehuldigt
1253	Ottokar II. Přemysl besteigt den böhmischen Thron
1269	Ottokar besetzt Kärnten und Krain
1273	Königswahl von Rudolf I. von Habsburg
1275	Verhängung der Reichsacht über Ottokar
1276	Ottokar unterwirft sich Rudolf in Wien
26. 8. 1278	Schlacht von Dürnkrut und Jedenspeigen, Tod Ottokars
1292	Tod Rudolfs von Habsburg

Glossar

Belehnung	Vergabe eines Lehens durch den Lehensherrn an einen Vasallen
Bolzen	Projektil einer Armbrust
Hausmacht	Erblicher territorialer Besitz eines Adelsgeschlechtes
Huldigung	Treueversprechen des Vasallen an den Lehensherrn

224

Königsrechte	ab 1158 festgelegte geistliche, weltliche und finanzielle Rechte des deutschen Königs
Kurfürst	Reichsfürst mit dem Recht zur Wahl des deutschen Königs
Lehen	Auf Lebenszeit durch den Lehensherrn an den Vasallen verliehener Landbesitz im Austausch gegen bestimmte Dienstleistungen
Lehensmann	Vasall, Empfänger und Halter eines Lehens
Reichskleinodien	Reichsschatz und Herrscherinsignien des Heiligen Römischen Reiches
Reichsvikariat	Jener Seelsorgebereich, der direkt dem Kaiser des Heiligen Römischen Reiches unterstand
Revokation	Rückführung der während des Interregnums von 1250–1273 dem Reich entzogenen Rechte und Ländereien durch Rudolf I. von Habsburg
Vogtei	Machtbereich eines adeligen Verwaltungsbeamten
Wittelsbacher	Bayrisches Adelsgeschlecht von ca. 1000 bis 1918

17. Jänner 1363
Herzog Rudolf IV. erfriert im Schneesturm – Bayern erwirbt Tirol

Chronologie

1318	Geburt Margaretes von Kärnten und Tirol, später „Maultasch" genannt
1324/25	Geheimprojekt der Luxemburger mit Margaretes Vater Heinrich von Kärnten und Tirol zur Vermählung Margaretes
1326	Geheimvertrag von Wittelsbachern und Habsburgern zum Erwerb von Tirol und Kärnten
1330	Margarete heiratet Johann Heinrich von Luxemburg
1335	Heinrich, der Vater Margaretes, stirbt, die Habsburger besetzen Kärnten
1341	Margarete trennt sich von Johann Heinrich
1342	Margarete heiratet Ludwig von Brandenburg

1344	Geburt Meinhards III., Erbe von Tirol
1361	Tod Ludwigs von Brandenburg
1363	Tod Meinhards III., Rudolf IV. erwirbt Tirol, Krieg gegen die Wittelsbacher
1365	Tod Rudolfs IV. in Mailand
1369	Friede von Schärding, Tirol bleibt bei Habsburg

Glossar

Fugger	Augsburger Familie, Gründer eines weltweit agierenden Handelsimperiums
Hradschin	Burgberg in Prag
Kirchenbann	Ausschluss aus der Kirche und vom Erhalt der Sakramente, auch als Exkommunikation bezeichnet
Landshut	Stadt in Niederbayern an der Isar
Landstände	Vertretung der Stände (Adel, Klerus, Bürger, Bauern) gegenüber dem Landesherrn
Luxemburger	Deutsches Fürstengeschlecht
Medusa	Hässliche Frauengestalt der griechischen Mythologie mit Schlangenhaaren
Osmanen	Türkische Herrscherdynastie von 1299–1923
Regent	Adeliger Herrscher oder auch Stellvertreter eines Monarchen, wenn dieser die Herrschaft nicht selbst ausüben kann
Romfahrt	Zug eines deutschen Königs nach Rom, um dort vom Papst zum Kaiser gekrönt zu werden
Vorlande	Besitzungen der Habsburger in Oberschwaben

15. Oktober 1529
Suleiman der Prächtige marschiert in Österreich ein – Wien wird türkisch

Chronologie

1453	Eroberung Konstantinopels durch die Türken
1515	Erbvertrag von Wien
1521	Ferdinand I. erhält im Wormser Teilungsvertrag Österreich, Steiermark, Kärnten, Tirol und Krain

1526	Schlacht bei Mohács, Tod des ungarischen Königs Ludwig II., die Habsburger erben Ungarn
1528	Bündnis von Zápolya mit Suleiman wegen Ungarn
1529	Friede von Cambrai
8. 9. 1529	Türkische Einnahme von Ofen
25. 9. 1529	Türken vor Wien
14. 10. 1529	Letzter türkischer Generalsturm auf Wien
15. 10. 1529	Abzug der Türken
1530	Augsburger Bekenntnis
1532	Nochmaliger Vorstoß der Türken gegen Wien
1532	Nürnberger Religionsfriede
1541	Türken besetzen Ungarn

Glossar

Akindschi	Irreguläre Reitertruppen der Osmanen
Basteien	Vorspringende Teile einer Befestigung
Glacis	Nicht bebautes Vorfeld einer Befestigung
Insel am Werd	Donauinsel in Wien zwischen Donau und Donaukanal, heute die Bezirke Brigittenau und Leopoldstadt
Janitscharen	Elitetruppe der osmanischen Infanterie
Konterescarpe	Befestigter Teil des Stadtgrabens
Komitat	Ungarischer Verwaltungsbezirk
Kurtinen	Gerade Teile der Befestigungen
Minen	Vom Feind gegrabene Gänge unter den Befestigungen, die mit Schießpulver gefüllt und gesprengt wurden
Ofen	Von 1361 bis 1541 Hauptstadt Ungarns, heute Teil von Budapest
Ravelin	Vorgeschobener Befestigungsteil
Safawiden	Persisches Herrschergeschlecht von 1501 bis 1736
Sipahi	Osmanische Kavallerie
Stuhlweißenburg	Heute Székesfehérvár, Krönungsstadt der ungarischen Könige
Wojwode	Slawischer Adeliger

8. November 1620
Die Protestantische Union siegt in der Schlacht am Weißen Berg – Ferdinand II. verliert Böhmen – Der Dreißigjährige Krieg entfällt

Chronologie

1519	Beginn der Reformation
1555	Augsburger Religionsfriede
1608	Gründung der Protestantischen Union
1609	Gründung der Katholischen Liga
1609	Majestätsbrief Kaiser Rudolfs II.
1617	Ferdinand II. wird König von Böhmen
1618	Ferdinand II. wird König von Ungarn
23. 5. 1618	Prager Fenstersturz
1619	Absetzung Ferdinands II. als böhmischer König
26. 8. 1619	Friedrich V. von der Pfalz wird zum böhmischen König gewählt
28. 8. 1619	Ferdinand II. wird zum Kaiser gewählt
31. 10. 1619	Einzug Friedrichs in Prag
8. 10. 1619	Münchner Vertrag
3. 7. 1620	Ulmer Vertrag
8. 11. 1620	Schlacht am Weißen Berg
21. 6. 1621	Blutgericht am Altstädter Ring in Prag
1648	Friede von Münster und Osnabrück, Ende des Dreißigjährigen Krieges

Glossar

Bildersturm	Vernichtung von religiösen Kunstwerken mit Menschendarstellungen in der Reformationszeit
Calvinismus	Theologische Bewegung der Reformationszeit, gegründet von Johannes Calvin (1509–1564)
Cranach, Lucas	Maler und Graphiker der Renaissance (1472–1553)
Gegenreformation	Versuch der katholischen Kirche ab 1540, den Protestantismus zurückzudrängen
Jesuiten	1534 gegründete katholische Ordensgemeinschaft für Männer, Träger der Gegenreformation

Reichsfriede	Abschaffung der Fehde und Verpflichtung der Reichsstände, im Falle von Streitigkeiten den Kaiser oder den jeweiligen Landesherrn um Hilfe zu bitten, durch Kaiser Maximilian I. (1459–1519) auf dem Reichstag von Worms 1495
Simonie	Verkauf kirchlicher Ämter
Wenzel, hl.	Erster böhmischer König (ca. 903–929 oder 935), Nationalheiliger von Böhmen

21. September 1683
Der Fall des „Goldenen Apfels" – Kara Mustafa erobert Wien

Chronologie

1650	Familie der Köprülüs erlangt das Amt des Großwesirs in Konstantinopel
1658	Leopold I. wird Kaiser
1664	Schlacht von St. Gotthard
1669	Eroberung von Kandia auf Kreta durch die Türken
1672	Türken schließen mit Polen Frieden, Tod von Stefan Thököly in Ungarn, ungarischer Aufstand unter Imre Thököly
1676	Kara Mustafa wird Großwesir
1681	Ludwig XIV. besetzt Straßburg
1683	Vorstoß der Türken über Belgrad und Ofen nach Wien
15. 7. 1683	Wien wird von den Türken eingeschlossen
11. 9. 1683	Christliches Entsatzheer am Kahlenberg und Leopoldsberg gesichtet
12. 9. 1683	Entsatzschlacht um Wien, Türken geben Belagerung auf
1684	Gründung der Heiligen Liga
1688	Eroberung von Belgrad durch Österreich
1699	Friede von Karlowitz, Österreich nimmt die eroberten Gebiete Ungarn, Siebenbürgen, Slawonien und Kroatien in Besitz

Glossar

Derwisch	Angehöriger der religiös-asketischen muslimischen Ordensgemeinschaft der Sufi
Diwan	Thron des osmanischen Sultans in Istanbul
Entsatz	Befreiung von einer Belagerung
Gedeckter Gang	Durch Palisaden geschützter Wehrgang am äußeren Teil eines Grabens
Goldener Apfel	Osmanische Bezeichnung für Wien
Großwesir	Regierungschef im Osmanischen Reich
Kosaken	Unabhängige Wehrbauern in der südrussischen Steppe
Murad IV.	Türkischer Sultan (1610–1640)
Pest	Stadt in Ungarn, Teil des späteren Budapests auf der Ostseite der Donau

6. Oktober 1738
Maria Theresia stirbt im Kindbett – Kein Denkmal an der Ringstraße

Chronologie

1711	Karl III. wird als Karl VI. zum Kaiser gekrönt
1713	Pragmatische Sanktion
1716	Geburt von Erzherzog Leopold Johann, er stirbt aber im Alter von sieben Monaten
13. 5. 1717	Geburt von Maria Theresia
1717	Eroberung von Belgrad durch Eugen von Savoyen
14. 9. 1718	Geburt von Maria Anna
1736	Heirat von Maria Theresia mit Franz Stephan von Lothringen
1739	Friede von Belgrad
1740	Tod Karls VI., Maria Theresia tritt die Nachfolge ihres Vaters in den Erbländern an
1740	Friedrich II. besetzt Schlesien
1740–1748	Österreichischer Erbfolgekrieg
1740–1742	Erster Schlesischer Krieg
1741	Karl Albrecht von Bayern wird Kaiser

13. 3. 1741	Geburt von Joseph II., dem zukünftigen Thronfolger und Kaiser
1744	Tod Maria Annas, der Schwester Maria Theresias, im Kindbett
1745	Franz Stephan von Lothringen wird Kaiser

Glossar

Aufklärung	Geistige Entwicklung der westlichen Gesellschaft im 17. und 18. Jh. mit Betonung der Vernunft gegen althergebrachte Dogmen
Chlodwig I.	Merowingischer König (644–511)
Geburtsstuhl	Vorrichtung zur Geburt im Sitzen
Kapuzinergruft	Begräbnisstätte der Habsburger in Wien
Kindbettfieber	Infektionskrankheit nach einer Geburt durch Keime, hervorgerufen durch ungenügende Hygiene
Manufaktur	Zentraler Arbeitsplatz verschiedener Handwerker zur Herstellung eines Objektes
Maria-Theresien Denkmal	Denkmal an der Wiener Ringstraße, errichtet 1888 von Caspar von Zumbusch
Merowinger	Fränkisches Adelsgeschlecht (5. Jh.–751)
Pocken	Oft tödlich verlaufende Infektionskrankheit, 1980 weltweit ausgerottet
Sanherib	König von Assyrien 704–681 v. Chr.
Zur Ader lassen auch „*Aderlass*"	Öffnung einer Ader und Entnahme von Blut (ca. 50–500 Milliliter) aus medizinischen Gründen

24. Juli 1795
Die Jakobiner zu Wien – Die österreichische Revolution ist erfolgreich

Chronologie

14. 7. 1789	Sturm auf die Bastille in Paris, Beginn der Französischen Revolution
1790	Tod Kaiser Josephs II., Leopold II. wird Kaiser
1790	Franz Hebenstreit und Andreas Riedel in Wien
1792	Tod Leopolds II., Franz II. wird Kaiser

1792	Erster Koalitionskrieg von Preußen und Österreich gegen Frankreich
1792/94	Gründung jakobinischer Klubs in Ungarn und Wien
24./25 .7. 1794	Verhaftung der Wiener und ungarischen Jakobiner
28. 7. 1794	Hinrichtung Robespierres in Paris
8. 1. 1795	Hinrichtung von Hebenstreit, Gilowsky und Taufferer in Wien
1804	Gründung des österreichischen Kaisertums, Kaiser Franz II. regiert ab nun als österreichischer Kaiser Franz I.
1806	Auflösung des Heiligen Römischen Reiches

Glossar

Actuar	Beamter, als Kriegsgerichstaktuar der Ermittlungsbeamte in einem Verfahren
Agent provocateur	Eingeschleuster Polizeiagent, welcher andere Personen zu strafbaren Handlungen verleiten soll
Graben	Zentraler Platz in Wien
Grillparzer, Franz	Österreichischer Nationaldichter (1791–1872)
Guillotine	Hinrichtungsgerät mit einem Fallbeil
Festungshaft	Besonders strenge Form der Freiheitsstrafe für Personen mit gefährlicher politischer Gesinnung
Jakobiner	Revolutionäre Gesellschaft mit starken sozialen Anliegen
Sonnenfels, Josef von	Schriftsteller und Verwaltungsreformer der Aufklärung (1732–1817)
Kontinentalsperre	Wirtschaftsblockade Napoleons gegenüber Großbritannien
Louisiana	Bis 1803 französische Kolonie am Unterlauf des Mississippi
Marengo	Schlachtort in Oberitalien, Sieg Napoleons über die Österreicher am 4. Juni 1800
Mesmer, Franz Anton	Arzt und Wunderheiler, Entdecker des „animalischen Magnetismus"
Metternich, Klemens Wenzel Lothar	Österreichischer Staatsmann (1773–1859)

232

Ulanen	Mit Lanzen bewaffnete leichte Kavallerie
Vormärz	Epoche zwischen dem Wiener Kongress 1815 und der Märzrevolution 1848
Yorktown	Schlachtort im amerikanischen Unabhängigkeitskrieg, entscheidender Sieg der USA über Großbritannien 1781

18. August 1848
Die Revolution siegt – Österreich wird Republik

Chronologie

1815	Wiener Kongress
1830	Revolution in Frankreich
23. Februar 1848	Revolution in Paris
3. 3. 1848	Rede von Lajos Kossuth zur Unabhängigkeit Ungarns
13. 3. 1848	Militär feuert auf Revolutionäre in Wien
15. 3. 1848	Revolution in Buda
25. 4. 1848	Oktroyierte Verfassung
17. 5. 1848	Flucht Kaiser Ferdinands I. nach Innsbruck
16. 6. 1848	Niederschlagung der Revolution in Prag
25. 7. 1848	Schlacht von Custozza
6. 10. 1848	Kämpfe in Wien, Ermordung des Kriegsministers Latour
23.–31. 10. 1848	Eroberung von Wien durch kaiserliche Truppen unter Windischgrätz und Jelačić
2. 12. 1848	Thronbesteigung Kaiser Franz Josephs I.
1849	Revolution in Ungarn
21. 3. 1849	Schlacht von Novara, Sieg Radetzkys über Sardinien-Piemont
Oktober 1849	Hinrichtung der aufständischen Ungarn in Arad und Pest

Glossar

| *Deutscher Bund* | Nachfolgeorganisation des Heiligen Römischen Reiches nach 1815 (bis 1866) |
| *Honvéd* | Königliche ungarische Landwehr |

Hungertyphus	Fleckfieber bei schlechter Ernährung
Konstitutionelle Monarchie	Monarchie in Verbindung mit einer demokratisch gewählten Volksvertretung
Neugebäude	Renaissanceschloss in Wien-Simmering, zeitweise als Arsenal genutzt
Reichstag	Vertretung der deutschen und slawischen Kronländer (ohne Ungarn) von Juli 1848 bis März 1849
Robotpflicht	Kostenlose Dienstleistungen von Bauern gegenüber dem Grundherrn
Zehent	Steuerabgaben von 10 Prozent an den Grundherrn
Zigarrenrummel	Rauchwarenboykott italienischer Nationalisten gegenüber der österreichischen Monopolverwaltung am Vorabend der Revolution von 1848

18. Februar 1853
Die Rache der Revolutionäre – János Libényi ermordet Kaiser Franz Joseph I.

Chronologie

18. 8. 1830	Geburt von Erzherzog Franz Joseph
8. 12. 1831	Geburt János Libényis
6. 7. 1832	Geburt von Erzherzog Ferdinand Maximilian
2. 12. 1848	Thronbesteigung von Kaiser Franz Joseph I.
5. 1. 1849	Rückeroberung von Budapest
14. 4. 1849	Absetzung von Franz Joseph I. als ungarischer König
Oktober 1849	Ende des ungarischen Aufstandes
18. 2. 1853	Attentat auf Kaiser Franz Joseph durch János Libényi in Wien
26. 2. 1853	Hinrichtung Libényis in Wien-Simmering
19. 6. 1867	Erschießung Ferdinand Maximilians als Kaiser von Mexiko in Querétaro
1879	Einweihung der Votivkirche

234

Glossar

Albertina	Palais von Albert von Sachsen-Teschen (1738–1822) auf der Augustinerbastei in Wien, heute Graphiksammlung
Amerikanischer Bürgerkrieg	Krieg von 1861–1865 zwischen den Nord- und Südstaaten in Amerika, u. a. um die Frage der Sklaverei
Belagerungszustand	Anwendung von Kriegsgesetzen und des Standrechtes auf die Bevölkerung einer Stadt
Fregatte	Typ eines Kriegsschiffes
Kalligraphie	Schönschreibekunst
Karabiner	Ab 1860 ein mehrschüssiges leichtes Gewehr mit verkürztem Lauf, bevorzugt von der Kavallerie verwendet
Neoabsolutismus	Regierungsform in Österreich ohne Verfassung und Parlament

3. Juli 1866
„Benedek, das Genie" – Österreich gewinnt die Schlacht von Königgrätz

Chronologie

1815	Gründung des Deutschen Bundes
1834	Gesamtdeutscher Zollverein
1848	Revolutionen in zahlreichen Staaten Europas, Auflösung des Deutschen Bundes
1849	Wiederherstellung des Deutschen Bundes
1862	Bismarck wird preußischer Ministerpräsident
1864	Bundeskrieg gegen Dänemark
1865	Preußen besetzt Schleswig und Holstein
1866	Preußen tritt einseitig aus dem Deutschen Bund aus, Bündnis mit Königreich Italien
3. 7. 1866	Österreich verliert die Schlacht von Königgrätz
26. 7. 1866	Vorfriede von Nikolsburg
24. 6. 1866	Schlacht von Custozza, Österreich besiegt Italien
20. 7. 1866	Seeschlacht von Lissa, Admiral Tegetthoff besiegt die italienische Flotte

23. 8. 1866	Friede von Prag, Österreich scheidet aus der deutschen Politik aus
1867	Ausgleich Österreichs mit Ungarn
1870/171	Preußisch-französischer Krieg
18. 1. 1871	Proklamation des Zweiten Deutschen Kaiserreiches im Spiegelsaal von Versailles

Glossar

Bundesakte	Verfassung des Deutschen Bundes seit 1815
Bundesexekution	Das Recht des Deutschen Bundes, militärisch gegen einzelne Mitglieder vorzugehen
Hegemonie	Vorherschafft einer Institution oder eines Staates
Hohenzollern	Deutsches Fürstengeschlecht von ca. 1061 bis 1918, stellte die preußischen Könige und Deutschen Kaiser
Nietzsche, Friedrich	Deutscher Philosoph, 1844–1900
Sadowa	In Frankreich gebräuchlicher Name für Königgrätz
Zollverein	Zollfreigebiet
Zündnadelgewehr	Hinterladergewehr, seit 1848 in der preußischen Armee verwendet

3. Jänner 1888
Ein Jagdunfall – Kronprinz Rudolf erschießt Kaiser Franz Joseph I. in Mürzsteg

Chronologie

6. 5. 1856	Geburt von Sigmund Freud
21. 8. 1858	Geburt von Kronprinz Rudolf in Laxenburg
1866	Österreichische Niederlage in Königgrätz gegen Preußen
1867	Ausgleich Österreichs mit Ungarn
1876/77	Umfangreiche Reisen Rudolfs
1878	Rudolf wird Oberst in Prag
1881	Heirat Rudolfs mit Stephanie von Belgien
1881	Sigmund Freud promoviert zum Doktor der Medizin in Wien

1885	Sigmund Freud besucht Jean Martin Charcot in Paris, Freud wird Dozent für Neuropathologie in Wien, Gründung einer eigenen Praxis
3. 1. 1888	Jagdausflug von Mürzsteg
Sommer 1889	Rudolf lernt Mary Vetsera kennen
30. 1. 1889	Rudolf tötet in Mayerling Mary Vetsera und begeht Selbstmord
1889	Freud entdeckt das „Unbewusste"
1896	Erzherzog Franz Ferdinand wird Thronfolger
1910	Anerkennung der Psychoanalyse
1938	Freud wird von den Nationalsozialisten aus Österreich vertrieben
1939	Freud stirbt in London

Glossar

Brehm, Alfred	Deutscher Tierforscher (1829–1884)
Dreibund	Militärbündnis von Österreich-Ungarn, Preußen und Italien, ab 1883 auch mit Rumänien
Hysterie	In der Vergangenheit Sammelbezeichnung für eine Anzahl von neurologischen und neurotischen Störungen
Italienische Irridenta	Politische Strömung in Italien ab 1859 mit dem Ziel, alle italienisch sprechenden Gebiete bis zum Brenner in einem Staat zu vereinigen
Lainzer Tiergarten	Kaiserliches Jagdgebiet in Wien
Mayerling	Ehemaliges Jagdschloss Kronprinz Rudolfs im Wienerwald, heute Kloster der Franziskanerinnen
Miramare	Schloss bei Triest, 1856 bis 1860 für Erzherzog Ferdinand Maximilian erbaut
Mürzsteg	Ort in der Obersteiermark mit kaiserlichem Jagdschloss, heute Sommersitz des österreichischen Bundespräsidenten
Ödipus	Figur der griechischen Mythologie, die ohne es zu wissen, ihren Vater tötet, die Mutter heiratet und ihr Schicksal selbst aufdeckt
Ornithologie	Vogelkunde

Trialismus	Plan, die österreichisch-ungarische Doppelmonarchie unter Einbeziehung der Slawen zu erweitern
Unbewusstes oder auch *Unterbewusstsein*	Jener Teil der menschlichen Psyche, der dem Bewusstsein nicht zugänglich ist
Zweibund	Geheimer Defensivvertrag ab 1879 zwischen Österreich-Ungarn und Preußen

28. Juni 1914
Gavrilo Princip schießt daneben – der Erste Weltkrieg findet nicht statt

Chronologie

1866	Sieg Preußens über Österreich
1871	Gründung des Zweiten Deutschen Kaiserreiches
1873	Drei-Kaiser-Abkommen Österreich-Ungarn – Deutsches Reich – Russland
1878	Serbien wird unabhängiges Fürstentum
1879	Abschluss des Zweibundes zwischen Österreich-Ungarn und dem Deutschen Reich
1882	Serbien wird Königreich
1882	Abschluss des Dreibundes zwischen Österreich-Ungarn, dem Deutschen Reich und Italien, ab 1883 mit Rumänien
1890	Absetzung Bismarcks durch Wilhelm II.
1894	Bündnisvertrag Frankreichs mit Russland
1904	Entente cordiale zwischen England und Frankreich
1908	Annexion Bosnien-Herzegowinas durch Österreich
28. 6. 1914	Attentat in Sarajevo auf den Thronfolger Erzherzog Franz Ferdinand durch Gavrilo Princip
28. 7. 1914	Österreich-Ungarn erklärt Serbien den Krieg
1. 8. 1914	Deutsche Kriegserklärung an Russland
3. 8. 1914	Deutsche Kriegserklärung an Frankreich
4. 8. 1914	Englische Kriegserklärung an Deutschland
21. 11. 1916	Tod Kaiser Franz Josephs I., Karl I. wird Kaiser
1918	Ende Erster Weltkrieg

| 1919 | Friede von St. Germain, Österreich-Ungarn wird zerschlagen |

Glossar

Bulgarische Krise	Krieg von Serbien 1885 gegen Bulgarien mit österreichischer Unterstützung zur Eindämmung des russischen Einflusses auf dem Balkan
Grippeepidemie von 1918	Weltweite Pandemie mit 20 Millionen Toten
Falken	Politiker und Militärs mit einer auf einen Krieg ausgerichteten Politik
Föderalismus	Politik der Eigenständigkeit von Staaten unter einer gemeinsamen übergreifenden Organisation
Krimkrieg	Krieg von England, Frankreich und dem Osmanischen Reich gegen Russland 1853–1856
Kronländer	Teilgebiete der österreichisch-ungarischen Monarchie
Mittelmeerabkommen	Militärbündnis 1887 zwischen Großbritannien, Italien und Österreich-Ungarn gegen die Expansion Russlands im Mittelmeer
Mobilmachung	Einberufung von Truppen
Morganatische Ehe	Verbindung zweier Adeliger, die einander im Adelsstand nicht ebenbürtig sind
Präventivkrieg	Krieg, der einem vermuteten Angriff eines Feindes zuvorkommen soll
Schlieffen-Plan	Plan des preußischen Generalmajors Adolf von Schlieffen (1833–1913) zum Überraschungsangriff auf Frankreich zur Verhinderung eines Zweifrontenkrieges mit Frankreich und Russland